1995년에 대령으로 예편, 조계종 승단으로 복귀하여 군복을 벗고 삭발 염의削髮染衣로 포교 일선에서 활동하고 있다. 특히 TV 경전강의와 해외 포교 활동에 정진하고 있으며, 수행 도량을 찾는 운수납자雲水衲子로서 몸 바꿀 준비를 하며 산다.

제2대 군종교구장 역임 시절에는 연무대에 3,500명을 수용할 수 있는 대형 법당을 건립하였다.

호계원장을 역임하였으며, 현재 학교법인 동국대학교 이사장으로 재직하며 종립학교 발전과 전법에 힘쓰고 있다.

주요 저서로는 『깨침의 소리-불교 쉽게 이해하기』, 『손으로 쓰고 마음으로 그리는 관음기도』 등이 있다.

멍텅구리 부처님

쉽고 재미있는 마음공부

불영 자광 佛迎慈光

쉽고 재미있는 마음공부

[멍텅구리 부처님]

불영 자광 佛迎慈光

동국대학교출판부

| 깨달음의 노래 |

1. 화두話頭

나는 너, 너는 나
너와 나는 하나
그 하나는 어디로 갈 것인가……?
(萬法歸一 一歸何處)

2. 무상無常

존재한다는 것은 이것과 저것이 서로 어울려져 있는 것,
모였다 흩어짐을 반복하니 고정 불변한 것 아예 없네.
오, 무상이로세.
아, 무상이여—.

3. 마음, 마음, 마음이여!(悟道頌)

모양도 색깔도 부피도 무게도 없는 마음.
도무지 한계가 없으니 우주를 싸고도 남았고,
가고 옴이 따로 없으니 항상 존재하고,
무게 또한 없으니 우주를 짊어졌고,
성내고 기뻐함도 없으니 항상 평화롭고,
색깔마저 없으니 각양각색을 한달음에 총섭하였네.
마음에서 허공이 나왔고, 시간과 공간이 나왔고,
중생과 부처가 나왔고, 천당과 지옥이 나왔으니,
과연 삼라만상을 창조하였구나.
항상 나와 함께하는 진법계眞法界의 실상이여!
만상이 출몰하도다.

| 깨달음의 노래 |

4. 멍텅구리 송頌

멍텅구리, 멍텅구리, 우리 모두가 멍텅구리.
멍텅구리, 멍텅구리, 우리 모두 모두가 멍텅구리.
온 곳도 모르니 갈 곳을 어떻게 안단 말인가.
온 곳도 갈 곳도 모르는 그 인간은 멍텅구리, 멍텅구리.
올 때는 빈손으로 왔는데 갈 때는 무엇을 가져갈까.
공연한 욕심을 부리는 그 인간은 멍텅구리, 멍텅구리.
백 년도 못 사는데 천년만년 죽지 않을 것처럼
끝없는 걱정을 하는 그 인간은 멍텅구리, 멍텅구리.
이 세상 모든 걸 다 아는 학자라 해도
자기가 자기를 모르는 그 인간은 멍텅구리, 멍텅구리.
멍텅구리, 멍텅구리, 우리 모두가 멍텅구리.
멍텅구리, 멍텅구리, 우리 모두 모두가 멍텅구리.
벗어나세, 벗어나세. 우리 모두 벗어나세.
우리 모두 멍텅구리, 멍텅구리 벗어나세.

5. 공수래, 공수거여!

그대, 이 세상 나올 때는 빈손으로 나왔으면서
어쩌다가 탐욕의 노예가 되어 온갖 것 다 가지려 하는가?
평생 혼신을 다하여 쌓아 놓은 것,
천만년 내 것인 줄 알았겠지만
이제 세연世緣이 다해 감에 모두가 헛것인 줄 알지 못했는가?
아, 무엇을 가져갈까? 무엇을 두고 갈까?
우리 생각 좀 해 보세나.
참된 내 것이 과연 무엇인지를…….

머리말

나는 멍텅구리다. 암만 생각해도 멍텅구리다.

물질문명이 풍요로운 좋은 세상에 태어나 세속의 좋은 것은 다 버리고 촌스럽고 맵시도 없는 먹물 옷밖에는 입지 못하고, 사람들이 그렇게 좋아하는 부귀영화 다 버리고 풀 뜯어 먹고 곡식 까먹으며 평생을 살아간다.

처자식하고 어디 여행이라도 가면 좋으련만, 장가갈 기회가 허다히 많았건만 헌신짝처럼 다 내버렸다. 세상일이 궁금한 것도 많지만 일 없이는 돌아다니는 법도 없다. 갈 데도 없고 만나자고 청할 사람도 없어 명절이면 그저 길게 늘어서는 차량을 구경하는 정도다.

어린이날, 어버이날, 밸런타인데이, 화이트데이, 이런저런 살가운 날에도 애틋하게 잡아 줄 손목 없이 딱딱한 염주 알만 만지작거려야 한다.

졸음이 쏟아지는 새벽, 다들 단잠을 자는 그 신새벽에 급한 일 있는 사람처럼 벌떡 일어나 하는 일이라고는 예불에 참선에 독경이다. 그래, 염불이랍시고 중얼거리며 미친놈처럼 가부좌나

틀고 앉아 망상을 떠는 내 모습을 본다면 부처님은 말씀하시리라.

"자광, 이 수좌首座 정말 멍텅구리군."

하지만 나도 할 말은 있다. 나만 멍텅구리가 아니라 부처님도 멍텅구리라는 걸 나는 옛날부터 알고 있었다. 그래서 이 멍텅구리 사문沙門의 수행 이야기는 부처님을 '멍텅구리'라고 까발리는 것부터 시작한다.

하여거나, 이 멍텅구리 자광이 법문을 해도, 우리 멍텅구리 신도들은 멍텅구리처럼 꿇어앉아 잘도 듣는다.

그간 멍텅구리 부처님을 따라 나 역시 멍텅구리처럼 살아온 이야기를 적어 보니, 이 역시 멍텅구리 법문이다. 이 책을 읽는 이도 역시 멍텅구리다.

끝으로 원고를 다듬어 준 소설가 이재운 선생에게 감사의 말씀을 드리며, 동국대학교출판부 편집진에게 고마움을 전한다.

2017년 겨울

멍텅구리 자광慈光

| 차례 |

깨달음의 노래 • 4
머리말 • 8

제1장
멍텅구리 자광의 허튼소리

멍텅구리들의 왕, 부처님 • 17
멍텅구리 자광 • 23
화엄사 각황전에 얽힌 사연 • 29
꺼지지 않는 등불을 밝힌 할머니 • 34
깨닫기가 너무 쉬워 • 38
불교는 망했다 • 42
스님이 군인이라고 • 47
계를 지켜야 복이 든다 • 51
운명은 누가 결정하나 • 57
육바라밀 • 62
신혼부부에게 주는 글 • 69
마음을 다스리는 글 • 72
불교를 믿는 이유 • 74
천지는 아我와 동근同根이요,
　　　만물은 아我와 동체同體다 • 76
기독교는 신을 믿지만
　　　불교는 사람의 마음을 믿는다 • 79
이 세상은 누가 만들었나 • 82
멍텅구리 호랑이에겐 곶감법문이 약이다 • 88

기복신앙이 왜 위험한가 • 91

메시아Messiah를 기다리지 말라 • 94

부처님은 평등하시다 • 96

업보를 털어 내는 길 • 99

원을 세워야 복도 따른다 • 102

중도로 가라 • 121

군승제도를 만드신 분들 • 127

승장, 4백 년 만에 오시다 • 132

총을 겨눈 왜구 앞에 선 사명당 • 138

총을 겨눈 베트콩에게 설법을 하다 • 143

교회를 짓는 스님 • 148

사선死線에서 • 153

군목 보직을 줄이고 군승 보직을 늘리다 • 159

멍텅구리의 사연 • 163

귀수불심, 귀신의 손과 부처의 마음 • 165

직업에 빠지지 말라 • 168

바다로 간 고래가 되지 말라 • 171

정재淨財로 공양해 주세요 • 174

석류와 대나무 • 178

오늘은 오늘로 끝내고 내일은 내일답게 웃자 • 181

계룡대 호국사의 비밀 • 186

경산 스님에게는 세 번 놀란다더라 • 189

도담이 궁금해 들여다보았더니 • 193

| 차례 |

백상원 라면 수프 사건 • 197
내 머리는 총무원장 스님이 직접 깎아 주세요 • 203

제2장
멍텅구리 자광이 걸어온 길

1. 초발심 55년 • 211
2. 배슬이 여빙이라도 무련화심하며 • 226
3. 군 포교를 맡아라 • 231

제3장
승장僧將의 전설

승장의 전설 • 241
고려 승려들의 호국정신 • 246
병자호란에 나선 승장 각성,
    정묘호란에 나선 승장 명조 • 259

제4장
멍텅구리 스님들 다 모였네

제자를 기다리며 9년 면벽한 보리달마菩提達磨 • 263
제 팔을 잘라 선혈이 낭자한 채 바친 혜가 • 267

무식한 나무꾼이 감히 불교를 공부해 • 270
너무 추워 불상을 쪼개 방을 데웠습니다 • 277
죽는 시범을 보여 주마 • 280
옜다, 도 받아라 • 292
스님, 살생을 하라구요 • 300
가사까지 벗어 던진 경허 스님 • 305

● 제5장
내가 본 자광 스님

나의 도반 불영당 자광 스님 • 311
자광 큰스님의 영혼이 담겨 있는
　　감로법문甘露法門 • 313
자광을 온 누리에…… • 316
앉으나 서나 신도 생각,
　　앉으나 서나 신도 관리 • 322
언제나 천진동자 같은 자광 스님 • 326
군 포교에 삶의 황금기를 바치신 자광 스님 • 329

부록
I. 멍텅구리 『금강경』 • 337
II. 소원을 이루는 비결 – 발원문 • 367

제1장

멍텅구리 자광의 허튼소리

부처 되는 길이 사는 길이요, 그 반대는 죽는 길이다. 죽어도 바르게 죽지 못하고 업만 두텁게 쌓아 가며 죽으니 그것이 더 큰 문제다.

삼독에 찌들어 치유 불가능한 몸으로 만들지 말고, 자기 관리를 철저히 하여 심하게 꾸짖고, 잘못하면 밥도 굶기고, 매로 때려야 한다. 남에 대해 혹독하게 굴듯이 자기 자신에게 혹독하게 굴면 정신을 잃지 않고 보살행을 할 수 있다.

멍텅구리들의 왕, 부처님
― 버리면 더 큰 것을 얻는다

부처님은 참 복도 많은 분이다. 세상에 사람으로 나기도 어려운 게 인연법인데, 부처님은 그리고도 일국의 왕자로 태어나 온갖 부귀영화를 물리도록 지겹게 누렸다. 하고 싶은 일 마음껏 할 수 있다는 게 얼마나 대단한 일인가. 왕자는커녕 시청 9급 공무원만 돼도 큰소리를 치는데, 하물며 왕궁의 왕자라니.

그런데 참 이상한 일이다.

그 빛나는 보석이며, 아름다운 여인들, 꽃으로 둘러싸인 왕궁, 한마디만 하면 수만 군사가 숨을 죽이고 부복하는 그 큰 명예를 부처님은 왜 싫다고 했을까.

인류 역사에서 고생 끝에 도를 이루었다고 하는 분들은 많다. 공자는 가난한 살림살이를 가까스로 잡아 가면서 제자들을 가르쳤고, 예수는 왕궁은커녕 마구간에서 태어나 가난한 유대인 마을에서 자랐고, 마호메트 역시 유복자로 태어나 여섯 살 때 어머니를 잃고 고아가 되어 숙부 밑에서 양치기를 하면서 소년 시절을 보내야 했다.

어린 시절을 힘들게 지냄으로써 수행자의 길로 나아가는 것은 나 같은 출가 수행자들에게는 가장 흔한 동기 중의 하나이다.

그런데 부처님은 그게 아니었다. 부처님은 왕자의 지위를 포기하고, 아름다운 부인도, 귀여운 아들도 포기하고, 그 많은 재산이며 영화를 내던지고, 마부와 옷을 바꿔 입고 맨발로 출가했다.

그러니 부처님은 전생에도 그랬듯이 이미 출가할 때 부처님으로서의 인격을 다 갖춘 셈이다. 이 한 가지 사실만으로도 부처님은 무조건 위대하다.

하지만 부처님에 비해 나는 포기해야 할 것이 별로 없었다. 부처님이 포기했던 아내며 자식, 재산, 왕자란 지위도 없었다. 하물며 부모도 없었다. 내가 포기한 것이라고는 너무 일찍 찾아온 시련으로 얻은 눈물 한 줄기, 고향 마을을 휘감아 돌던 싱그러운 바람 한 줄기뿐이었다.

사미승 시절

지구상에는 수없이 많은 나라가 존재했다가 통합되거나 정벌당하면서 명멸했다. 군왕의 이름은 고사하고 문자와 문화와 민족조차 송두리째 말살되어 고고학자나 역사학자들마저 그 흔적을 찾아내기가 힘든 나라와 왕조도 적지 않다.

만약 싯다르타가 카필라국의 왕위를 계승하여 속세적 삶을 영위하였다면 그의 왕조나 왕의 이름을 수천 년이 흐른 지금 기억하는 사람은 거의 없을 것이다. 카필라국의 왕이 누구누구였는지, 부처님의 아버지라는 사실 때문에 기록된 정반왕淨飯王 빼고는 단 한 사람의 이름도 전해지지 않잖은가. 부처님 역시 왕이 되었더라면 인류의 기억에서 '고타마 싯다르타Gautama Siddhārtha'라는 존재는 티끌이요, 물 한 방울만 한 존재도 되지 못했을지 모른다.

그러나 그는 출가하여 성도成道함으로써 인류가 존재하는 한 수많은 인류로부터 영원히 추앙받는 성인이 된 것이다. 완전히 버림으로써 완전히 얻은 것이다.

지금 이 순간, 부처님 앞에 엎드려 있는 세계인이 몇 명일 것이며, 지금 이 순간 부처님을 향해 타오르는 향불이 그 얼마일 것이며, 지금 이 순간 부처님의 말씀을 읽거나 사유하는 사람이 얼마나 많은가.

당시 부왕이나 처첩들의 입장에서 보면 권세를 초개처럼 버리고 떠나는 싯다르타가 그야말로 멍텅구리처럼 여겨졌을 것이다. 비웃는 목소리도 컸을 것이다. 미친놈이라고 욕하는 사촌들도 있었다. 그렇지만 결과를 놓고 볼 때 과연 그가 멍텅구리였을까, 왕궁에 머물며 싯다르타를 미친놈이라고 비웃던 그 사람들이 멍텅구리였을까. 왕궁에 남아 있던 사람들 중 태자비 야수다라耶輸陀羅를 비롯해 이모, 아들 라훌라Rāhula, 사촌 아난阿難 등 대부분이 부처님께 귀의한 걸 보면 적어도 진짜 멍텅구리는 부처님이 아니었던 건 확실하다.

왕자의 지위를 버린 것은 사실 더 큰 위대한 진리를 향해 가기 위해서였으리라. 출가하면서 그가 버린 왕자의 지위며 부귀영화는 다겁多劫 생 동안 걸고 다닌 굴레를 벗어 버린 것과 같다. 버림으로써 얻는 것, 부귀영화가 예약된 왕자의 지위를 버림으로써 그분은 붓다로서 우리 앞에 선 것이다.

절에는 여러 부처님과 보살을 모셔 놓는다. 소원 성취를 원할 때는 관세음보살觀世音菩薩을 모시고, 지옥 중생을 제도하려면 지장보살地藏菩薩을 모신다.

대부분은 그 멍텅구리 석가모니 부처님을 주존불主尊佛로, 협시夾侍에는 또 다른 멍텅구리 관세음보살과 지장보살을 모신다.

관세음보살, 이분도 정말 한심하다. 그냥 성불成佛하면 되는 것을 중생들이 불쌍하다고 천 수千手와 천 안千眼으로 자비를 베풀기 바빠 아직 성불을 못 했다. 그러니 멍텅구리다. 지장보살도 그렇다. 보살이면 조금만 더 수행하면 저절로 부처가 될 텐데, 뭐 하러 지옥고地獄苦에 빠진 중생이 한 명도 없을 때까지 성불하지 않겠다고 미련한 서원誓願을 세웠단 말인가.

그러니 우리 절에는 법당에 계신 멍텅구리 세 분, 그리고 멍텅구리 자광, 또 내가 멍텅구리인 줄도 모르고 납작 엎드려 삼배를 올리곤 하는 불자들이 살고 있는 셈이다.

예불을 올리면서 우러러본 부처님의 얼굴에는 미소가 어려 있다. 멍텅구리라면 최소한 그 미소가 한없이 자애로울 수만은 없을 것이다. 그런데 이 멍텅구리는 왜 저리 행복한 표정이고, 열락悅樂하는 미소를 짓고 있단 말인가. 출가한 뒤로 평생 따뜻한 옷 한 벌 입지 못하고, 화려한 수레 대신 맨발로 걸어 다니고, 찬밥을 먹고 찬 이슬을 밟고 살았으면서 뭐가 그리 좋아 저토록 편안하단 말인가.

버릴 것이 없어 출가한 나보다 버리기 아까운 게 너무나 많았던 부처님이야말로 참으로 멍텅구리 아닌가.

멍텅구리 자광

초지일관初志一貫이라는 말이 있다. 이 말을 풀어 보면, 뜻을 놓지 않으면 누구나 성공한다는 뜻이기도 하다.

내가 처음 불가에 입문해 감동적으로 배운 책은 거창한 『금강경金剛經』이나 『화엄경華嚴經』 등이 아니고 맨 처음 읽는 『초발심자경문初發心自警文』이다.

이 책은 고려시대의 보조 국사普照國師께서 찬술하신 「계초심학인문誡初心學人文」과 원효元曉 스님의 「발심수행장發心修行章」, 그리고 야운野雲 스님의 「자경문自警文」 등 세 가지를 합본하여 만든 것이다. 나뿐만 아니라 불문佛門에 처음 들어온 학인들이 지켜야 할 수행규범과 발심교훈, 좌우명 등에 해당하는 글들을 수록해 놓은 기본 입문서이다.

이 책을 나는 달달 외웠다.

"배슬이 여빙이라도 무련화심하며(拜膝如氷無戀火心), 아장이 여절이라도 무구식념해야 하느니라(餓腸如切無求食念). 홀지백년이어늘 운하불학이며(忽至百年云何不學), 일생이 기하관대 불수방일하는고(一生幾何不修放逸)."

절하는 무릎이 추워서 얼음같이 얼어붙더라도 따뜻한 불(火) 생각을 마음에 두지 말아야 하고, 밥을 굶어 주린 창자가 끊어질 듯 고파도 먹을 것을 구하는 생각이 없어야 한다. 백 년이 잠깐인데 어찌 배우지 않으며, 인생이 얼마나 길다고 수행하지 않고 안일에 빠져 있는가 하는 말이다.

특히 「자경문」은 1천9백87자로 되어 있으며, 12대문으로 크게 나눌 수 있는데, 총설과 끝의 결론을 제외하면 실제 경계해야 하는 내용의 본문은 열 가지로 되어 있다.

① 좋은 옷과 음식을 삼가라.
② 재물을 욕심내지 마라.
③ 말을 조심해라.
④ 좋은 벗을 사귀어라.
⑤ 잠을 적게 자라.

⑥ 아만我慢을 버려라.
⑦ 재색財色을 멀리하라.
⑧ 세속에 물들지 말라.
⑨ 남의 허물을 들추지 말라.
⑩ 대중에게 평등하게 대하라.

가장 쉬운 듯하면서도 실은 가장 어려운 것이 『초발심자경문』이다. 초심初心을 끝까지 쥐고 놓지만 않는다면 아마도 성불하지 못하는 스님이 없을 것이다. 그러나 수행이라는 것도 하다 보면 타성에 젖기 마련이고, 그러다 보면 출가할 때의 그 치열한 마음도 슬그머니 없어지고 도로 속세에 있을 때와 다름없는 생각에 빠지기 쉽다.

'훈습薰習'이라고 하여, 오래도록 승복을 입고 있다 보면 그것도 타성에 젖어 그저 보통 사람들이 옷을 입고 있는 것이나 다름없이 된다. 또 절에 사는 게 익숙해지면 속세에 사는 건지 절에 사는 건지 헷갈릴 수도 있다. 절에도 전화 되고 텔레비전 나오고, 냉장고 있으니 겉보기에 크게 다를 것도 없다. 그럼 그냥 거기에 맛 들여 먹물 옷을 홀러덩 벗어 던지고, 머리를 길러 곱게 빗어 넘기면 더 좋으련만 왜 그 미련한 짓에 매달리는지 이해하기 어려울 것이다.

삼매三昧

멍텅구리 짓은 거기에서 끝나지 않는다. 스님이 됐으면 천년 고찰을 돌아다니며 여름 겨울로 안거를 하면서 용맹정진하는 게 본분이거늘, 왜 하필 군대를 갔는가.

나는 스승 경산京山 스님의 명을 받아 젊은 시기 25년을 군 포교에 바쳤다. 그런데 군에 다녀온 사람이라면 다 알겠지만 군 생활은 수행자의 삶과 같은 점이 많다. 그만큼 어려움이 많다는 것이다.

특정 계층인 병사들을 대상으로 포교를 해야 하기 때문에 젊은 그들과 호흡을 맞추어야만 한다. 그러자면 같이 취침하고, 같이 일어나고, 같이 부대 이동을 하고, 전쟁이 나면 총알이 빗발치더라도 그 속을 따라가야만 한다.

이런 특수한 상황을 이삼 년도 아니고 이십 년이 넘도록 하다 보면, 그 일이 어찌나 힘든지 많은 군승軍僧 중에서는 그 특별한 환경상 어쩔 수 없이 결혼하기도 했다. 그렇게 되면 퇴역 후에는 스님이 아닌 법사法師 신분으로 돌아설 수밖에 없다. 그래서 나와 같이 군승을 지낸 스님들 중에는 안타깝게도 결혼해서 속세로 돌아간 분들이 많다.

하지만 나는 초심을 버리지 않았다. 계급장을 달고, 군복을 입었지만 내가 스님이라는 걸 한시도 잊지 않았다. 어려운 일이 생길 때마다 어린 시절 출가할 때 외웠던 『초발심자경문』을 되뇌며 어려운 시기를 가까스로 넘겼다. 그래서 나는 처음도 수행자요, 마지막도 스님이 되었다.

장가 못 갈 결격 사유라고는 하나도 가지고 있지 않았고, 또 실제로 장가들라는 권유를 수없이 받았지만 나는 세속의 유혹에 끌려 다니지 않았을 뿐이다.

사람들은 군종실장까지 지내다 퇴역한 내가 이 궁벽한 시골에 작은 선원 하나를 지어 놓고 오물오물 불경을 외고, 참선한다면서 미련하게 앉아 있는 걸 보고 놀라곤 한다. 그러나 놀라는 그들이 문제이지 나로서는 하나도 이상할 게 없다. 멍텅구리일지는 몰라도 나는 언제나 스님이었다.

스님이었으니 수행할 뿐이다. 사나이가 뜻을 세워 구도求道의 길에 나섰으니 그걸 얻을 때까지는 이 먹물 옷을 벗을 수가 없다. 혹시 모르겠다. 초발심 그 시절의 뜻을 다 이룬다면 양복이라도 한 벌 멋지게 빼입고, 머리에 빗질을 곱게 하여 서울 거리를 걸어 다닐는지. 하지만 나는 멍텅구리 짓을 더 해야만 할 것 같다.

화엄사 각황전에 얽힌 사연

화엄사華嚴寺는 내가 처음 머리를 깎은 절이다. 거기서 내 청춘이 시작되었고, 수행의 길이 시작되었다. 아니, 그곳은 멍텅구리인 나의 청춘을 고스란히 갖다 바친 제단이었다.

처음 느낀 절의 웅장함에 놀라 인상이 깊었는데, 여기에도 멍텅구리가 있으니 그곳 각황전覺皇殿 이야기를 우선 해 보자.

화엄사 대웅전大雄殿과 함께 화엄사의 주 불전인 각황전('장륙전丈六殿'이라고 불렸음)을 중창한 벽암 스님의 제자 계파 스님 이야기는 듣는 이의 가슴을 친다.

계파 스님이 이 각황전 중창 불사佛事를 시작했을 때 도저히 시주를 모을 길이 없어 차일피일 날만 가고 성과가 없었다. 그저 부처님께 기도를 드리는 수밖에 없었다. 간절히 불공을 올리고 있었는데, 하루는 한 노인이 현몽을 했다.

"스님은 아무 걱정하지 말고 아침에 길을 떠난 다음 제일 먼저 만나는 사람에게 시주를 권해 보도록 하시오. 그러면 장륙전 불사는 장엄하게 이루어질 것이오."

계파 스님도 어지간한 멍텅구리였나 보다. 꿈을 믿고 꿈속의 노인이 일러준 대로 이튿날 아침 산문을 나가 두리번거리며 사람을 찾았으니 말이다.

한참 길을 가다가 이윽고 한 노파를 만났다. 이 노파는 간혹 절에 와서 일을 도와주고 밥을 얻어먹곤 하던 가난한 신도로서 막대한 중창금을 시주할 능력이라곤 눈곱만치도 없는 분이었다.

계파 스님은 난감했지만 꿈 생각이 나서 그 노파에게 시주를 청했다. 그러나 노파는 눈물을 흘리면서 말했다.

"스님, 제게 불사를 할 시주금을 내라고 하시니 아무리 생각해도 이 생에는 낼 길이 없습니다."

계파 스님도 하도 답답하던 터라 노파를 붙들고 떼를 썼다. 아휴, 멍텅구리.

난데없이 스님이 달라붙어 장륙전을 지어 내라니 노파는 황당할 뿐만 아니라 겁이 나기까지 했다. 노파는 고민, 고민하다가 결심을 한 듯 이를 물고 대답했다.

"할 수 없지요. 길이 있다면 그 길이 있지요. 여기다 '장류전'이라고 먹으로 좀 써 주시오."

계파 스님은 무슨 수가 있나 보다 하고 노파의 손바닥에 '장류전'이라고 적었다. 그러자 노파는 날카로운 돌조각을 주워 글자대로 손바닥을 팠다. 피가 붉게 흘러나왔다.

그러면서 노파는 하늘을 향해 합장하더니 목청껏 기도를 올렸다.

"이 몸이 죽어 왕궁에 태어난다면 불사를 도울 수 있을 것입니다! 문수대성文殊大聖은 가피加被를 내려 주소서!"

노파는 길옆 연못에 몸을 던져 스스로 목숨을 끊었다.

어, 이런 멍텅구리. 돈이 없으면 시주를 안 하면 그만이지 왜 자결까지 하는가 말이다.

계파 스님은 하도 갑작스럽게 일어난 일이라 말리지도 못하고 하는 수 없이 시신을 거둔 다음 시다림尸陀林을 해 주었다.

"내가 멍텅구리지. 왜 할머니한테 그런 소릴 해 가지고 돌아가시게 만들었단 말인가. 아이고, 이 멍텅구리."

그렇게 희망이 없어지자 다시 절로 돌아갈 수도 없었다. 한 푼이라도 모아야 한다는 생각으로 스님은 걸식을 하며 동분서주하였다. 그렇게 몇 년이 흘렀다.

돌고 돌아 서울에 이른 계파 스님은 궁궐 밖에서 우연히 귀인들을 만났다. 알고 보니 유모와 함께 봄나들이를 나온 어린 공주 일행이었다. 공주는 지나가는 스님을 보고 반색을 하며 매달렸다.

"어이, 중이 어딜 가까이 와. 저리 가."

아마 멍텅구리 같은 시종 한 놈은 분명히 이렇게 말하면서 계파 스님을 쫓았을 것이다. 그래도 공주는 스님을 보고 마구 소리를 지르면서 좋아했다.

궁녀들은 그걸 보고 의아해했다.

그렇지 않아도 공주는 태어날 때부터 한쪽 손을 꼭 쥐고는 펴지 않아 다들 걱정이었다. 그래서 궁녀들은 혹시라도 스님이 손을 쓰면 그 병을 낫게 하지나 않을까 하여 계파 스님을 불렀다.

"스님, 이리 와서 우리 공주님을 축복해 주구려."

계파 스님은 영문도 모르고 공주에게 다가갔다. 그리고 보니 공주는 정말 주먹을 꼭 쥔 채 펴질 않았다. 스님은 가만히 공주의 손을 쓰다듬었다.

"공주님, 이제 손을 펴세요."

그랬더니 이 공주는 스르르 손을 폈다. 그런데 손바닥에는 '장륙전'이라고 씌어 있는 게 아닌가.

"아, 이런. 그 노파가 문수대성에게 기도를 하시더니……."

이 소식을 들은 당시 국왕 숙종은 크게 감동하여 계파 스님에게 불사금을 시주했다고 한다. 여기까지가 각황전 중창 불사 기연이다.

각황전에 얽힌 중창 불사 이야기는 돈 한 푼 시주할 수 없는 가난한 노파라도 그 큰 불사를 할 수 있다는 것을 말해 준다. 하물며 오늘날 이 시대를 살아가는 사람들로서 못할 일이란 아무것도 없다고 보아야 한다.

하지만 그러기 위해서는 우린 멍텅구리 같은 발상을 해야만 한다. 그러지 않고 염불이나 하고, 경전 독송을 하고, 무슨 무슨 기도라고 하여 동참한들 무슨 복을 받고, 무슨 깨달음을 구할 것인가.

지금 당장이라도 멍텅구리 같은 생각 좀 하자. 대한민국을 번쩍 들었다 내려놓을 큰 인물이 되는 걸 상상해도 좋다. 그저 마지막에는 모두가 다 부처가 되는 멍텅구리 같은 꿈을 꾸었으면 좋겠다.

꺼지지 않는 등불을 밝힌 할머니

신심을 갖고 수행하면 불가사의한 일이 일어난다. 이 사실을 증명한 분이 있었다. 물론 그분 역시 멍텅구리다.

부처님이 세상에 계실 때 일이다.
여기 부처님 못지않은 멍텅구리 할머니 한 분이 코살라Kosala라는 나라에 살았다. 이 할머니보다 가난한 사람은 드물었을 테니, 잘살면서도 그만큼 마음을 닦지 못했다면 할머니보다 더 멍텅구리가 되는 것이다.
코살라의 바사닉波斯匿 국왕은 부처님께 귀의하여 불자가 되었다. 어느 날, 바사닉 왕은 부처님을 궁으로 초청하여 공양을 올리고 부처님이 기원정사祇園精舍로 돌아갈 때는 왕궁에서 기원정사까지 마유고 기름으로 등불을 밝힌다고 했다.

이때 난타難陀라는 이름의 멍텅구리 할머니가 그 등불을 보았다. 어찌나 장엄하던지 이 할머니도 등을 켜고 싶었다. 사람들 말을 들어 보니 아직 부처님은 왕궁에 머물고 계시는데 곧 이 길을 통해 기원정사로 돌아가신다고 했다.

구경이나 하고 그래도 뭣하면 합장이나 하고 지나가면 될 것을 이 멍텅구리 할머니는 마침 구걸해서 모은 동전을 갖고 엉뚱한 생각을 했다. 그것으로 먹을거리라도 사먹어야 될 만큼 궁했건만 할머니는 그길로 기름집으로 갔다.

행색이 남루한 할머니를 보고 기름집 주인도 걱정했다.

"할머니, 그 돈으로 먹을거리나 사 드시지 무엇 하러 기름을 사서 불을 밝혀요?"

"부처님은 백겁을 살아도 만나기 어려운 분이라는데, 다행히 곧 부처님이 이 길을 지나가신다니 등이라도 한 개 공양해야겠소. 내 비록 거지라서 국왕처럼 천 등 만 등은 켤 수 없지만 등 하나라도 밝히려고 합니다."

"할머니가 등불을 밝힌들 바사닉 왕이 수천수만 등을 켜는데, 할머니 등이 부처님 눈에 띄기나 하겠어요?"

"내 마음에 켜는 등불이니 보시든 안 보시든 부처님 가시는 길을 조금이라도 밝힌다면 그것으로 됐소."

등 하나를 밝힐 기름이라고 하면, 겨우 요구르트 병 하나 정도의 양일 것이다. 그렇더라도 할머니는 전 재산을 바쳐 산 것이다.

난타 할머니는 서둘러 불을 밝히고 간절히 기도했다.

"이 불이 부처님 지나가시는 길을 밝히고, 그러고도 밤새 꺼지지 않도록 해 주십시오."

그러고는 두 손을 모으고 부처님이 지나가길 기다렸다. 과연 부처님은 저녁 공양이 끝난 뒤 처소인 기원정사로 돌아가시면서 그 길을 지나갔다. 난타 할머니는 지나가는 부처님을 바라보면서 간절히 기도하고 또 했다. 이 기구한 삶이 끝나고 언젠가는 부처님처럼 깨달음을 이룰 수 있게 해 달라고.

이 멍텅구리 거지 할머니로서는 과분하기 이를 데 없는 기도였다.

그날, 바사닉 왕이 밝힌 등불은 새벽이 오기 전에 다 꺼졌다. 그런데 난타 할머니의 등불만은 새벽이 되어도 꺼지질 않았다. 해가 떴는데도 꺼지지 않는 등불이 있다는 소문이 나고, 목련 존자 目連尊者는 불이 날까봐 얼른 달려가 이 등불을 끄려 했다. 그러나 어찌된 일인지 등이 꺼지질 않았다.

그런 목련 존자에게 부처님이 말씀하셨다.

"그만두거라. 당래불當來佛의 광명 공덕이다. 크나큰 원력과 염원이 담긴 지혜의 등불이므로 네 위신력威神力으로는 끌 수가 없다. 그 할머니는 30겁 후에 깨달음을 이루어 수미등광여래須彌燈光如來가 될 것이다."

비록 가난하였지만 지극정성으로 밝힌 등불. 난타 할머니가 멍텅구리가 아니었다면 장차 부처가 된다는 수기受記까지 받지는 못했을 것이다. 그렇다. 기왕이면 확실한 멍텅구리 짓을 해야만 한다. 정말 그 할머니 같은 마음으로 등을 밝힌다면 왜 성불 인연을 얻지 못하겠는가.

부처님 오신 날이 되면 그저 비싼 등이나 달고, 그 값을 하겠다고 식구들 이름 주르르 적어 바람에 휘날리게 해야 직성이 풀리는 멍텅구리들은 이 글을 읽고 자기 가슴이라도 한 방 쳐 주기를 바란다. 마음으로 켜는 등불이어야 부처님이 돌아보신다는 걸 잊지 말기를.

깨닫기가 너무 쉬워

부처님의 깨달음을 한마디로 말하면, 번뇌를 꺼 버렸다는 것이다. 그것을 고상하게 말해서 '사성제四聖諦'라고 하여 고집멸도苦集滅道를 말하지만, 그 말이 그 말이다.

일체 번뇌를 여의는 것이 곧 깨달음의 길이요, 그것이 '열반涅槃'이라고 한다. '열반'이라는 말 자체가 불을 끈다는 말이다.

번뇌의 근원은 탐·진·치 세 가지다. 요놈들만 잡아 없애 버리면 간단해진다. 욕심을 내는 '탐貪'과 분노하는 '진瞋', 어리석은 '치癡', 요놈들이 작당을 하여 번뇌를 일으킨다. 이 셋만 잡아 없애면 누구나 부처가 될 수 있다. 탐·진·치를 없애면 당장 부처가 되지는 않아도 머지않아 반드시 부처가 된다. 그러고 보면 너무 쉽다.

못하는 게 멍텅구리다.

바로 말해서 욕심내지 말고, 분노하지 말고, 좀 지혜로워라, 이러면 되는 것이다. 그러면 속세의 번뇌에 휘둘려 고통을 받지 않게 된다.

하지만 멍텅구리들에게는 그게 안 통한다. 그래서 부처님은 팔정도八正道를 말씀하셨다. 탐·진·치를 끊기 어려운 멍텅구리들에게 또 하나 비결을 말씀해 주신 거다. 이건 사성제보다 더 쉽다.

정견正見·정사유正思惟·정어正語·정업正業·정명正命·정정진正精進·정념正念·정정正定이다.

바로 봐라. 바로 생각해라. 바로 말해라. 바르게 일해라. 바르게 살아라. 열심히 노력해라. 바른 마음을 가져라. 마음을 안정시켜라.

뭐, 이 정도다. 너무 쉽잖은가. 이 여덟 가지만 잘하면 저절로 사성제의 고집멸도가 이루어진다. 번뇌가 끊어지고 그 자리에 깨달음의 빛이 폭포수처럼 쏟아지는 것이다.

이게 어려워 깨닫지 못하겠다면 그 사람이야말로 정말 멍텅구리다.

그러니 멍텅구리 소리 듣기 싫으면 팔정도부터 지키면 된다.

바로 보라면 바로 보면 그만이다. 남 흠이나 뜯고 약점이나 잡아 돈 후릴 생각 안 하면 된다.

바로 생각하라면 바로 생각하면 그만이다. 무슨 흑심이 있어서 저러나, 날 속이려고 그러나, 괜스레 혼자 의심하지 않으면 된다.

바로 말해라. 이거 얼마나 쉽나. 사실대로 말하면 그만이다. 양심이 말해 주는 대로 말하면 된다.

바르게 일해라. 정정당당하게 일을 해서 돈을 벌고, 그런 돈으로 애들 교육하고 먹고 입으면 된다.

바르게 살아라. 춤바람 따라다니지 말고, 도박하지 말고, 등산하고 독서하면서 건전하게 살면 된다.

열심히 노력해라. 아니, 동냥을 하려 해도 열심히 해야 하는 것이다. 나 역시 스님이라고 가만히 앉아 있기만 하면 먹을거리가 저절로 생기는 게 아니다. 열심히 목탁 치고 염불하고 참선해야 입에 거미줄이 생기지 않는다. 하물며 세상만사 게을러서는 아무것도 못한다.

바른 마음을 가져라. 마음에 밝은 것, 아름다운 것, 고요한 것만 담으려고 노력하면 된다. 누구 밟을 생각, 누구 괴롭힐 생각, 이런 거 안 하면 되는 것이다.

마음을 안정시켜라. 하루 두 시간만 가부좌를 틀고 있으면 된다. 이것도 힘들면 수시로 선정禪定에 들면 된다. 안 되면 심호흡이라도 자주 하면 된다.

보자.
멍텅구리 부처님이 알려 주는 방법인데 뭐 그리 어렵겠는가. 깨닫는 법이란 이렇게 쉽다. 그러니 똑똑한 현대인으로서 왜 이걸 못하는가. 세상에 깨닫기가 이렇게 쉽다는데, 왜들 그러실까.

불교는 망했다

1,600여 년 역사 속의 우리 불교는 근래에 들어서도 갖가지 어려운 사건이 많았다.

조선시대 억불抑佛 때처럼 못된 이교도들이 들이닥쳐 불상 귀를 꺾고 목을 베고 범종을 마구 훔쳐 가고 탱화를 찢어 갔으며, 멀지 않은 5공 시기에는 '법난法難'이라고 하여 군인들이 군홧발로 청정도량清淨道場을 짓밟은 적이 있다.

당시 군에 몸담고 있던 나는 분노 때문에 견딜 수가 없었다.

스무 살 조금 넘은 젊은 계엄군이 노스님들을 끌고 다니고 함부로 말하고, 훼불毀佛하는 일이 수없이 많았다. 그 정점에 있던 사람이 훗날 백담사에서 설법을 하고 수행을 한 건 참 아이러니도 대단한 아이러니다.

물론 조선시대에는 이보다 더한 일이 흔했다. 힘 좀 쓰겠다 싶은 스님들을 잡아다 머슴일 시키고, 비구니 스님이 젊다 싶으면 잡아다가 첩을 삼기도 했다. 절에 좋은 나무가 있으면 캐다 저희 집 마당에 심고, 누각이 좋다 싶으면 뜯어다가 기생 파티장으로 쓰기도 했다. 이런 일은 누가 봐도 법난이라고 하지 않을 수 없다.

부처님이 돌아가신 뒤 처음으로 엄청난 사건 하나가 벌어졌는데, 이 사건을 보면 오늘날 현대인들이 얼마나 멍텅구리인지 알 수 있다. 아니면, 그때 그 스님들이 죄다 멍텅구리든가.

부처님이 가신 지 백 년밖에 안 됐으면 불법이 생생하게 살아 있던 시절이었다. 그런데 그때 교단을 뒤흔드는 엄청난 사건이 일어났다. 베살리Vesāli의 밧지Vajji족 출신 비구들이 계율 열 가지를 어겼다는 '십사十事 사건'이 그것이다. 장로 스님들은 하늘이 꺼져라 탄식하고 교단은 이제 망했다고 낙담했다.

이들이 어겼다는 계율 열 가지가 대체 뭐였을까?

보자, 대체 무슨 범죄를 그리 크게 저질렀는지.

① 밧지족 스님들은 소금을 모아 두었다 쓴다. 그때그때 공양

을 받아 쓰지 않고 무엇을 모아 놓는 것은 계율 위반이다.
② 밧지족 스님들은 사시巳時 공양시간을 놓치면 당연히 굶는 게 아니라, 두어 시가 될 때까지는 그냥 식사를 한다.
③ 밧지족 스님들은 다른 마을로 갈 때는 시간이 없다는 이유로 제대로 차린 음식을 구해 먹기도 한다. 우리 승가는 잔식殘食만을 여러 집에서 얻어먹어야만 하는데 이건 엄청난 계율 위반이다.
④ 밧지족 스님들은 같은 교구 내에서 사원마다 따로따로 포살布薩을 한다.
⑤ 인원이 다 차지 않았는데도 밧지족 스님들은 곧 올 거라고 예상하고 갈마羯磨를 시작한다.
⑥ 밧지족 스님들은 죽은 스님들의 습관을 따르는 경우가 있다.
⑦ 밧지족 스님들은 공양을 한 뒤에 우유를 마신다.
⑧ 밧지족 스님들은 발효되지 않은 야자즙椰子汁을 마신다.
⑨ 밧지족 스님들은 정해진 자리가 아닌, 아무 자리나 앉는다.
⑩ 밧지족 스님들은 공양물로 음식만 받는 게 아니라 돈(金銀)도 받는다.

요즘의 스님들이 보면 웃음이 나오는 게 대부분이다. 멍텅구리들. 밧지족 스님들을 붙들고 파계했다며 길길이 뛰었을 당시

장로 스님들을 떠올리면 정말 멍텅구리가 아니었나 싶다.

우리 반야선원般若禪院에도 소금독이 있는데, 이것도 그때 그 시각으로 보자면 큰일 날 일이다. 또 사시만 무얼 먹는 게 아니라 오다가다 먹기도 하는데 이 자광도 큰 죄를 짓는가 보다. 밥을 얻어먹기는커녕 공양주 보살까지 있어서 국도 있고, 밥도 있고, 반찬도 있는 우리 절 식단을 보면 당시 스님들은 더 난리를 피웠을 것이다. "반야선원 공양은 왕궁의 식단이나 다름없다!" 이러지나 않을지 모르겠다.

우리 절에서는 공양하고 나서 차를 마시는데, 이것도 혹 계율 위반인지 모르겠다. 주스 먹는 것도 파계니 말이다. 아무 자리나 앉는 건 말할 것도 없고 또 불전함까지 놓고 신도들의 현금 공양을 기다리는 것도 큰 죄가 되는 모양이다. 이것 정말 큰일이다. 불전함부터 당장 치워 버려야 하는 거 아닌지 모르겠다.

가만히 생각하면 여러 가지 편의를 생각하다가 이리저리 계율을 깁고 때우고 해서 오늘 같은 형태로 바뀌긴 했다.

하여튼 이 사건이 일어나자 밧지족 비구들은 계율에 어긋나지 않는다고 주장했지만, 보수파 장로들은 비구 7백 명을 집결시켜 비상회의를 열었다. 그리고 이 회의에서 십사는 곧 비법非法이라고 판결했다. 이때 가장 큰 징벌 대상이 된 것은 열 번째인 돈을 받는 일이었다고 한다.

나는 이 사건을 자주 가슴에 새긴다. 내가 멍텅구리인지 그 장로 스님들이 멍텅구리였는지 반성하고 또 한다. 시대가 바뀌었다고 소금독에 소금을 잔뜩 채우고 사는 게 과연 옳은가. 버스나 기차를 타지 않고는 움직일 수 없는 시대에 산다는 이유로 신도들에게서 돈을 받아 쓰는 것이 과연 옳은 것인가. 난 정말 내가 돈을 들고 있을 때마다 이 십사 사건이 생각나 언제나 참회하는 마음이 생기곤 한다.

세상이 변했다는 이유로 나 자광은 얼마나 부처님을 우울하게 만들고 있는지, 생각할 때마다 더럭 겁이 난다.

스님이 군인이라고

처음 군승軍僧제도가 실시될 때만 해도 여러 가지 어려움이 많았다. 내적으로는 스님이 장교가 되어 군승으로 군대 가면 틀림없이 장가간다는 세간의 의심이 부담되었고, 외적으로는 이미 군종軍宗 기득권을 선점한 기독교와 천주교의 반발에 부닥쳐 일을 추진하기가 몹시 어렵다는 점이었다. 그럼에도 불구하고 종단의 지도자이신 경산京山 스님, 숭산崇山 스님, 그리고 그 밖의 여러 스님들과 전 불교도의 원력으로 1968년 마침내 군승제도가 현실화되었고, 힘들건 어렵건 군승은 각 부대로 파견되어 포교활동에 나섰다.

그런 중에 나는 스승이신 경산 스님의 명을 받아 장병들에게 포교를 하기 위해 군승으로 입대했다. 처음에는 스승의 명이니 거역할 수도 없고, 이것저것 생각할 수도 없었기 때문에 막연히 군대에 들어갔지만 그 뒤 사람이 죽고 다치는 걸 목격하면서 과연 살생하는 현장에서 부처님의 말씀이 어떻게 실천될 수 있는지 고민을 하고 또 했다.

그러다가 나는 임진왜란 때 일본군의 침입에 맞서 승군僧軍을 일으켰던 서산 대사西山大師 휴정休靜 스님과 사명당四溟堂 유정惟政 스님의 호국護國의 열정을 생각하면서 크게 용기를 내게 되었다.

당시 한양은 함락되고 선조宣祖 임금이 의주까지 피란을 간 상황에서 휴정 스님은 팔도 각 사찰에 긴급 격문檄文을 띄웠다.

이 격문은 지금 읽어도 가슴이 뛴다.

– 사부대중四部大衆에게 고하노라!

부처님은 살상을 금하여 미천한 생물에 이르기까지 그 생명을 귀하게 여기셨다. 그런데 잔악한 왜구가 이 땅에 범람하여 국왕이 몽진蒙塵하고 민생이 도탄에 빠졌다. 이제 불력佛力과 법력法力이 아니면 구제할 수 없게 되었다.

나라와 중생이 있지 않고는 우리 불교도 있을 수 없다. 비록 조선왕조가 우리 불교의 씨를 말리려 철저히 박해했다 한들 이 땅은 우리가 지켜야 할 청정도량淸淨道場이다.

국왕을 뵙고 조정에 승통僧統을 설치하고 내가 도총섭都
摠攝으로서 승군僧軍을 일으키기로 한바, 팔도의 스님네들은
한 사람도 빠짐없이 떨쳐 일어나라!

먼저 강원도·함경도 승려들은 금강산 건봉사로 가서 유
정을 중심으로 뭉치되 즉시 순안 법흥사로 진군할 것이요,
황해도와 경기도 승려들은 구월산 의엄을 중심으로 뭉치되
역시 순안 법흥사로 진군하라.

묘향산과 압록강 등 평안도 승려들은 집결 즉시 내가 있
는 순안 법흥사로 내려오라.

나는 묘향산 승가를 일으켜 먼저 순안 법흥사로 달려가노
라. 충청·전라·경상 각지의 승려들은 지역별로 거사하되 신
중하길 바란다.

이것이 당시 일흔세 살이던 휴정 스님의 글이다.

나는 25년간 군승으로 복무하는 내내 휴정 스님의 격문을 잊
지 않았다. 내가 군승으로 복무하는 것이 수많은 스님이 마음 놓
고 수행할 수 있는 길이라면 마땅히 그래야 하는 것이다. 병사들
이 아침 점호를 할 때마다 부르는 노래에 고향의 부모 형제가 우
리들 때문에 편히 주무신다는 구절이 있다. 나는 출가 수행자이
므로 부모 형제를 걱정해서는 안 되니 다른 기원을 담았다. 즉

'내가 열심히 해야 우리 후방의 스님들이 마음 놓고 수도를 하신다.' 이렇게 생각하곤 했다.

임진왜란 때 칼을 든 스님들은 당신들은 지옥을 가는 대신 후대의 스님네들이 성불하기를 원했던 것이다. 그러기 위해 그들은 '불살생不殺生'이라는 계율을 어기고 칼을 높이 쳐들었던 것이다. 국왕에게 아부하기 위해서도 아니었다. 불교를 핍박하던 유림들에게 져서도 아니었다. 도리어 박해를 받았기 때문에 더 떳떳하게 전쟁에 나설 수가 있었던 것이다.

나 역시 군대에서 25년 동안 장병들과 몰려다니며 찬불가 부르고, 부처님 자비를 전하고, 법회를 하다 보니 다른 스님들처럼 하안거·동안거에도 참석하지 못하고, 전쟁터 같은 데서는 아침저녁 예불을 지킬 새도 없었으며, 매일 장병들에게 들려주어야 할 부처님 말씀을 준비하느라 밤잠을 이루지 못한 때가 많았다. 비록 군대라는 특수한 환경 때문에 정해진 의식을 완전하게 치르진 못했지만, 나는 어떤 수행자보다 더 열정적으로 공부했고, 수행했고, 실천했다. 나는 지금도 군 포교 25년의 경험이야말로 다른 어떤 수행과도 바꿀 수 없는 귀한 인연이었다고 자부한다. 그럴수록 나는 목숨까지 바치면서 교단을 지켜 낸 임진왜란 때의 그 승군들, 승장들을 떠올리며 분발심奮發心을 키우곤 한다.

계를 지켜야 복이 든다

 수계受戒를 한 거사가 하루는 멍텅구리처럼 술을 마시게 되었다. 술 마시지 말라는 계를 어겨도 잘못되지 않는다는 것을 시험하고 싶어서였다. 허, 이런 멍텅구리. 부처님을 시험하려 들다니.

 하긴, 도를 이루면 술과 물이 별로 다를 것이 없지 않을까 여겼을지도 모른다. 술 몇 잔을 마신 그가 밖으로 나와 보니 이웃집에서 기르는 닭 한 마리가 자기 집 마당에 와서 모이를 쪼고 있는 것이 눈에 들어왔다.

 그는 거의 충동적으로 그 닭을 잡아먹고 싶다는 생각이 들었다. 술김이긴 했지만, 이 멍텅구리는 냉큼 닭을 잡아 안줏거리로 잘 먹었다. 순식간에 남의 것을 훔치고, 나아가 살생까지 하고 만 것이다.

이윽고 이웃집에 사는 처녀가 닭을 찾으러 왔다.

"혹시 우리 집 닭 한 마리가 여기 오지 않았나요? 이쪽으로 온 뒤로 안 보이는데?"

거사는 시치미를 떼고 말했다.

"못 봤습니다."

이제는 거짓말하지 말라는 계까지 어겨 버렸다.

여기서 그쳤으면 그래도 덜했을 텐데 거사는 고혹적인 자태를 지닌 처녀를 보자 그만 음심(淫心)이 동했다. 술김이겠다, 뭐 겁날 것도 없어 그냥 처녀를 꾀어 안으로 들인 다음 냅다 강간을 해 버렸다.

하지만 정신을 차리고 보니 일이 너무 복잡해졌다. 다른 건 몰라도 강간은 법에서도 엄하게 다루는 것 아닌가. 그는 내친 김에 처녀의 목을 졸라 살인을 했다. 그러고는 시신을 끌고 가 아무 데나 묻어 버렸다.

그러나 머지않아 꼬리가 밟혔고, 유기했던 시신도 드러났다. 술 마시지 말라는 계를 어긴 것을 시작으로 연속적으로 더 큰 죄를 저질러 이 멍텅구리는 그야말로 지옥에 떨어지고 말았다.

이십여 년 전, 신도 5계를 받았을 만큼 자타가 독실한 불자라고 인정하던 이李 처사도 술 마신 것이 계기가 되어 돌이킬 수 없는 길로 빠져든 적이 있다.

이 처사는 김포공항에 근무하던 세관원이었다. 퇴근 후에 동료들과 어울려 회식을 하면서 소주를 마신 다음 2차로 또 술집에 들러 맥주를 마셨다니 대취했을 것은 보지 않아도 뻔한 일이다. 그런 상태라면 차를 세워 두고 택시를 타고 돌아오든지 대리 운전을 시켜야 마땅했을 텐데, 음주운전을 하고 만 것이다. 술에 취하면 판단력이 흐려지고, 운전을 해도 사고를 내지 않을 자신이 있다는 턱없는 객기를 부릴 수 있는 모양이다. 그러니 멍텅구리 중생이라고 안 할 수가 없다.

만취한 상태에서 자가용을 몰고 귀가하던 그는 신호등을 무시하고 질주하다가, 건널목을 지나던 여고생을 치고 말았다. 그런 사고를 저지르고도 이성을 회복하지 못한 그는 뺑소니를 치다가 정차 중이던 경찰차를 들이받고 말았다. 그러니 이 멍텅구리를 대체 어떻게 구제한단 말인가. 다행히 그 차에는 경찰이 타고 있지 않아 더 이상의 인명 피해는 발생하지 않았다. 경찰들은 차를 세워 놓고 요식업소를 단속 중이었다고 한다.

악마의 유혹에 홀린 듯 평소의 그답지 않게 여학생을 치고 경찰차까지 들이받은 후에도 그는 주위를 살핀 다음 목격자가 없다는 생각이 들자 또다시 뺑소니를 치고 말았다. 더 이상의 사고를 내지 않고 자기 아파트 주차장까지 온 것만도 그나마 다행이었다.

그렇지만 목격자가 없을 것이라고 믿었던 것은 오판이었다. 아파트에 도착한 지 얼마 후 벨이 울려서 나가 보니 한 사내가 현관 밖에 서 있었다.

"누구시오?"

"나는 당신이 여고생을 친 다음 경찰차까지 들이받고 뺑소니치는 것을 목격하고 뒤따라온 사람입니다."

이 처사는 그가 지옥에서 온 사자처럼 여겨졌다.

"살려 주십시오. 저 좀 살려 주십시오."

"나 외에 다른 목격자는 없는 것 같습니다."

"나는 공무원이기 때문에 뺑소니 사실이 밝혀지면 파면되고 맙니다. 재산도 이 아파트를 겨우 마련한 것 외에는 달리 없으니, 우리 식구들은 먹고살 길이 없어집니다."

"혹시 다른 목격자가 신고해서 잘못되는 것은 어쩔 수 없지만, 당신 사정을 듣고 보니 나 하나는 눈감아 줄 수도 있습니다. 나도 실직을 한 다음 가족을 부양할 길이 없는 불쌍한 처지에 놓여 있는 사람입니다."

"감사합니다. 도와주십시오. 은혜는 잊지 않겠습니다."

"눈감아 준 사실이 나중에 탄로 나면 나도 곤욕을 치를 테니 그 대가로 3억 원만 주십시오. 그러면 나중에는 어떻게 되든 모른 척해 드리겠습니다. 당신이 친 여학생은 아마 죽었을 거요. 일어나는 것을 못 보았고, 응급차를 불러 줄 사람도 없었을 테니."

"저 같은 월급쟁이에게 3억이 어디 있습니까?"

"내가 눈감아 주지 않으면 당신은 한 10년은 썩어야 할 거요. 그거에 비하면 3억은 그리 큰돈이 아니오."

"없으니까 문제지요."

"오늘 저녁 잘 생각해 보고 현명한 선택 부탁드립니다. 내일 다시 연락드리지요."

여학생을 치고 경찰차까지 들이받은 다음 뺑소니를 친 것은 협박자의 말대로 중형감이었다. 공무원의 신분으로 그런 일을 저질렀으니 파면될 것은 불을 보듯 분명했고, 퇴직금도 받지 못하고 직장에서 쫓겨나 감옥에 갇히면 당장 식구들의 생계가 막막해진다. 그렇다고 협박자에게 돈을 주고 위험에서 벗어날 수도 없었다. 그만한 돈도 없었지만 돈을 준다고 모든 일이 무마될 것 같지도 않았다.

그는 밤새 고민했다.

"내가 죽고 나면 내가 범인인 것을 모를 것이고, 협박하던 놈도 내가 죽은 걸 알고는 나서지 않을 것이고, 퇴직금이며 보험금도 나오겠지."

그걸 최후의 수로 생각한 그는 아파트 베란다로 나가 뛰어내리고 말았다. 그는 현장에서 즉사했다.

술 한 잔에서 자결까지 영화 필름 돌아가듯 순식간에 돌아가 버렸다.

계를 지켜야 할 이유는 매우 간단하다.

파계破戒는 불행한 인생을 불러들이기 때문이다. 한 번 마음 밖으로 달아난 나쁜 마음은 꼭 불행이란 친구를 데리고 돌아온다. 인연법이란 이렇게 무서운 것이다. 계를 굳게 지키면 업장業障이 새로 생길 것도 없다. 계를 굳게 잡고 있으면 있는 업장도 녹아 없어진다.

내가 과하도록 계를 강조하는 것은 바로 그 때문이다. 모든 신도가 계를 잘 지켜 공부할 수 있는 좋은 인연을 더 많이 만들고, 방해받을 인연을 과감히 떨쳐 버리라는 뜻으로 늘 계행戒行을 강조하는 것이다. 그러니 계율 지키라고 버럭 소리 지를 때마다 꿈쩍꿈쩍 놀라셨던 신도들은 이 마음을 잘 헤아려 주기를 바란다. 다, 우리 신도들 살려 보자고 하는 소리이니.

한마디 더 붙이자면, "계행은 가장 자유롭고 편안한 것이다!"

운명은 누가 결정하나

사람이 살아온 정보는 마음에 저장되고, 그것은 세세생생 카르마kama에 기록된다. 이러한 누적된 정보에 따라 마음이 움직이고, 이 마음이 움직여 현실로 나타난 것이 운명運命이다.

그러므로 운명이란 업력業力에 따라 다른 것이다. 그러니 생활 습관을 잘 길들이지 않으면 운명이 고달프게 되고, 생명을 잘 발전시키면 그것이 곧 운명을 개척하는 것이다.

사실 운명이란 그 사람이 짓는 대로 얻어지는 과보果報이지, 어디 보이지 않는 신이라도 있어 인간에게 이런저런 삶의 프로그램을 주어 그렇게 꼼짝 없이 살게 만드는 건 아니다. 정해진 운명이 있다고 말하는 사람들은 멍텅구리일 뿐만 아니라 불제자도 아니다. 부처님은 왕자로 태어나 일국의 왕이 될 운명을 가지고 있었음에도 과감히 떨쳐 버리고 그 운명에 매이지 않는 길을 가신 분이다. 그러고 보면 사람들이 출세하기 위해 전전긍긍하며 부적을 쓰고, 사주를 보고, 굿을 하는 행위 따위는 하下 중 하下인 사람들이나 할 일이다.

그러나 우리 불교에도 이러한 멍텅구리들이 침투하여 물을 어지럽히고 있다. 참으로 마음에 남지 않는 보시를 해야 함에도 불구하고 이름 석 자를 크게 박아 넣는 기왓장은 대체 무엇이며, 새카맣게 새겨 넣은 범종의 그 많은 이름, 부처님 오신 날을 맞아 밝힌 연등 자락에 매달려 바람에 나부끼는 저 임진생 아무개 하는 이름과 주소는 무엇인가? 관세음보살이 '천수천안千手千眼'이라니까 그걸 보고 복이라도 내려 달라는 뜻이렷다. 물론 좋다. 입시철이 되어 합격하게 해 달라고 비는 것, 백중百中이 되어 영가천도靈駕薦度를 하면 큰 복이라도 될 줄 알고 동참하는 것, 다 좋다. 어차피 멍텅구리들이니까 마음 가는 대로 하는 거야 누가 뭐라겠는가.

그 덕분에 절마다 법문이 끊이지 않고, 선방禪房마다 죽비소리 요란하고, 스님들의 글 읽는 소리가 우렁차고, 그중에 누군가는 깨닫고, 부처님의 가르침을 모르던 사람들에게 부처님의 말씀을 담은 책이라도 한 권씩 돌아간다면 비록 기복祈福으로 한 일일지라도 복을 안 받을 수는 없으리라. 그 복도 참으로 적지는 않다.

하지만 기왕이면 복을 바라지 않고 보시하면 그 백 배, 천 배로 좋을 것을 왜 좋은 일 하고도 부처님의 칭찬을 많이 받지 못할까. 그것이야말로 멍텅구리 아닌가. 난타難陀라는 가난뱅이 할머니가 밝힌 등불 하나가 바사닉波斯匿 왕이 밝힌 등불 수만 개보다 더 값지다는 걸 왜 모르는가.

그래서 우리 절에 오는 멍텅구리 신도들에게 진심으로 말하고자 한다. 보시, 형편 안 닿으면 안 해도 된다. 마음 잘 쓰고 합장만 하더라도 진심으로 이웃을 위해 기도하는 공덕이 크다.

다만 조금씩 자신의 것을 덜어서 이웃에게 나누어 주고, 사회의 그늘진 곳에 내놓는 것에 인색해서는 안 된다. 아무 생각하지 말고, 누가 어떻게 쓸지 생각하지 말고, 내 복을 덜어 남에게 나누어 준다, 그 생각만 하고 보시를 하자. 그런 생각조차 안 하면 더 좋지만 거기까지는 부처님도 이해하신다.

이 멍텅구리 자광은 군승 생활 20년을 넘게 했다고 나라에서 군인연금이라는 걸 들어 주어 지금은 나 혼자 먹고 쓸 돈은 다달이 나온다. 그러니까 제발이지 우리 자광 스님 맛난 음식 잡수시라고, 때깔 나는 옷 입으라고 보시하는 짓은 하지 말기를 바란다. 난 내 연금으로 충분히 먹고살 수 있을 뿐만 아니라 보시도 하며 산다. 어디 강연을 가거나 설법을 하게 되면 조금씩 나오는 돈도 굳이 모을 필요 없이 절 살림에 쓰게 된다.

또 불전함에 오천 원, 만 원 넣으면서 이 돈으로 부처님 말씀이 다른 사람에게도 전해졌으면, 그렇게 하여 깨달음의 인연이 여러 사람에게 전해졌으면 하고 바라는 것은 참으로 아름다운 일이다. 정말 기왓장을 보시하고, 벽돌을 보시하더라도 거기에 이름 석 자 쓰느라 서두르지 말고, 차라리 "가난으로 고생하는 사람 없게 해 주세요.", "세상에서 전쟁을 없애 주세요.", "부처님 말씀이 멀리멀리 전해지기를 바랍니다.", 이런 글귀를 적어 넣으면 얼마나 좋겠는가.

그러고 나면, 그렇게 깨끗한 마음으로 보시를 하면 운명은 저절로 맑아지고 향기로워지는 것이다. 그런 사람에게 어찌 악업이 찾아들어 고통스럽게 할 것인가.

마음에서 욕심을 지우는 게 보시다. 그렇게 보시를 하면 저절로 탐貪·진瞋·치癡 삼독三毒이 사라진다. 탐·진·치 삼독이 사라지면 그것이 곧 깨달음으로 사는 길이요, 운명이 순해지고 고통의 굴레에서 벗어나는 길이다.

이제 누구나 운명이라는 것을 두려워하지 않았으면 한다. 비유컨대 교도소에서 사는 사람들이 소장에게 잘 보이고 간수들에게 아부를 해서 일시적으로 편하게 지낼 수는 있다. 그러나 가장 좋은 것은 죄를 벗고 교도소를 나오는 것이다. 이 세상이라는 것은 묘해서 부귀영화를 누리면 누릴수록 더 오래 머물러야 한다. 버리고 또 버리다 보면 머지않아 부처님이나 보살님들의 이웃으로 살게 될 날이 가까이 올 것이다.

이렇게 알려 주었는데도 있지도 않은 운명이나 믿으면서 몰래 점이나 보러 다니고, 부적이나 사서 지갑에 꽂아 두고, 산소자리 보러 다니는 신도들이 있다면 그네들은 참으로 멍텅구리다.

육바라밀

　육바라밀六波羅蜜은 부처님의 제자라면 늘 실천해야 할 행동 수칙이다. 그러한 육바라밀을 이해하기에 아주 좋은 글이 있다. 춘원 이광수의 글이다('─' 다음의 글은 멍텅구리 자광의 찬讚이니 그런 줄 아시길 바란다.).

　　님에게는 아까운 것이 없이
　　무엇이나 바치고 싶은 이 마음,
　　거기서 나는 보시布施를 배웠노라.
　　　─ 준다는 것은 여유 있고 넉넉한 삶이다.
　　　줄 수 있다는 것은 행복한 삶이다.

님께 보이고자 애써 깨끗이 단장하는 이 마음,
거기서 나는 지계持戒를 배웠노라.
— 계戒를 지닌다는 것은 당당한 삶이고,
  가장 자유로운 삶이다.

님이 주시는 것이면
때림이나 꾸지람이나 기쁘게 받는 이 마음,
나는 거기서 인욕忍辱을 배웠노라.
— 참는다는 것은 더 큰 근심을 없애 주고,
  참을 수 없는 것을 참는 것은 평화로운 삶이다.

많고 많은 사람 중에 오직 님만을 사모하는 이 마음,
거기서 나는 선정禪定을 배웠노라.
— 번뇌로 들끓는 마음을 가라앉히는 선정禪定은
  고요히 생각하는 것이요,
  불꽃을 꺼주는 것이다.

자나 깨나 쉴 새 없이 님을 그리워하고
님 곁으로만 맴도는 이 마음,
거기서 나는 정진精進을 배웠노라.

— 부지런한 노력은 성취를 앞당긴다.

내가 님의 품에 안길 때에
기쁨도 슬픔도 님과 나와의 존재도 잊을 때에
거기서 나는 지혜智慧를 배웠노라.
— 지혜는 모든 것을 아는 것이요,
　지혜는 인간 완성完成을 의미한다.

인제 알았노라.
님은 이 몸께 바라밀을 가르치려고 짐짓 애인의 몸을 나투신 부처님이시라고.

참 좋은 글이다. 그런데 혹 춘원 이광수? 그거 친일파 글쟁이 아니야, 이러면서 거들떠보지 않는 멍텅구리도 있을 것이다.

물론 춘원이 친일을 한 것은 큰 잘못이다. 그러나 독립운동을 하느라고 평생을 바친 김구 선생에게도 흠이 있을 수 있듯이 춘원 이광수라고 못된 짓만 하고 산 게 아니다. 좋은 게 있고 나쁜 게 있으니, 그중 좋은 걸 골라 쓰면 된다. 아무리 아름다운 꽃이라고 해도 사철 피는 게 아니라 딱 한때 피는 것이요, 사납기 그지없는 사자나 호랑이도 젖을 먹을 때는 귀엽고 사랑스러운 법이다.

일제강점기 36년을 생각만 해도 지긋지긋하지만, 임진왜란 7년 전쟁이 끔찍했지만, 한국전쟁 3년이 참혹했지만 새기고 또 새겨서 그 같은 일이 다시는 일어나지 않게 해야 한다.

육바라밀은 경계가 없다. 경계가 있는 건 그게 무엇이든 부처님 법이 아니다.

육바라밀은 정말로 소중한 부처님 말씀이니 한 번 더 보자. 이번에는 「달타령」과 「권불송」으로 감상하자.

> 달아 달아 밝은 달아 이태백이 놀던 달아
> 정월에 뜨는 저 달은 새 희망을 주는 달
> 이월에 뜨는 저 달은 동동주를 먹는 달
> 삼월에 뜨는 달은 처녀 가슴을 태우는 달
> 사월에 뜨는 달은 석가모니 탄생한 달
>
> [1] 부처님 법 오계五戒 중에 삼독오욕三毒五慾 씻어 내고
> 살도음망殺盜淫妄 않는 것을 '지계'라고 이르시고
> 남을 미워 않는 것을 '인욕'이라 일렀으며
> 쉬지 않고 근행함을 '정진'이라 하옵시고

2 남을 위해 헌신하는 그 정신이 참 '보시'며
거울같이 맑은 맘을 '선정'이라 하거니와
깨달음에 가는 길 중 실체 없는 일체 존재
밝은 성품 가리키어 '반야'라고 이른다네.

3 어느 하나 참된 행이 아닌 것이 없건마는
그중에서 자기 힘에 맞는 행을 선택하여
자기 욕락欲樂 버리고서 주린 창자 오려 내듯
목마를 때 물 찾듯이 도 닦는 일 실천하여

4 상락아정常樂我淨 청정한 집 적멸보궁寂滅寶宮 찾아가서
중생계를 남김없이 모다 구원하여 보세.
이 마음이 어두우면 온 천지가 지옥이고
이 마음을 깨달으면 온 세계가 불국토佛國土라.

5 백천지옥 극락세계 사악취四惡趣와 삼악도三惡道도
이 모두가 마음에서 나온 바의 경계러니
삼계윤회三界輪廻 벗어나서 무상각無上覺을 이룰진대
수미산須彌山이 없어져도 흔들림이 하나 없이.

기왕 육바라밀을 시작했으니 부처님이 쓰시던 말씀으로는 어떤 뜻이었는지 보자.

육바라밀을 범어로는 'ṣaḍ-pāramitā'라고 한다. '육도六度', '육도피안六到彼岸'이라고 의역하기도 한다. 하나하나의 뜻은 이렇다.

① 보시바라밀布施波羅蜜: 단나檀那 바라밀dāna-pāramitā

재보시(財)·법보시(法)·무외시(無畏)로 나뉜다. 보시는 남김없이 베풀면서도 주었다는 그 생각마저 버림으로써, 자신의 탐심을 끊고 집착을 떠나며, 다른 사람의 고통을 함께 나누는 가르침이다.

② 지계바라밀持戒波羅蜜: 시라尸羅 바라밀śīla-pāramitā

계戒와 율律을 견고히 지켜 악업을 멸하고 청정한 마음을 얻게 하는 가르침이다.

③ 인욕바라밀忍辱波羅蜜: 크산티 바라밀kṣānti-pāramitā

다른 사람으로부터 받는 모든 고통을 바르게 받아들임으로써, 원한과 노여움을 없애고 제법諸法을 밝게 관찰하여 마음이 안주安住하게 하는 가르침이다.

④ 정진바라밀精進波羅蜜: 비리야 바라밀virya-pāramitā

여러 바라밀을 꾸준히 실천하여 게으른 마음을 버리고 선법善法을 더욱 발전시켜 나가게 하는 가르침이다.

⑤ 선정바라밀禪定波羅蜜: 디야나 바라밀dhyāna-pāramitā

'선나禪那바라밀'이라고도 하며, 마음의 산란함을 없애고 선정을 통해 마음의 평정을 유지하게 하는 가르침이다.

⑥ 지혜바라밀智慧波羅蜜: 프라냐 바라밀prajñā-pāramitā

'반야般若바라밀'이라 하며, 모든 진리를 밝게 알게 하는 가르침이다.

신혼부부에게 주는 글

인생은 언제나 만남으로 시작된다. 만남은 12연기의 촉觸에 해당한다. 태어나자마자 부모를 만나야 하고, 형제를 만나고, 자식을 만나고, 동료와 이웃을 만난다. 좋은 친구, 좋은 이웃, 좋은 가족을 이루어야 인생도 풍요로워지고 가정과 사회가 행복해진다. 그러므로 마음으로 늘 좋은 인연을 만들어 가야 한다.

그러기 위해서는 실천 덕목이 필요하다.

첫째는 부모에게 효도하는 것이다. 효도는 인간의 근본정신이다. 그 다음에는 남편과 아내의 의무를 다하는 것이다. 가정은 인생의 안식처. 사회에 나가 박사를 하고, 판검사를 하고, 재벌이 되고, 국회의원에 대통령을 해도 그 근본은 항상 가정이다.

한평생 동고동락해야 할, 애정과 신뢰로 뭉치는 기본 공동체인 이 가정이 안락해야 바깥 활동도 활발하게 잘 이루어지는 것이다.

좋은 배우자는 백만 대군과 같지만, 그렇지 않으면 적보다 더 무서운 존재로 변할 수 있다. 자기 자신이 상대에게 나쁜 배우자가 되지 않도록 스스로 노력해야 한다.

그래서 나는 결혼식 주례를 서면 꼭 부처님 전에 서약하게 하는 말이 있다.

신랑에게 다섯 가지가 있다.
 1. 예절을 지켜 아내를 사랑하겠는가?
 2. 겸양을 지켜 아내에게 공손하겠는가?
 3. 지조를 지켜 아내에게 충실하겠는가?
 4. 신뢰심으로 아내에게 집안 살림을 맡기겠는가?
 5. 열심히 노력하여 아내의 행복을 보장하겠는가?

신부에게도 다섯 가지가 있다.
 1. 의무를 지켜 남편에게 책임을 다하겠는가?
 2. 화목을 지켜 남편과 친척 친지에게 우애를 베풀겠는가?
 3. 정조를 지켜 남편에게 충실하겠는가?

4. 검소한 생활로 집안 살림을 저축, 보호하겠는가?
5. 근면을 지켜 가사를 열심히 하겠는가?

마음을 다스리는 글

내가 늘 곁에 두고 여러 불자들에게 권하는 글이 있다. 이렇게 좋은 글은 몰래 혼자만 읽어야 하는데, 멍텅구리 자광은 천하에 소문을 내고 싶으니 이를 어쩌랴.

복은 검소함에서 생기고
덕은 겸양함에서 생기며
지혜는 고요히 생각하는 데서 생기느니라.
근심은 애욕에서 생기고
재앙은 물욕에서 생기며
허물은 경망에서 생기고

죄는 참지 못하는 데서 생기느니라.

눈을 조심하여 남의 그릇됨을 보지 말고 맑고 아름다움을 볼 것이며, 입을 조심하여 실없는 말을 하지 말고 착한 말, 부드럽고 고운 말을 언제나 할 것이며, 몸을 조심하여 나쁜 친구를 사귀지 말고 어질고 착한 이를 가까이 하라.

어른을 공경하고 덕 있는 이를 받들며, 지혜로운 이를 따르고, 모르는 이를 너그럽게 용서하라.
오는 것을 거절 말고 가는 것을 잡지 말며, 내 몸 대우 없음에 바라지 말고, 일이 지나갔음에 원망하지 말라.

남을 해하면 마침내 그것이 자기에게 돌아오고, 세력을 의지하면 도리어 재앙이 따르느니라.

_「보왕삼매론寶王三昧論」

불자야, 이 글을 읽고 낱낱이 깊이 새겨서 다 같이 영원을 살지어다.

불교를 믿는 이유

절에 오래도록 다니다 보면 자칫 그 목적을 잃기 쉽다. 그래서 혹은 기복祈福에 빠져 사사건건 부처님이 복을 내려 주기나 기도하고, 때로는 스님들에게 의지해 부적이나 얻어 가고 자녀들의 시험이나 남편의 승진 따위를 빌기도 한다.

그러나 불교를 믿는 이유는 그게 아니다. 답은 간단하다. 성불成佛하기 위함이다. 성불은 인간 완성을 의미한다.

우리는 부처 되기 위해 힘든 공부를 하고 있다. 부처가 되면 그까짓 세속의 하루살이 도깨비 살림살이가 무슨 의미가 있겠는가. 부처가 되면 그런 욕심쯤은 봄날의 따스한 햇볕처럼 다가와 모두 사라진다. 생사生死에 자재自在하고, 자기를 완성할 수 있는 것이다.

부처 되는 길이 사는 길이요, 그 반대는 죽는 길이다. 죽어도 바르게 죽지 못하고 업만 두텁게 쌓아 가며 죽으니 그것이 더 큰 문제다. 삼독에 찌들어 치유 불가능한 몸으로 만들지 말고, 자기 관리를 철저히 하여 심하게 꾸짖고, 잘못하면 밥도 굶기고, 매로 때려야 한다. 남에 대해 혹독하게 굴듯이 자기 자신에게 혹독하게 굴면 정신을 잃지 않고 보살행을 할 수 있다.

예로부터 부처님이 아니어도 성인들은 돈이나 명예 때문에 길을 가지는 않았다. 예수, 공자, 마호메트가 돈과 권력을 찾아다닌 적이 있던가.

무명無明이 곧 원수인 줄 깊이 깨달아 그놈에게 속지 않는 도리를 깨우쳐 반드시 진리 광명의 등불을 찾아가야 한다.

천지는 아我와 동근同根이요, 만물은 아我와 동체同體다

바로 보기만 하면 세상일은 무엇이든 어렵지 않다. 그런데도 수많은 사람이 오판誤判하고 실수하는 것은 제대로 보지 못하기 때문이다. 남을 제대로 보지 못해 속기 쉽고, 상황을 잘 읽지 못해 큰 손해를 보기도 한다.

흔히 잘못 보는 이유는 지혜가 부족해서 그렇기도 하지만, 실은 무지無知나 무명無明 탓이다. 그 무명이 오판을 유도하는 것이다.

더 중요한 것은 나는 천지에서 생겨났으니 천지와 그 뿌리가 같고, 나는 만물과 더불어 태어났으니 만물과 한 몸이라는 사실을 잊는 순간 인연의 세계에서는 그만 눈이 멀고 만다. 그 원수 같은 직장 동료와 뿌리가 하나요, 스토커 같은 그 사람이 같은 뿌리다. 아인슈타인이 내 몸 같고, 뉴턴이 내 몸이나 다를 바 없는 것이다.

우리 인간이 천지와 뿌리가 같고, 만물과 같은 몸이라는 사실은 과학적으로도 확연히 입증되고 있다. 모두가 하나 될 때 사랑과 자비가 나온다.

인간과 태양의 구성 성분(%)

태 양	인 간	박테리아	지 구(땅)	지구대기
수소 93.4	수소 63	수소 61	산소 50	질소 78
헬륨 6.5	산소 29	산소 26	철 17	산소 21
산소 0.06	탄소 6.4	탄소 10.5	규소 14	아르곤 0.93
탄소 0.03	질소 1.4	질소 2.4	마그네슘 14	탄소 0.01
질소 0.01	인 0.1	칼슘 0.23	황 1.6	네온 0.002

(_『천문학자와 붓다의 대화』)

천문학 박사 이시우 교수는 그의 저서 『천문학자와 붓다의 대화』에서 다음과 같이 말하고 있다.

태양에서 두 번째로 많은 헬륨 원소는 휘발성이 매우 높아 다른 원소와 잘 화합을 하지 못한다. 그래서 인간이나 박테리아에는 헬륨 원소가 없다. 헬륨 원소를 제외하면 태양과 인간 및 박테리아에서 함량이 가장 많은 원소는 수소, 산소, 탄소, 질소 등의 순서로 태양이나 인간 모두 똑같다. 비록 인간과 태양 사이에 이들 원소의 함량에 차이는 있지만, 모두가 같은 원소로 이루어졌다는 사실을 암시하고 있다. 이런 결과는 태양이 형성된 물질과 같은 물질에서 인간이 태어났다는 것을 뜻한다.

그러므로 나아가 우주와 내가 하나이고, 너와 내가 하나이고, 자연과 내가 하나라는 것을 깨닫는다면, 이것이 곧 마음의 인연을 만들어 깨달음의 길로 안내하는 지혜의 등불이 될 것이다.

그러면 누가 멍텅구리인지 자명해진다. 이념이 다르다고 싸우고, 종족이 다르다고 싸우고, 국가가 다르다고 싸우고, 태어난 지역이 다르다고 싸우고, 출신이 다르다고 싸우는 사람들이 멍텅구리인가? 아니면 들꽃 한 송이, 밤하늘에 반짝이는 별, 시냇가의 모래 한 줌 따위라도 일체감을 느끼고 생명을 느끼는 이 자광이 멍텅구리인가?

너와 나는 그 뿌리가 하나인 것을 왜 모르는가?

기독교는 신을 믿지만
불교는 사람의 마음을 믿는다

같은 '종교'라는 이름으로 불리지만 불교와 기독교, 이슬람교, 유교, 도교는 서로 확연히 다르다. 기독교와 이슬람교는 눈에 보이지 않는 신神을 믿고, 유교는 사람과 사람 간의 도리를 밝히는 것이고, 도교는 심신을 수련하여 신선이 되자는 것이다.

그러나 불교는 고타마 싯다르타라는 역사상 실재했던 인물의 가르침을 믿는 것이고, 그가 가리키는 길을 따라 깨달음을 이루자는 것이다. 이런 점에서 불교는 심본주의心本主義고, 기독교 등은 신본주의神本主義라고 구분한다.

물론 불교에서도 신을 인정하지 않는 것이 아니라 신도 인간과 같은 중생으로 본다. 그러니 신神(god)도 불교에서는 중생으로 보고 구제의 대상으로 간주한다(알라Allah도 야훼Yahweh도 구제해야지.).

부처님은 모순의 세상에서 무시무종無始無終하고 불생불멸不生不滅하는 깨달음의 세계에 이르렀고, 불교는 바로 부처님이 간 길을 따라가거나 부처님이 가리킨 대로 가면서 역시 같은 깨달음의 세계를 추구하는 것이다.

'깨달음의 세계'란 우리 생명은 어디서 시작한 것도 아니고 누구에 의해서 만들어지는 것도 아니고 끝장나는 것도 아니기에 다만 자신의 업에 따라 윤회하는 것을 아는 것이다.

그러므로 인간은 모두 죄인이라는 신본주의적 발상으로는 불교를 이해하기 어렵다. 무명無明이든 무지無知든 인간의 노력으로 물리치고 지혜를 얻어야 하며, 탐·진·치를 버리고 진정 자비의 마음을 얻어야 하는 것이다.

그래서 부처님은 마음에서 삼라만상森羅萬象이 났고, 세상이 나왔다고 하셨잖은가. 일체유심조一切唯心造가 바른 답이다.

이렇게 말하면 멍텅구리들은 생각만 한다고 금이 나오냐, 밥이 나오냐고 이 자광을 도리어 멍텅구리라고 말할 것이다. 하지만 그러지 말라. 믿음은 생각한 바를 현실로 구체화하는 신비한 힘을 가지고 있다.

현대 심리학에서는 부처님을 간구懇求하면 반드시 부처님을 현실에서 볼 수 있고, 성모 마리아를 간구하면 역시 현실에서 볼 수 있다는 걸 실험으로 보여 주었다. 이따금 관세음보살觀世音菩薩을 친견했느니 문수보살文殊菩薩을 친견했느니 하는 인연담이 나오는 경우가 있는데, 그중 대부분이 실제로 그런 체험을 한 것이다.

나아가 마음먹은 대로 인생이 이루어진다는 건 수많은 연구 사례로 정리되기도 했다. 즉 거지를 생각하면 거지가 되고, 강도를 생각하면 강도가 되고, 정치인을 생각하면 정치인이 되는 것처럼 보살을 꿈꾸면 보살이 되고, 부처를 꿈꾸면 부처가 되는 것이다.

그러니 우리 모두 공평하게 가지고 있는 이 마음 하나를 잘 보듬고 길러 우리 모두 부처가 되자는 것이다. 이 말이 과연 멍텅구리 생각이라고 보시는가.

이 세상은 누가 만들었나

기독교가 지배하는 유럽에서는 신神이 이 세상을 창조했다고 철석같이 믿고 있다. 세상을 만들었다는 신은 브라흐마Brāhma, 알라Allah, 여호와Jehovah 등의 이름을 갖고 있다. 참 재주도 좋으신 분들이다.

유교에서는 무극無極에서 태극太極이 나오고, 이 태극에서 음양陰陽이 나왔으며, 음양에서 오행五行이 나와 만물이 탄생한 것이라고 믿는다. 물론 이슬람교에서는 알라 신이 창조했다고 믿는다.

우리나라 전래 종교에서는 환인桓因이 만들었고, 환웅桓雄이 이 세상에 내려오면서 인류의 역사가 시작되었다고 한다. 또한 힌두교에서는 브라흐마 신이 창조했다고 믿는다.

이것은 어디까지나 종교적인 주장이고, 과학의 세계에서는 다르다. 빅뱅이라는 대폭발에서 우주가 처음 생겨나고, 이어 각 원소들이 생겨나고 이 원소들이 결합하여 생명체를 만들어 냈다고 하며, 이것은 수많은 실험으로 증명된 사실이기도 하다.

그러면 불교는 천지창조를 어떻게 설명할까? 불교도 다른 종교들처럼 무슨 신이 있어서 대충 주물러 만들었다고 할 것인가?

불교는 존재의 근본에서 창조의 의미를 찾는다. 즉 이것과 저것은 서로 어울려서 이루어지고 너와 나는 의존관계 속에서 살아간다(相依相關). 따라서 세상에 존재하는 모든 것은 인연 법칙에 의해서 창조된 것이다.

창조에는 공식이 있다. 이것이 있으니 저것이 있고, 이것이 일어나니 저것이 일어나며, 이것이 없으면 저것도 없고, 이것이 멸하면 저것도 멸한다(此有故彼有 此起故彼起 此無故彼無 此滅故彼滅). 그래서 이를 '연기緣起 법칙'이라고 했다.

결론적으로 말하면 불교의 우주관은 매우 심오하고 논리적이고 대단히 과학적이다. 우선 과학에서 말하는 빅뱅 이론을 일체유심조一切唯心造, 즉 마음에서 만들어진 것이라고 설명한다. 그러고 나서 모든 사물은 인연 법칙에 따른 불생불멸不生不滅과 무시무종無始無終의 원칙하에서 변화하면서 존재한다.

불교의 우주관이 얼마나 과학적인지 천문학 박사 이시우 교수의 저서 『천문학자와 붓다의 대화』를 통해 살펴보자.

> 태초 우주에는 중생들의 업력業力이 있었다. 그에 따라 허공에 바람이 불기 시작하여 풍륜風輪(두께는 160만 유순由旬)이 생겼다. 풍륜 위에 구름이 일며 수륜水輪(두께는 80만 유순)이 생겼다. 수륜 위에 다시 바람이 일며 금륜金輪(두께는 32만 유순)이 생겼다. 금륜 위에 수미산(높이는 16만 유순)이 솟고, 이를 중심으로 그 주위에 7개의 산이 생겼다. 산과 산 사이에 물이 고여 8개의 바다가 생겼는데 수미산 부근의 7개 산 사이의 바다를 '내해內海', 그 바깥 세계와의 사이에 생긴 것을 '외해外海'라 한다. 이 외해 속에 사대주四大洲가 있고, 이들이 수미산의 동서남북에 분포해 있다. 현재 우리가 살고 있는 세계(지구)는 수미산의 섬부주贍部洲이다.

> 우주의 중심에 있는 수미산의 절반(8만 유순)은 물에 잠겨 있고, 나머지 부분이 지상으로 솟아 있으며 해·달·별 등이 수미산을 둘러싸고 허공을 맴돈다. 중생들이 모여 사는 세계

는 수미산의 남쪽 섬부주이고 그 중턱에서 위쪽으로는 도리천忉利天, 도솔천兜率天, 범천梵天 등이 있다.

수미산을 중심으로 한 세계를 '수미세계'라 하며 여기서 중생의 세계는 삼계(육계·색계·무색계)로 이루어졌다. 이와 같은 수미세계 1,000개를 '소천세계小千世界', 이러한 소천세계 1,000개를 '중천세계中千世界', 중천세계 1,000개를 '대천세계大千世界'라고 한다.

소천세계, 중천세계, 대천세계를 모두 합한 것을 '삼천대천세계三千大千世界'라 한다. 이런 삼천대천세계가 무수히 많으며 이 전체를 통틀어 '시방미진十方微塵 세계' 또는 '시방항하사수十方恒河沙數 세계'라 한다. 한 부처님이 다스리는 것이 삼천대천세계이며 이런 세계를 다스리는 부처님이 백천만억이나 있다고 한다. 그래서 전체 세계는 헤아릴 수 없고 끝이 없으므로 무량무변無量無邊하다고 한다.

세계는 인과관계로 유지되며 삼라만상은 성주괴공成住壞空에 따라 변화하며 순환한다고 본다. 여기서 세상이 생기는 단계는 '성겁成劫', 세상이 유지되는 단계는 '주겁住劫', 세상이 소멸하는 단계는 '괴겁壞劫', 소멸한 상태가 지속되는 단계는 '공겁空劫'으로 이들의 기간은 각각 20중겁中劫이다.

세계는 80중겁(1대겁大劫)을 주기로 다시 성주괴공이 되돌아오는 순환을 계속한다.

위에서 언급한 불교의 우주관을 현재의 천문학적 우주와 비교하기 위해 중생들이 살고 있는 수미산을 중심으로 한 수미세계를 하나의 은하로 보자. 그러면 소천세계는 1,000개의 은하로 이루어진 은하단銀河團에 해당하고, 중천세계는 1,000개의 은하단으로 이루어진 초은하단超銀河團에, 그리고 대천세계는 1,000개의 초은하단으로 이루어진 초초은하단에 해당한다. 은하와 은하단, 초은하단, 초초은하단 등으로 이루어진 거대한 세계가 삼천대천세계이고, 이런 세계를 한 부처님이 다스린다는 것이다. 그리고 한 부처님이 다스리는 초초은하단이 무수히 많은 것이 무량무변한 우주이다.

한편 수미산은 은하의 중심에 해당하고, 우리가 살고 있는 남쪽 섬부주는 은하 중심에서 떨어진 위치에 해당한다. 이러한 우주관은 현대적인 은하의 모습과 일치하며, 중세까지 내려온 인간 중심적 우주관, 즉 신이 만든 인간이 우주의 중심에 있다는 천동설과는 근본적으로 다르다. 이런 점에서 불교의 우주관은 범세계적 우주관이며, 이에 따라 불법은 결코 인간 중심적인 것이 아니라 우주 법계를 근본으로 하고 있음을 알 수 있다.

이 얼마나 통쾌하고 멋진 우주관인가.
알면 알수록 부처님의 가르침은 그 깊이를 헤아리기 어렵다.
그러고 보면 우린 정말 멍텅구리다. 부처님이 평생에 걸쳐 그 길을 자세히, 침이 마르도록 설파해 주셨는데도 따라가며 배울 생각은 하지 않고 엉뚱한 데 한눈을 팔고 있으니 말이다. 땅 투기 하는 게 그렇게 급하고, 주식 사는 게 그렇게 중요한가? 그보다 더 급하게 따라오는 게 보이지 않는 모양이다. 대체 저기 저 뒤에서 헐레벌떡 따라오는 저승사자를 만나 뭐라고 변명하려고 그렇게 공부도 안 하고 태평하신가?

멍텅구리 호랑이에겐
곶감법문이 약이다

언젠가 경찰청 법문에 나가 들려준 얘기다. 무슨 얘기를 해 줄까 고민하다가 아주 쉬운 우리나라 전래동화를 곁들여 보기로 했다.

옛날 옛적에 무서운 호랑이 한 마리가 살았다. 그러던 어느 날 슬슬 배가 고파진 이 호랑이는 어린애나 하나 잡아 간식 삼아 먹을까 하여 마을로 내려갔다.
한 집에 이르러 안을 살피니 애 우는 소리가 들렸다. 그러더니 이내 그 어머니 목소리가 들렸다.
"아가, 너 자꾸 울래? 자꾸 울면 호랑이가 잡아가!"

"으앙!"

애는 호랑이가 오거나 말거나 자꾸만 울었다.

호랑이는 그만 화가 치밀었다.

'아니, 어린애가 겁도 없이 내가 잡아간다고 해도 계속 울어? 이거 멍텅구리 아니야?'

어린애가 하도 울자 어머니는 이번에는 다른 말로 달래 보았다.

"아가, 너 울음을 안 그치면 순사더러 잡아가라고 할 테다."

"으앙!"

이상했다. 옛날에는 '순사'라면 호랑이도 무서워하던 사람 아닌가. 총이 있어 한 방 빵 쏘면 호랑이도 죽이는 무서운 사람이 순사다.

멍텅구리 호랑이는 참말로 헷갈렸다. 호랑이도 안 무섭다, 순사도 안 무섭다, 대체 그럼 뭘 끌어다 대면 애가 울음을 그칠까 상상해 보았다.

'애가 어지간히 멍텅구린가 보다.'

어머니는 이번에는 다른 것으로 애를 달래 보았다.

"아가, 곶감 줄게. 이제 그만 울어. 여기 곶감 있다!"

그 순간 울기만 하던 어린애가 울음을 뚝 그쳤다.

안에서 들려오는 소리를 귀 기울여 듣던 멍텅구리 호랑이는 깜짝 놀랐다.

'아니, 곶감이란 놈이 대체 누구기에 어린애가 울음을 뚝 그칠까? 곶감? 이놈은 순사보다 무섭고 호랑이보다 무섭단 말이구나. 아이고, 오늘은 배가 고파도 곶감한테 잡히면 나도 죽겠으니 그만 산으로 도망가자.'

멍텅구리 호랑이는 그길로 줄행랑을 쳤다.

이쯤 얘기를 하니 법문을 듣던 경찰들은 다 아는 얘기라는 듯이 희죽 웃고들 있었다. 그러나 멍텅구리는 호랑이도 아니요, 나자광도 아니다. 바로 이 법문을 듣고 있던 경찰관들이다.

"경찰 여러분, 참 고생 많으시지요? 여러분들이 경찰 생활을 잘해서 자녀들한테 존경받고, 사회에서 인정받으려면 딱 한 가지, 곶감만 안 먹으면 돼요! 왜냐? 곶감은 호랑이보다 더 무섭고 경찰보다도 더 무서워요. 그거 먹으면 큰일 나요! 곶감만 안 먹으면 무서울 일이 없는 거예요! 곶감 얘기만 나오면 그냥 줄행랑쳐야 돼요."

이렇게 마무리를 하자 법문을 듣던 경찰들은 우레 같은 박수를 쳐 댔다. 역시 경찰관들은 멍텅구리가 아니었다. 그럼 곶감이 멍텅구린가?

기복신앙이 왜 위험한가

우리나라는 세계에서 그 유례를 찾아보기 힘든 다종교 국가이다. 어느 종교든 들어오기만 하면 성공할 만큼 우리나라 사람들은 종교 성향이 강한 편이다. 그래서 우리나라에는 불교를 비롯해 유교, 기독교, 무교, 도교, 민족종교 등이 백화점식으로 들어와 있다.

그러나 이러한 종교들이 본래의 참뜻을 발현하지 못하고, 도리어 그 본래 의미를 망각하고 세속적이고 현실 기복적으로 빠져서 전혀 다른 결과를 만들어 내고 있다. 결국 이러한 종교는 이기주의를 야기하고, 안일과 탐욕을 팽배시키며, 분열과 대립을 낳게 된다.

통계청이 발표한 「2015 인구주택총조사 – 종교통계」 결과에 따르면 우리나라의 종교 인구는 약 2천만 명이라고 한다. 최근 종교 인구가 감소하는 추세이긴 하지만, 국민의 약 44%가 종교를 가지고 있다는 말이다. 거대한 사찰, 교회, 성당 등 종교 시설이 다투어 들어서며, 텔레비전과 라디오 채널까지 보유하고 이를 통해 다양한 종교 활동이 이루어지고 있는 오늘날 우리 사회는 훨씬 더 도덕적이며 평화롭게 바뀌고 있을까?

그건 아니다. 범죄는 더 늘고, 불법과 비법이 횡행한다. 심지어 사찰 안에서, 교회 안에서 범죄가 만연하고 있다. 이러다 보니 종교인이나 성직자라는 특정 집단조차 하나의 이익집단이요, 세력집단이요, 정치집단으로 전락할 수밖에 없다.

그래서 종교가 기복화祈福化되는 것을 경계해야 한다. 공동의 선善을 추구한다면 그것을 '기복'이라고 해서 배척하지는 않을 것이다. 하지만 경쟁에서 이기기 위해, 단지 남을 떨어뜨리고 대신 내 자식을 합격시키기 위해 '기도'란 이름으로 기복을 즐기고, 귀신을 불러 사정하고 타협하기 때문에 나쁜 것이다. 오히려 귀신도 중생이니 잘 타일러서 제도해 주어야 한다.

기복하기 위해 절에 다니면 그는 진정한 불자가 아니다. 다른 종교를 가지고 있어도 마찬가지다. 복받기 위해 교회 나가고 은

총받기 위해 성당에 나가면 그 역시 소용없는 일이다.

더구나 이상한 귀신을 불러 장난하고, 부적을 쓰고, 해괴한 미신을 행하는 것은 더 말할 것도 없이 지옥 가는 급행표를 쥔 것이나 다름없다. 왜냐하면 지혜가 그 속에 매몰되기 때문이다.

기복신앙이 더 나쁜 것은 혼자만 가만히 하면 저 혼자 지옥에 떨어지니 알 바 아니지만, 이웃에게 나쁜 영향을 미치고 친구며 가족들이 정법正法에 들지 못하도록 훼방하기 때문이다. 이렇게 물귀신처럼 사회를 좀먹고 불국토를 더럽히는 것은 멍텅구리도 아니고 그야말로 죄인이 되는 것이다.

메시아Messiah를 기다리지 말라

    석가모니, 예수 그리스도, 공자, 노자, 마호메트 등은 인류의 스승이라고 할 수 있는데, 그들의 가르침은 경전으로 남겨졌다. 『성경』, 사서삼경四書三經, 『도덕경道德經』, 『코란Koran』 등이 그러하다. 부처님은 팔만대장경을 남겼다.

    이쯤이면 진리란 넘치면 넘치지 모자라지는 않을 듯하다.

    기독교 윤리, 유교와 도교의 윤리, 이슬람교의 윤리, 그리고 불교의 도리대로 살아간다면 세상은 이미 구원됐어야 마땅하다. 그런데도 21세기에 이른 오늘날까지 전쟁은 그치질 않고 온갖 뉴스는 탐욕과 부정, 시기와 질투로 가득 차 있다.

    도대체 왜 그럴까?

답은 하나다. 진리를 추구하는 사람은 있어도 그것을 실천하는 사람은 많지 않기 때문이다. 수많은 사람이 절과 교회 등을 찾지만, 삿된 몇몇 군데는 단지 이기심을 채우기 위해 존재할 뿐 세상을 구원해 보려는 자비심이라고는 일말도 없는 곳이다.

그러므로 실천이 중요하다. 털끝 하나 옮기는 실천 하나가 수미산을 옮기는 지혜보다 더 중요하다.

삼 일 동안 마음을 닦으면(三一修心) 천 년의 보물(千載寶)이고, 백 년간 욕심껏 재물을 모으고 모아도(百年貪物) 실은 하루아침에 사라지는 먼지(一朝塵)에 불과한 것이다. 그러므로 선업善業을 쌓으면 선과善果를 낳기 마련이고, 악업惡業을 쌓으면 악과惡果를 낳기 마련이다. 작은 자비심 하나로 진리의 크나큰 세계를 들여다볼 수 있는 이치가 바로 여기에 있다.

그러므로 불자는 모름지기 실천하는 데 더 앞장서야 한다. 실천을 방해하는 삼독三毒인 탐貪·진瞋·치癡를 버리고, 작은 일부터 시작하자. 작은 자비라도 실천하면 천 배, 만 배의 선과善果로 돌아올 것이다.

부처님은 평등하시다

'불법佛法'이란, 나아가 '진리'란 산천초목에도 평등이요, 남녀노소에도 평등이요, 과거·현재·미래에도 평등이다.

절에 가서 기도를 많이 하는 사람에게 복을 더 내리고, 시주를 많이 하는 사람에게 복을 더 내리는 것이 아니다. 심지어 부처님을 욕하는 사람에게도 복은 똑같이 내려진다. 이는 마치 하늘이 비를 내리는 것과 같다. 한 번 비가 내리면 천하가 다 그 혜택을 입지, 특정한 곳만 좋아지는 게 아니다. 이처럼 복은 만인 앞에 평등하게 내려지지만, 받는 사람이 박복한 짓을 하면 복은 그만 멀리 달아난다.

그래서 수도꼭지를 틀면 철철 흘러내리는 물 같은 것이 복이요, 퍼내도 퍼내도 마르지 않는 샘 같은 것이 복이다. 그런데 사람들은 무명심無明心으로 수도관을 막아 버리고, 삼독심三毒心으로 샘의 물줄기를 틀어막아 버린다.

그러니 누군 복을 받고, 누군 벌을 받는 이치가 있는 것이다. 그것은 제 과보果報에 따라 복을 받고 벌을 받을 뿐이다. 부처님은 복을 주고 싶어 주지만 받는 사람이 벌로 받으면 벌이 되고, 독으로 받으면 독이 되는 것이다. 마음 한 번 잘 쓰면 복전福田이요, 잘못 쓰면 악惡이 따라온다는 말이다.

가뭄 끝에 비를 뿌리면 농부들은 좋아하지만 소풍 가려고 했던 사람이나 야외행사를 기획했던 사람이나 선인장은 몹시 싫어하게 되고, 장마 끝에 햇빛이 쨍쨍 빛나면 사람들은 대부분 좋아하지만 우산장수나 혹은 얼굴이 탈까 걱정하는 아가씨, 흙에서 나온 지렁이나 음지식물들은 햇빛을 그다지 좋아하지 않는다.

여름에도 얼어 죽는 이가 있고, 겨울에도 타 죽는 이가 있으니 그것은 그 자신이 그렇게 하는 것이지 하늘이 그러라고 하는 것은 아니다. 그러므로 진정으로 복을 받으려는 사람은 미리 복전福田을 닦아야만 하는 것이다. 복전을 닦지 않으면 복이 와도 독毒으로 오고 화禍로 오게 된다.

복전을 닦는 길은 부처님 말씀에 수없이 많이 나오는 것처럼 아주 쉽다. 우선 육바라밀六波羅蜜에 따라 사는 길이다. 자비심을 갖고 실천하는 것이다. 그러면 그간 화로 오던 것도 복으로 바뀌고, 독으로 오던 것도 복으로 변한다. 이것이 진정으로 복을 받는 법이다.

그새 한눈을 팔았다면 육바라밀을 복습하고 넘어가자. 멍텅구리들은 이미 다 아는 것처럼 으스대지만, 상식이 사람 잡는 법이니 앞서 언급한 것이긴 해도 한 번 더 눈여겨보자.

육바라밀이야말로 생사의 고해를 넘어 피안으로 가는 여섯 가지 비밀스런 방법이다. 그래서 대승불교의 이상적인 수행 방법이며 보살도를 수행하는 바라밀법이라고 한다.

- 보시布施: 자비심으로 널리 사랑을 베푸는 행위이다.
- 지계持戒: 불교의 윤리, 도덕에 계합하는 행위이다.
- 인욕忍辱: 안팎의 모든 일을 꾸준히 참아 가는 행위이다.
- 정진精進: 항상 수행에 힘써 게으름이 없는 것이다.
- 선정禪定: 마음을 항시 고요하게 통일하는 것이다.
- 지혜智慧: 그릇된 지식과 잘못된 소견을 버리고 참다운 지혜를 얻는 것이다.

업보를 털어 내는 길

두터운 업장業障을 털어 내지 않고는 진리를 보아도 진리로 보이지 않게 된다고 한다. 하긴 그렇다. 마음이 평화롭지 않으면 아름다운 꽃을 보아도 아름답게 보이지 않고, 우스운 얘기를 들어도 우습지 않게 되니 말이다.

그러므로 마음을 청정하게 닦아야 하는데, 그러자면 업장을 닦아야만 한다. 업장을 닦는 길은 여러 가지 수행이 있지만 그중 가장 중요한 것은 참회하는 것이다. 진심으로 참회하면 업장은 그것이 비록 수생에 걸쳐 쌓인 것이라도 아침이슬처럼 말라 버릴 것이다.

다만 참회하는 데 몇 가지 방법이 있으니 이를 따르면 더욱 좋을 것이다.

먼저 스스로 뉘우치는 마음을 내어 참회를 해야 한다. 누가 반성문을 써 내라고 강요해서 쓴다든가, 시말서를 내라고 해서 억지로 써 내는 것은 안 된다. 스스로 참회하는 마음이 일었을 때 참회하는 것이 더 중요하다. 그러므로 늘 자신의 일과를 돌아보고 허물이 있지 않나 돌아보는 자세도 중요하다. 물론 처음에는 허물을 짓고도 그것이 허물인 줄 모르는 일도 많을 것이다. 하지만 참회가 생활이 되면 차츰 눈에 보이지 않던 허물까지 보게 될 것이고, 허물이 허물인 줄 알게 되면 더 이상 허물이 되지 않을 것이다. 항상 내가 잘못 했고 나에게 허물이 있지 남에게 있는 것이 아니다.

어떤 멍텅구리가 자기 집 찢어진 창호지 틈으로 앞집 창문을 바라보니 그 집 역시 창호지가 찢어졌더란다.

멍텅구리 왈, "아무리 바빠도 창호지나 제대로 좀 바르고 살지, 게으른 사람!"

자, 생각해 보자. 자기 집 창호지가 찢어지지 않았으면 남의 집 창호지 찢어진 것이 보일 리가 없다.

또한 참회는 반드시 부처님의 명호名號를 부르면서 해야 한다. 그래야만 진정한 참회가 된다. 우리 불자들이 마음속으로 진정

경외하고 믿는 부처님에게 참회하는 것이야말로 중요하다.

그렇지만 더 중요한 것은 자신의 주변 사람들에게 허물을 고백하고 참회하는 것이다. 가까운 가족이나 자신의 허물로 마음이 아팠을 이웃 등에게 직접 고백하고 참회해야 한다. 참회 중의 참회가 바로 당사자 앞에서 진심으로 하는 것이다.

다만 그럴 허물이 아닐 때는 앞서 말한 대로 염불念佛을 하거나 간경看經을 하면서 참회를 하도록 해야 한다.

그렇게 하여 눈에서 눈물이 나오고, 몸에서 뜨거운 땀이 나도록 참회하면 업장은 저절로 녹아 없어지고, 그 자리에 맑고 향기로운 복전福田이 활짝 열린다.

원을 세워야 복도 따른다
— 관세음보살과 지장보살

종교 생활을 올바로 하기 위해서는 먼저 원願을 바로 세워야 한다. 그래서 불교에서는 발원發願을 중요하게 생각한다. 말하자면 원은 비전vision이다.

원이 없는 사람은 혼이 빠진 것이나 다름없어 생명력을 가질 수 없다. 원이 있다는 것은 살아 숨 쉰다는 말이기도 하다.

그래서 이번에는 우리 불자들이나 수행자들이 가장 친근하게 대하며 늘 발원하는 대상인 지장보살地藏菩薩과 관세음보살觀世音菩薩에 대해 알아보기로 한다. 물론 석가모니 부처님은 우리들에게 깨달음의 실체를 대장경으로 남겨 주셨으니 용맹정진하여 부처님의 말씀을 깨우치면 되는 것이고, 아미타 부처님은 중생들을 위해 아주 쉽게 깨달을 수 있는 방법으로 '나무아미타불南無阿彌陀佛' 여섯 자를 알려 주셨으니 늘 입에 달고 다니면서 공부를 하면 된다.

그런데 인생을 살아가면서 고통스럽고 힘든 일이 있을 때는 깨달음을 갈구하기보다 당장의 고苦를 벗어나기 위해 보살을 부르게 되는데, 그런 의미에서 여기서는 관세음보살과 지장보살을 자세히 알아보기로 한다.

관세음보살은 손이 천 개요, 눈이 천 개요, 귀 역시 천 개나 되는 분이다. 경에서 그린 형상으로 보면 관세음보살의 몸집은 거의 우주 크기와 비슷하다. 그만큼 아주 작은 목소리도 귀담아 듣고 중생의 소원을 다 들어준다고 한다. 그래서 불자들은 수천 년간 이 관세음보살을 염송하면서 발원을 세워 왔고, 관세음보살을 의지하여 어려운 일을 극복해 왔다.

또 지장보살은 누가 죽거나 죽음에 이르렀을 때 지옥고地獄苦를 벗어나기를 염원하는 마음으로 의지하게 되는 보살이다.

이 두 분 보살의 원력을 배우고, 무엇을 발원해야 하는지 공부하자.

1. 관세음보살은 누구신가

불자들에게 역시 큰 인기를 얻고 있는 관세음보살이 누군지 제대로 알아보자. 지장보살은 사후세계를 관장한다는 의미로 많이 모셔지는데, 관세음보살은 생활 속에서 자주 만나는 보살이다.

산스크리트어로는 '아바로키테스바라Avalokiteśvara'라고 한다. 대자대비大慈大悲의 보살로 '관자재보살觀自在菩薩'·'광세음보살光世音菩薩'·'관세음자재보살觀世音自在菩薩'·'관세자재보살觀世自在菩薩'이라고도 번역하는데, '관음觀音'·'관세음'·'관세음보살'이라고 약칭하는 경우도 많다.

관세음보살은 중생이 괴로울 때 그 명호를 부르며 구원을 청하면 곧 자비로써 모든 고뇌를 없애고 구원해 준다고 한다. 고통받는 중생의 모습을 천 안千眼으로 보시고, 이 중생들을 천 수千手로 구원해 주시는 것이다.

『능엄경楞嚴經』에 보면 관세음보살은 이근원통耳根圓通의 보살로 다른 24분의 보살보다 더 높은 위치에 있다고 한다. 그래서 관세음보살을 '원통교주圓通敎主'라고도 한다. 미타삼존彌陀三尊의 한 분으로 아미타불阿彌陀佛의 좌보처左補處이며, 보타락가산에 근거를 두고 있다고 알려져 있다.

관세음보살은 중생에게 일체의 두려움이 없는 마음을 베푼다고 하여 '시무외자施無畏者'라고 하고, 자비를 주로 베푼다는 뜻으로 '대비성자大悲聖者'라고 하고, 세상을 구제한다 하여 '구세대사救世大士'라고 부르기도 한다. 즉 관세음보살은 중생을 제도하기 위해 갖가지 형상으로 나투시는데, 이를 '33응신應身'이라고 한다. 이러한 현상을 '보문시현普門示現'이라고 한다.

그러다 보니 관세음보살은 왼손에 연꽃을 들고 있는 모습을 보여 주기도 하고, 감로병을 들고 있기도 하며, 부드러운 여성의 모습으로 시현하기도 한다. 늘 흰옷을 즐겨 입기 때문에 '백의대사白衣大士'라고도 불린다.

또 관세음보살을 '관음'이라고 약칭하는 경우가 있는데, 그 종류가 많다. 즉 성관음聖觀音, 천수관음千手觀音, 마두관음馬頭觀音, 십일면관음十一面觀音, 준제관음准提觀音, 여의륜관음如意輪觀音 등 6관음이 가장 많이 알려져 있다. 그 밖에도 양귀비관음, 마리아관음, 청경관음, 양류수관음, 대륜관음, 수월관음, 만월관음, 군다리관음 등이 있다. 하지만 가장 중요한 것은 성관음으로, 바로 관세음보살의 본신이다. 나머지는 중생 근기根機에 따라 방편으로 나투신 모습으로서 보문시현이다.

보문시현 중에 수월관음水月觀音은 『화엄경華嚴經』「입법계품

入法界品」에서 나왔다. 『화엄경』에서 선재동자善財童子가 인도 남쪽 바닷가에 있는 보타락가산에서 법을 설하는 관세음보살을 만나는 장면이 나오는데, 바로 이 관음을 '수월관음'이라고 부른다. 그 이유는 달이 높이 떠올라 휘영청 밝은 가운데 관음이 물가의 벼랑 위에 앉아서 선재에게 법을 설했기 때문에 붙은 별칭이다. 이러한 미학적인 풍경 때문에 화가들의 소재로 많이 다루어지기도 한다.

지경관음持經觀音은 오른손에 경을 들고 바위 위에 앉아 있다 하여 붙여진 이름이다.

양류관음楊柳觀音은 오른손에 버드나무 가지를 잡고 왼손 손바닥을 밖으로 보이게 한 채 왼쪽 가슴에 대고 있다. 혹은 버드나무 가지를 꽂은 병을 옆에 두고 바위 위에 앉아 있는 경우도 있는데, 우리나라의 양류관음상은 오른손엔 버드나무 가지, 왼손엔 정병淨瓶을 들고 있는 모습으로 나타난다. 양류관음도 고려불화 등에 나타나고 많은 화가의 화제畵題가 될 만큼 아름답다.

어람관음魚籃觀音은 손에 물고기가 가득 찬 어람魚籃을 들거나 혹은 큰 물고기를 타고 있는 모습으로 나타난다. 당나라 시대, 한 물고기 장수의 아름다운 딸이 「관세음보살 보문품觀世音菩薩普門品」을 수지 독송하는 불자에게 시집을 갔는데, 사실 이 미녀가 관음의 화신이었다는 설에 근거한다. 중국에서는 송나라 이후 이

설화가 널리 신앙되었다.

백의관음白衣觀音은 머리에서 발끝까지 온통 백의를 걸친 다정다감한 모습으로 나타난다. 어린아이의 순조로운 출산과 그 어린아이의 생명을 구하고 보살피는 보살이다. 백의관음은 인도에서 탄생했기 때문에 중국풍의 수월관음 이전부터 독특한 모습을 보여 주고 있었지만, 당나라 시대 말기부터 수월관음도에 백의가 응용되기 시작하여 수월관음상에 백의관음상이 융합되기도 했다.

시약관음施藥觀音은 「관세음보살 보문품」에 나오는데, "괴로운 고통과 죽음의 재앙에 등대가 된다."는 설명과 함께 중생의 몸과 마음의 병을 제거한다고 적혀 있다. 연못 주변의 바위 위에 앉아서 왼손을 무릎에 얹고 오른손을 뺨에 대고 연꽃을 보는 형상이다.

청경관음靑頸觀音은 산스크리트어로 '닐라칸타Nilakantha'라고 한다. 즉 '검푸른 목'이라는 의미다. 아주 먼 옛날 신과 악마들이 바다 속에서 불사의 감로수甘露水 암리타amrita를 찾으려고 휘젓다가 거기서 맹독성의 독약이 튀어나오자, 시바Siva 신은 중생들이 독의 피해를 입는 것을 막기 위해 대자비를 베풀어 자신이 독을 삼켰다. 그 때문에 시바는 목이 검푸르게 변했다. 시바의 이러한 대자대비한 모습을 관음의 화신으로 삼은 것이 청경관음으로, 이 경우 『천수경千手經』의 주인공으로 등장한다. 이 관음을 염하면 두려움과 재난으로부터 벗어날 수 있다고 알려져 있다.

청경관음은 5세기경에 그 상像이 인도 사르나트Sarnath에서 발견되었다고 한다. 이 상을 보면 삼면사비三面四臂 또는 일면이비一面二臂로 왼손에 연꽃을 들고 오른손은 가슴 앞으로 내밀고 있는 것을 볼 수 있다. '청두관음靑頭觀音'이라고 적혀 있는 경우도 있다.

연명관음延命觀音 역시 「관세음보살 보문품」 게송偈頌에 나타나는데, 방자하게 저주하며 독약으로 몸을 해치려는 위기 상황에 빠진 중생을 구제해 주는 보살이다. 바위 위에 팔꿈치를 붙이고 있다.

유희관음遊戲觀音은 어떤 경우에서도 몸을 자유자재로 나투는 것을 보여 주는 보살이다. 흉악한 사람에게 쫓겨 가다가 금강산에 떨어져도 관세음을 염하면 거룩한 힘으로 털끝 하나 다치지 않게 한다는 「관세음보살 보문품」 내용이 있는데, 바로 유희관음의 모습이다.

다라관음多羅觀音은 산스크리트어 타라Tārā의 음역으로, 타라는 '눈'을 뜻한다. 관음의 눈에서 나오는 광명에 의해서 여인의 모습을 한 다라존多羅尊이 등장하는데 그 화현化現이 다라관음이다. 다라존은 자비로운 눈으로 중생을 구한다. 그 형상은 경전에 따라 여러 가지이지만, 『대일경大日經』의 경우 청백색으로 여인처럼 백의를 걸치고 합장하여 푸른 연꽃을 쥐고 있다 한다. 다라관음 신앙은 인도에서 크게 성행하여 녹야원鹿野苑에서는 6세기경의 다라상이 발견되었고, 7세기 전반에 인도를 여행한 현장 법사玄奘法師는 『대당서역기大唐西域記』에서 다라관음상은 영험이 많아 사람들이 매년 초하루에 성대하게 공양한다고 기록하고 있다.

용두관음龍頭觀音은 구름 속에 있는 용의 등에 타고 있는 모습으로 33신 중 천룡, 야차신夜叉身에 해당한다.

합리관음蛤蜊觀音은 1269년 중국에서 편찬된 『불조통기佛祖統紀』에 나온다. 당나라의 문종이 대합을 먹으려는데 대합이 돌연 대사의 모습으로 변했다. 너무나 놀란 황제는 종남산의 유정 선사惟政禪師를 초빙해서 그 이유를 물었다. 이때 황제는 선사의 법화法話에 감복하여 전국의 사원마다 관음상을 안치했다고 한다. 이렇게 해서 합리관음이 탄생했는데, 그 모습은 대합을 앞에 두고 앉은 형상이다.

보비관음普悲觀音은 자비를 세상에 널리 펼친다는 관세음보살이다. 33신 중의 대자재천신大自在天身으로 나투며 양 손을 법의에 감추고 산 위에 서 있다.

마랑부관음馬郎婦觀音은 『불조통기』에 나오는 관음이다. 한 미녀가 있었는데 청혼하는 남자가 많자 『법화경法華經』을 암송하는 사람에게 시집가겠다고 선언했다. 마침내 마馬 씨 성을 가진 청년이 『법화경』을 외우자 미녀는 그 청년과 결혼했다. 그런데 결혼한 당일에 어찌된 영문인지 그 미녀는 급사하고 만다. 뒷날 미녀의 무덤을 열자 뼈 대신 황금이 출토되어 사람들은 그제야 그 미녀가 관음의 화신임을 알게 되었다고 한다.

33관음이 지금까지 세상에 출현하고 기록으로 남아 있는데, 우리나라에서는 수월관음이 가장 유명하다. 이제 33관음을 한꺼번에 다 열거해 보자.

① 양류관음楊柳觀音　② 용두관음龍頭觀音　③ 지경관음持經觀音
④ 원광관음圓光觀音　⑤ 유희관음遊戲觀音　⑥ 백의관음白衣觀音
⑦ 연와관음蓮臥觀音　⑧ 낭견관음瀧見觀音　⑨ 시약관음施藥觀音
⑩ 어람관음魚籃觀音　⑪ 덕왕관음德王觀音　⑫ 수월관음水月觀音
⑬ 일엽관음一葉觀音　⑭ 청경관음青頸觀音　⑮ 위덕관음威德觀音
⑯ 연명관음延命觀音　⑰ 중보관음衆寶觀音　⑱ 암호관음巖戶觀音
⑲ 능정관음能靜觀音　⑳ 아누관음阿耨觀音　㉑ 아마제관음阿摩提觀音
㉒ 엽의관음葉衣觀音　㉓ 유리관음瑠璃觀音　㉔ 다라존관음多羅尊觀音
㉕ 합리관음蛤蜊觀音　㉖ 육시관음六時觀音　㉗ 보비관음普悲觀音
㉘ 마랑부관음馬郎婦觀音　㉙ 합장관음合掌觀音　㉚ 일여관음一如觀音

㉛ 불이관음不二觀音 ㉜ 지련관음持蓮觀音 ㉝ 쇄수관음灑水觀音

또한 관세음보살이 여러 가지 몸으로 나타난다 하여 33신身을 따로 정리한 게 있는데, 우리들 주변에서 언제든지 만날 수 있는 형상이다.

① 불신佛身　　　　② 벽지불신辟支佛身　③ 성문신聲聞身
④ 대범왕신大梵王身　⑤ 제석신帝釋身　　　⑥ 자재천신自在天身
⑦ 대자재천신大自在天身 ⑧ 천대장군신天大將軍身 ⑨ 비사문신毘沙門身
⑩ 소왕신小王身　　　⑪ 장자신長者身　　　⑫ 거사신居士身
⑬ 재관신宰官身　　　⑭ 바라문신婆羅門身　⑮ 비구신比丘身
⑯ 비구니신比丘尼身　⑰ 우바새신優婆塞身　⑱ 우바이신優婆夷身
⑲ 인신人身　　　　　⑳ 비인신非人身　　　㉑ 부녀신婦女身
㉒ 동목천녀신童目天女身 ㉓ 동남신童男身　　㉔ 동녀신童女身
㉕ 천신天身　　　　　㉖ 용신龍身　　　　　㉗ 야차신夜叉身
㉘ 건달바신乾達婆身　㉙ 아수라신阿修羅身　㉚ 가루라신迦樓羅身
㉛ 긴나라신緊那羅身　㉜ 마후라신摩睺羅迦身 ㉝ 집금강신執金剛身

그러므로 관세음보살은 33가지 형상만이 아니라 오늘날에는 오늘에 맞게 다른 모습으로 여전히 나툴 수 있는 것이다. 혹 아는

가, 남편이며 아내가 관세음보살이 아닌지, 혹은 이웃이 관세음보살이 아닌지, 지나가는 사람, 길가며 어깨를 부딪치는 사람 모두 관세음보살일 수 있는 것이다. 멍텅구리가 되어 후회하지 말고 평소에 만나는 사람마다, 인연 닿는 사람마다 관세음보살이라 믿고 대한다면 이 세상에는 아무런 근심도 없게 될 것이다.

절에 가면 관세음보살을 모신 곳을 '관음전觀音殿', '원통전圓通殿', '대비전大悲殿'이라고 한 것을 볼 수 있다. 관세음보살을 주불主佛로 모신 건물이 사찰의 중심 법당일 때 그 현판懸板에 '원통전'이라고 쓴다. 다만 관세음보살을 모신 건물이 대웅전大雄殿, 대적광전大寂光殿 등과 나란히 있을 때는 '관음전'이라고 한다.

우리나라는 관세음 신앙이 널리 퍼져 있기 때문에 양양 낙산사, 남해의 보리암, 강화의 보문사 등에서 친견할 수 있고, 그 밖에도 '관음굴觀音窟', '관음방觀音房', '관음사觀音寺', '관음원觀音院'이라는 이름의 성지가 매우 많다.

이렇게 관세음보살을 알고 기도하면 그 원력이 더 크고 분명해질 것이다. 기도도 공부해야 기도가 되는 것이다.

2. 지장보살은 누구신가

 물론 멍텅구리 중의 하나이다. 그냥 성불成佛해 버리면 당장이라도 부처님이 될 수 있는 보살이건만, 지장보살은 지옥에 있는 중생을 모두 건진 다음에 성불하겠다고 발원하신 분이다. 이분처럼 큰 발원을 한 예는 고금에 없다. 지장보살의 발원대로라면 이 멍텅구리 자광이 그분보다 먼저 성불할 것이요, 본인은 강도나 살인범보다 더 나중에 성불하시겠다는 말씀이다. 그러니 이런 멍텅구리가 세상에 있느냐 말이다.

 부처님을 '멍텅구리'라고 했지만, 그래도 부처님은 이것저것 다 버린 다음 부처님이 되셨잖은가. 그런데 지장보살은 대체 무엇이란 말인가. 왜 그런 거대한 발원을 하여 족쇄를 스스로 찬단 말인가.

 지장보살은 도리천忉利天에 살고 계시다. 산스크리트어로는 '크슈티가르바Ksitigarbha'라고 한다. 크슈티는 '땅' 즉 '지地'를 의미하고, 가르바는 '태胎' 혹은 '자궁子宮'으로 번역되는데 한자로 '장藏'이라고 한다.

 왜 '지장地藏'이라고 하는지 전생담이 있다.

 지장보살이 전생에 어느 부잣집 외동딸로 태어난 적이 있었다고 한다. 열여덟 살이 되었을 때였다. 어느 추운 겨울날 아침, 대문 밖에 나가 보니 나이 어린 아이가 먹지도 입지도 않고 헐벗은 채 얼어 죽기 직전에 있었다. 처녀는 황급히 이 아이를 끌어안고 자신이 입었던 옷을 모두 벗어 감싸 아이가 얼어 죽지 않도록 애썼다. 그러다 보니 이 처녀는 그만 알몸이 되고 말았다.

그때였다. 그것을 보고 감동한 지신地神이 얼른 구멍을 내어 처녀의 알몸을 감추어 주었다. 그래서 땅에 감춘다는 뜻으로 땅 지地와 감출 장藏을 써서 '지장地藏'이라고 부르게 되었다고 한다.

지장보살이 간난신고 끝에 보살이 되었는데, 이런 그를 성불시키지 않고 대자대비로 지옥 중생을 구제하는 데 헌신하도록 만든 것은 부처님이셨다. 부처님은 지장보살을 데리고 지옥세계에 갔는데, 그때 지장보살은 고통스러워하는 지옥 중생들을 보고는 차마 그들을 두고 성불할 수 없다며 발원을 하게 되었다. 그 발원이 바로 "죄과로 고통받는 중생들을 모두 해탈시킨 다음에 나는 성불하겠다."는 것이었다. 이것이 지장보살의 대원이다. 그래서 우리는 지장보살을 부를 때 '대원본존大願本尊 지장보살地藏菩薩'이라고 하는 것이다.

이러한 지장보살의 대원을 보고 부처님까지 감동하여 이렇게 말씀하셨다.

"지장이여, 그대의 신력神力은 불가사의하다. 그대의 자비慈悲는 불가사의하다. 그대의 지혜智慧는 불가사의하다. 그대의 변재辯才는 불가사의하다. 시방十方의 모든 부처님이 그대의 불가사의한 공덕을 천만 겁 동안 찬탄하고 말해도, 능히 다 말하지 못할 것이다……."

『지장보살본원경地藏菩薩本願經』「촉루인천품囑累人天品」에서 부처님이 찬탄하신 말씀이다.

중생의 가장 무거운 죄업罪業이 만들어 낸 지옥조차 녹여 내는 지장보살의 자비에 대해 경은 이렇게 적고 있다.

"미래세未來世에 만약 선남자 선여인이 있어 이 지장보살의 이름을 듣고 혹 합장하거나 찬탄하거나 예경禮敬을 드리거나 간절히 생각하고 따른다면, 이 사람은 30겁劫 동안 지은 죄를 초월하게 될 것이다. 만약 선남자 선여인이 지장보살의 형상을 만들어서 한 번 쳐다보거나 한 번 절한다면, 이 사람은 1백 번 33천天에 태어나고 길이 악도惡道에 떨어지지 않는다."

_『지장보살본원경』「여래찬탄품如來讚歎品」

석가모니 부처님이 문수보살에게 말씀하신 지장보살의 전생 인연은 이렇다.

　"문수사리文殊師利여, 이 지장보살은 헤아릴 수 없이 머나먼 과거 무량억겁 전에 큰 장자의 아들이었다. 그때 '사자분신구족만행여래獅子奮迅具足萬行如來'라는 부처님이 계셨는데 장자의 아들이 그 부처님의 상호相好에 온갖 복락이 갖추어져 있음을 보고 그 부처님에게 어떤 수행을 하셨기에 그와 같은 훌륭한 상호를 얻었느냐고 여쭈었다. 그러자 사자분신구족만행여래께서는 장자의 아들에게 이르시되 '이 몸을 얻고자 하거든 오랜 기간 동안 갖가지 고통받는 중생들을 제도해서 해탈시켜야 한다.'고 하셨다. 문수사리여, 그때 장자의 아들이 서원誓願하기를 '미래세가 다하도록 무량겁 동안 고통을 받는 육도중생六道衆生을 갖가지 방편으로 다 해탈시킨 후에야 나 자신이 불도佛道를 이루리라.'고 했다. 지장보살은 그로부터 지금까지 백천만억 나유타那由他의 무량겁 동안 아직도 보살로 있는 것이다."

　부처님의 말씀에 따르면 지장보살은 벌써 성불하여 부처님이 됐을 테지만, 그 어마어마한 세월 동안 오로지 지옥 중생을 해탈시키기 위해 애쓰고 있다는 말이다.

　석가모니 부처님은 아직도 지옥 중생 제도에 모든 것을 바치고 있는 지장보살에게 미륵 부처님이 출현할 때까지 계속해서 중생들을 교화하라고 부촉하셨다. 이에 지장보살은 다시 한 번 중생 제도의 서원을 세운다.

"부처님 법 가운데서 어떤 일이든지 착한 일을 한다면 그 선행이 한 터럭, 한 물방울, 한 모래알, 한 먼지만 한 것이라고 하더라도 제가 점차 교화하고 제도하겠습니다. 부처님, 후세의 악업 중생 때문에 염려하지 마소서."

『지장경地藏經』에는 이때 설법장에 있던 한 천왕이 부처님께 문제를 제기하는 내용이 나온다. 부처님 말씀대로 지장보살이 백천만억 나유타의 무량겁 동안 중생을 제도했는데도 아직도 세상이 혼탁한 이유가 궁금해진 것이다.

"세존이시여, 지장보살이 무량억겁 전에 그렇게 큰 원을 세웠는데 아직까지도 중생 제도가 끝나지 않고 또다시 큰 서원을 세워야 하는 이유가 무엇입니까?"

당연한 질문이다. 이 물음에 대해서 부처님은 이렇게 답하셨다.

"미래의 무량겁 중에 업의 인연이 계속 이어져서 아직도 끊이지 않음을 보기 때문이다."

중생들의 업연業緣이 끊어지지 않고 계속 이어지므로 이 때문에 지장보살의 중생 구제 역시 끊임이 없을 수밖에 없다는 것이다. 그렇기 때문에 계속 새롭게 서원을 세우고 다짐해야 한다는 말씀이다.

그러므로 우리 중생들은 지장보살의 대비대원이 있는 만큼 결코 외로워하지 말고 더욱 씩씩하게 어려움을 극복하고, 업연을 끊어 나가야 한다. 지장보살에 의지해서라도, 지장보살 품에 안겨서라도 윤회의 사슬을 끊어야만 하는 것이다.

그런 의미에서 지장보살에게 늘 참회하고 새로운 각오를 다지는 서원을 세우는 습관을 들이는 게 좋다.

절에 가서 지장보살을 친견하려면 머리에 천관天冠을 쓰고, 왼손에는 연화蓮花를, 그리고 오른손에는 보주寶珠를 든 보살님을 찾으면 된다. 육도를 맡아 교화하는 육존지장六尊地藏의 모습이나 전쟁을 갈무리하는 승군지장勝軍地藏의 형상도 있어서 군승으로 25년을 군대 포교에 전념해 온 나로서는 늘 마음으로 모시는 보살님이시다.

명부전冥府殿에 가 보면 알겠지만 지장보살을 왼쪽에서 협시하는 존자가 한 분 계신데, 바로 도명존자道明尊者다. 도명존자는 중국 양주의 개원사 스님이었으나 서기 778년 2월 8일 누런 옷을 입은 저승차사 3명에게 이끌려 저승으로 갔다. 그런데 막상 저승에 가서 보니 용흥사의 도명이 와야 하는 걸 잘못하여 개원사 도명이 올라간 것이었다. 그래서 도명존자는 세상으로 다시 돌아왔고, 이때부터 저승을 다녀온 스님이라고 하여 지장보살을 모시게 되었다고 한다.

또 오른쪽으로는 무독귀왕無毒鬼王이 협시하는데, 무독귀왕은 지장보살이 전생에 살 때 선생님으로 계셨던 분으로서 그 인연으로 지장보살을 시봉하고 있다고 한다.

그러니 명부전에 들러 자신의 잘못을 뉘우치고 반드시 해탈하겠다는 서원을 거듭 세워 부디 성불하기를 바란다.

이처럼 관세음보살과 지장보살을 의지하여 초지일관 깨달음을 발원하면 언제고 반드시 이룰 수 있는 것이다. 이 초심初心을 잊지 않는다면 출가자는 누구나 다 대오大悟할 수 있고, 일반 신도들도 이 초심만 잃지 않는다면 자신이 일하는 분야에서 반드시 대성할 수 있다.

그러므로 지금이라도 원이 없는 사람은 발원문을 지어 자주 기도하고 암송하도록 해야 한다. 다만 그 발원이 부처님이나 보살님들께 말씀드려 정당한 것이어야 하고, 자비심이 있어야 한다. 그런 뜻에서 자신만의 발원문을 지어 부처님께 바치고 시시때때로 암송하여 뜻을 굳힌다면 이 세상에서 이루지 못할 일은 없을 것이다.

혼자서 공부해도 나쁘지 않은데 우리들이 공부할 때 부처님이 지켜봐 주시고, 보살님들도 늘 함께하시므로 더 열심히 하지 않을 이유가 없는 것이다.

발원의 중요성에 대해서는 늘 강조하지만, 이 책에서도 더 강조하기 위해 부록에 「소원을 이루는 비결 - 발원문」을 실어 도움이 되도록 했다. 이런 내 마음이 전해지길 간절히 바란다.

중도로 가라

'중도中道'란 가운데 길이 아니라 가장 크고 넓은 바른 길을 말한다. 사람들이 받는 고통의 원인은 삼독三毒 즉 탐貪·진瞋·치癡다. 그러니 탐하지도 말고, 미워하지도 말고, 속지도 말아야 한다. 중도를 바로 알기 위해서 팔정도八正道를 실천하여 삼독심三毒心을 제거하자.

1. 정견正見이란 무엇인가?

부처님이 말씀하시기를, 깨닫기 전에는 너 자신의 뜻도 믿지 말라고 하셨다. 진시황秦始皇을 알아보고 전 재산을 투자한 여불위

呂不韋의 눈은 장사꾼으로서는 정확했다. 그리고 오吳왕 부차夫差를 보고 길을 떠난 것은 승패를 아는 손자孫子만의 예측 능력이 있었기 때문이다. 운명을 알면 하늘을 원망하지 않고, 자기 자신을 알면 남을 원망하지 않는다고 한다. 모를 때 오해도 나오고 오판도 나온다. 범부凡夫가 생각하면 번뇌망상이지만, 깨달은 자가 생각하면 경經이라고 했다. 그러니 올바로 보고 판단하는 훈련을 해야 한다.

2. 정사유正思惟란 무엇인가?

생각이 잘못되면 결과도 잘못된다. 그러니 생각이 발라야 한다. 정견이 이루어져야만 정사유가 가능하다. 남의 분야에 뛰어들면 으레 생각을 잘못하여 오판하기 마련이다. 사기당하기 좋은 것이 이것이다. 바둑에 지는 것은 생각을 잘못하기 때문이다.

빈곤한 사람이 단지 불편한 것은 끊임없이 참아야 한다는 것이다. 그런데도 사람들은 인생 자체를 포기할 때가 많다. 결국 인생의 어려움은 선택에 있다. 그것은 생각에서 나온다. 생각이 가리키는 대로 가는 것이다. 자신이 할 수 없다고 생각하고 있는 동안, 사실은 하기 싫다고 다짐하고 있는 것이다. 그래서 그런 일은 성공할 수 없다.

생각 단계에서 대부분 일의 성패가 결판이 난다.

3. 정어正語란 무엇인가?

말이 정확하지 않으면 상대가 오해하고, 말하는 자신도 착각한다. 정확하게 말하고 계산하는 습관을 들여야 한다. 한 치도 어긋나서는 안 된다. 말이 바르지 않으면 생각도 바르지 않고 시각도 바르지 않게 된다. 깨달음이란 대충대충 가는 길이 아니라, 정확하고 빈틈이 없어야 한다.

4. 정업正業이란 무엇인가?

기왕 일하는 것, 남 도와가며 돈 벌 수 있는 직업이 좋다. 보람을 느끼기 때문이다. 상생相生 정신으로 일을 하면 적어도 스트레스는 줄일 수 있다. 이런 점에서 직업에는 분명 귀천이 있다. 스트레스를 많이 받는 직업이 천한 직업이다. 무슨 직업이든 만족하지 못하면 스트레스를 많이 받는다.

그러나 더 중요한 것이 있다. 무조건 살 것, 그리고 야망을 가질 것, 그리하여 괴로워하고 울고 싸우다가 마지막에는 마치 한순간도 결코 존재하지 않았던 것처럼 다 잊을 일이다. 직업에 관해서 권할 수 있는 말은 이거면 충분하다.

"일하자, 좀 더 일하자, 끝까지 열심히 일하자."

그렇게 해서 재산을 모으더라도 '상생', 이 말을 잊으면 안 된다. 남이 부러워하기에는 약간 적고, 남이 멸시하기에는 조금 많은 재산을 갖도록 노력해야 한다. 그러고도 돈에 대한 애착이 끊어지지 않거든 돈을 더 벌기는 하되, 땅에 쌓아 두지 말아야 한다. 땅에서는 좀먹거나 녹이 슬어 못 쓰게 되며, 도둑이 뚫고 들어와 훔쳐 간다. 그러므로 번 돈을 복전福田에 쌓아 두자. 돈을 수표로 바꾸듯 공덕功德으로 바꾸어 복전에 간직하는 것이 바른 길이다. 거기서는 좀먹거나 녹슬어 못 쓰게 되는 일도 없고 도둑이 뚫고 들어와 훔쳐 가지도 못한다.

돈이 가는 곳에 그 주인의 마음도 간다. 그래서 직업은 중요하고도 중요한 것이다.

5. 정명正命이란 무엇인가?

영혼이 맑아야 한다. 영혼이 흐려지면 판단력 등 모든 게 뒤죽박죽된다. 마약, 술, 담배 등에 탐닉해선 더욱 안 되지. 취미를 갖되 지나치면 안 된다. 오로지 건전해야 한다.

추위에 적응하려고 진화한 북극곰은 도리어 더위에 견디지 못한다. 물에서 견디려고 진화한 고래가 뭍에서는 못 살잖는가. 창녀가 사창굴에서 사는 건 그 환경에 친숙해졌기 때문이다. 절대로 빠지면 안 된다. 이 세상 그 무엇이라도 이해가 안 되는 일은 없다. 살인, 강도, 강간이라도 젖어 들면 다 이해가 간다. 상상으로 되는 일은 안 되는 일이 없다.

할 수 있는 것을 다 하는 것은 인간의 일이요, 하고 싶은 일을 다 하는 것은 신의 일이라고 했다. 인간은 하고 싶어도 할 수 없는 일이 있는 법이다.

6. 정정진正精進이란 무엇인가?

게을러서는 안 된다. 어떻게 해서 태어난 인생인데 아까운 시간을 낭비한단 말인가. 적어도 최선을 다해야 한다. 놀더라도, 비록 어두운 곳에 처해 있더라도 뜻을 잃지 않으면 반드시 성공한다. 성공하지 못하는 것은 뜻을 잃기 때문이다.

그것이 선善이든 악惡이든 뜻을 쥐고 놓지만 않는다면 반드시 원하는 결과를 얻을 수 있다. 그러므로 돈에서 해탈하겠다는 뚜렷한 목표를 잃지 않고 달리기만 한다면 반드시 성공할 것이다.

7. 정념正念이란 무엇인가?

좋은 생각을 늘 해야 한다. 증오하는 마음을 없애고, 남을 사랑하고 만족하는 습관을 들여야 한다. 만족은 무진장한 천연의 부富이다. 그래야 번뇌가 사라지고, 그 자리에 불성佛性이 오롯이 자리 잡을 수 있다.

8. 정정正定이란 무엇인가?

들뜨지 말고 항상 중심을 잡고 있어야 한다. 흥분하지 않는 게 최고다. 야구든, 농구든, 게임이든 흥분하지 않아야 이긴다. 참선으로 아랫배에 힘을 넣으면 하늘이 무너져도 쓰러지지 않는다. 항상 고요할 때 태풍도 그를 비껴갈 것이다.

군승제도를 만드신 분들

대한민국 국군에 군목軍牧과 군 신부는 있어도 군승軍僧은 없던 시절이 있었다. 그러니까 대한민국 국군은 1968년이 될 때까지 군승을 거부했다. 불교가 우리나라 최대 종교 단체임을 감안했을 때 이것은 누가 보아도 불평등한 일이고, 심지어 전횡이요, 혐오스런 독재였다.

해방 후 미군이 들어와 군정을 실시할 때 구호품을 교회를 통해 배급하고, 온갖 요직에 기독교계 인사들을 배치한 것은 주지의 사실이다. 기독교를 거의 국교와 다름없이 채택하고 있는 미국으로서 그럴 법한 일이기는 했지만, 우리나라에서는 부당한 일이고 있을 수 없는 일이었다. 가난이 핑계였던가? 구호품을 타

먹기 위해 불교를 버리고 교회로 달려간 불자들도 적지 않았다.

> 미국 교회에서 선교사를 통하여 각 교회와 교역자에게 구호품이 약 세 트럭 분배되었음을 구제부장 김진호 씨가 보고하니 선교사를 통하여 미국 교회에 감사장을 보내기로 하였다. 특별히 이러한 일들을 감당하도록 선교협의회 위원들을 선정하여 활동하게 하였으며, 구호품의 혜택을 받았던 가난한 선민들이 교회로 많이 나오게 되어 해방 후 교회 성장의 한 몫을 하였다.(_『경안노회 70년사』)

그뿐만 아니라 명동성당은 미국 민간 구호품의 분배처가 되는 등 민간사회복지 활동의 거점으로 기능하였다.

사실 해방 후 대부분의 민간 구호품은 미국 교회를 중심으로 모은 것들이었고, 이 구호품을 교회를 통해 분배한다는 게 바람직한 일은 아니었지만 이해할 수 있는 일이기는 하다. 그 시절은 그래야만 했고, 우리 불교가 그만큼 제 기능을 못했다는 뜻이기도 하다.

이러한 사회적 분위기에서 군대에는 목사와 신부만이 장교로 임용되어 군대 포교를 거의 독점하다시피 했다. 그러다가 해방 후 23년이 지난 1968년이 되어서야 불교계에서 나의 은사이신 경산

京山 스님이 나서고, 숭산崇山 스님(화계사), 혜정慧淨 스님(법주사) 등 여러 스님들이 애를 써서 마침내 군대에 스님들을 파견할 수 있도록 법을 고쳐 놓았다.

때마침 행운도 있었다. 해방 후 미 군정이 실시됨으로써 기독교 목사가 군목이 되고, 기독교계 인사들이 대거 정계에 진출하면서 기독교 부흥기를 이루었듯이, 때마침 월남(베트남) 파병이라는 '호재好材'가 나타났다. 월남은 불교 국가였기 때문에 군에서는 양국 우호를 고려해 군승의 필요성을 인정하고 있었다.

그러함에도 군대 포교를 독점하고 있던 기독교계에서는 극렬한 반발을 했고, 불교계 역시 조계사 청년회 회원들이 혈서를 쓰는 등 대불련(한국대학생불교연합회)이 데모에 나서고, 사부대중이 힘을 모아 4~5년간 모진 투쟁을 해야만 했다. 우여곡절 끝에 당시 국방부장관이던 최영희 장관과 국회의원들의 도움으로 마침내 군승제도가 법제화되는 데 성공했다.

나는 불교 군승제도가 시행된 1968년에서 2년 지난 1970년에 군승 중위로 임관되어 불모지나 다름없던 군승 일을 해야만 했다. 그리고 1995년까지 약 25년간 군승으로 일했고, 군대 내 모든 군종 업무를 총괄하는 군종실장까지 역임했다. 그 결과는 여러 가지로 자랑할 수 있지만, 간단히 기독교에서 어떻게 반응했는지 보자.

문제는 재작년도는 국회에 보고한 기독교 신자가 58%였는데, 작년도는 54%로 4% 감소하였다고 한다. 이대로 나가면 주도권을 빼앗길 수도 있다는 것이다. 지금 청년 신자가 갈수록 줄어드는 교회 현실에서 그나마도 군대는 아직도 황금어장이다. 그 황금어장도 지금 '고기 잡기'가 어려워진다고 한다. 금번 이라크 파병도 국방부 군종실은 군승들의 입김으로 군목과 군승을 동일 숫자로 파송할 것을 제안하였으나, 파병 여단장들이 군목을 더 선호하여 군목 3, 군승 1, 신부 1인으로 조정되었다고 한다. (_『기독교보』 2004. 3. 10.)

일반 신도들이야 군대 포교를 눈으로 직접 볼 기회가 적어 그 영향이 얼마나 큰지 잘 모르겠지만, 1980년대 이후 불교 신자가 급증한 여러 가지 이유 중에 군 포교가 끼친 영향이 적지 않다는 걸 기억해 주길 바란다. 지금도 전선의 열악한 환경에서 군 포교에 매진하고 있는 군승들을 위해 기도해 주고, 기회가 되면 적극적으로 지원해 주기를 소원한다. 아래의 통계를 보면 힘이 솟으리라고 믿는다.

우리나라에 있는 큰 종교들로는 불교·유교·그리스도교라 할 수 있는데, 불교 신자가 대략 1,200만, 유교 신자는 500

만, 그리스도교 신자는(개신교 1,000만, 가톨릭 300만) 1,300만으로 추정된다. 그 밖에 민간 신앙을 가진 이들과 기성종교에서 파생된 신흥종교 신자들도 상당수 있는 것으로 추산된다. 그리고 민족종교인 천도교와 그 분파들도 대략 200만을 헤아리는 것으로 추측된다.(_『가톨릭신문』1991. 10. 13.)

문화관광부가 1999년 '한국의 사회지표'를 토대로 만든 「도표로 본 한국의 종교 현황」에 따르면 종교를 가진 사람은 지난 1985년 42.6%에서 1995년 50.7%, 1999년 53.6%로 증가했다.
종교별 인구비율에서는 불교가 26.3%로 가장 많고, 개신교 18.6%, 천주교 7.0%, 유교 0.7%, 기타 1.1%의 순으로 나타났다.(_『데이터뉴스』 2003. 7. 24.)

다만 염려되는 것은 우리나라는 물론, 전 세계적으로 '탈종교 사회'로 진입하고 있다는 점이다. 「2015 인구주택총조사」에 따르면 우리나라 종교 인구는 전체 국민의 절반 이하(43.9%)로 줄어들었다.
11월 30일은 '군승의 날'로서 2018년은 군승 파견 50주년이 된다. 이를 기점으로, 불교가 사회와 함께하는 종교로 자리매김하기 위해선 중생 구제라는 불교 본질을 되찾고, 보다 적극적인 포교법으로 국민에게 가까이 가려는 노력을 기울여야 할 것이다.

승장,
4백 년 만에 오시다

"환영! 한국 군승단장 일행!"

일본 나리타 공항에 붙은 환영 현수막이다.

내가 군승단장으로 있을 때 나는 일본 정토진종 초청으로 사명 대사四溟大師 이후 처음으로 일본을 방문했다. 승장僧將으로는 사명 대사 이후 4백 년 만이라는 게 그들의 설명이었다.

일행은 해군부단장 김수남 법사(작고), 공군부단장 오관지 법사를 대동하고 공항에 내렸는데, 일본 불자들의 환영이 열렬했다.

나 역시 일본과 무슨 담판을 하러 간 것도 아닌데 괜히 어깨에 힘이 들어가면서 마치 사명 대사가 왕사王使 자격으로 적국 일본에 들어간 듯이 착각되었다.

그러고 보니 승군장이던 사명 대사가 왕사로서 일본에 간 것이 임진왜란이 끝난 뒤의 일이니 거기서부터 따져 보면 어느덧 4백여 년의 세월이 흐른 것이다. 그 사이 과연 승장으로서는 일본에 다시 간 분이 없다.

그런 역사적 사실을 기억한 일본인들이 나를 가리켜 '승장'이라고 보고, 사명 대사와 나를 같은 반열에 올려 준 것이다. 현수막을 본 순간, 나는 식은땀을 흘렸다.

겉으로 봐서야 군승단장의 신분이니 어떻게 해석하면 승장임에 틀림이 없지만, 죽음을 무릅쓰고 적지인 일본으로 들어가 포로 송환 교섭을 하고, 일본 문사와 무사들을 향해 한껏 조선인의 기개를 드날린 사명당四溟堂에 비교되다니 부끄러움이 앞섰다. 그러면서 나는 마치 사명당의 혼이라도 쓴 사람처럼 저절로 어깨를 쭉 펴고 일본인들을 대했다. 그리고 역사적 책무를 홀로 책임지셨던 사명 대사의 기개를 닮아야겠다고 몇 번이나 다짐했다.

이 날의 충격으로 나는 일본에서 돌아온 뒤에도 언제나 사명당 같은 승장의 자세로 군종감 임기를 마쳐야 한다고 다짐했다.

살생을 막기 위해, 살생을 줄이기 위해 부득이 승려의 신분으로 칼을 쳐들어야 했던 임진왜란 때의 수많은 승장들, 승군들을 떠올리며 나의 삶을 참회하고 정진했다.

우리는 흔히 임진왜란 때 권율權慄 장군이나 이순신李舜臣 제독만의 뛰어난 활약으로 국난을 극복한 것으로 알고 있다. 그러나 그 이면에는 놀라운 사실이 숨어 있다.

호호탕탕 밀려오던 왜군을 상대로 첫 승리를 거둔 것이 바로 영규靈圭 스님 휘하의 승군이었다. 조선군이 처음으로 전면전을 벌인 평양성 전투에서는 서산 대사西山大師 휴정休靜 스님과 사명대사 유정惟政 스님이 이끈 1,500여 명의 승군이 최전선에서 싸웠고, 이 승군이 제일 먼저 한양에 입성하는 개가를 올렸다.

또 진주대첩에서는 가야산 해인사의 신열信悅 스님이 이끈 승군들이 참전하여 승리를 뒷받침했고, 행주대첩에서는 전라도 지역의 승군 2,500여 명이 참전하여 권율의 관군과 함께 행주대첩을 이루어 냈다.

의병장 조헌趙憲이 이끈 의병 700명과의 결사전 끝에 호남 지역으로 들어가려던 일본군 15,000명이 궤멸된 데에는 영규 스님이 이끈 승군 800명의 연합 작전이 있었다. 그래서 금산벌에서 혈투를 벌인 결사대는 700명이 아니라 1,500명이었던 것이다.

여군 장교 임관식 참석·격려

또한 수전水戰에서 연전연승을 거둔 이순신 휘하에도 승군 1,500여 명이 있었으며, 그중 300여 명의 명단이 1988년에 발견되어 학계를 깜짝 놀라게 했다.

임진왜란 때 군공軍功을 세운 이들을 대상으로 1605년(선조 38) 4월에 선무원종공신宣武原從功臣의 녹공이 있었는데, 이때 공신이 된 승군은 무려 34명이나 되었다.

승군의 활약은 임진왜란 때만이 아니었다. 병자호란 때에도 활약이 컸으며, 우리가 잘 아는 남한산성과 북한산성 등 전국의 웬만한 산성은 거의 모두 승군들이 주둔하는 병영 겸 사찰이었다.

각성覺性 스님이 주도하여 쌓은 남한산성 안의 남한치영南漢緇營은 각 도에서 올라온 의승군義僧軍이 주둔하였다. 이 승군들은 성 안의 9개 사찰에 나뉘어 주둔하면서 한편으로 수행하고 한편으로 수비에 전념했다.

인원도 적지 않아 도총섭都摠攝 1인 밑에 중군中軍 1인, 교련관教鍊官 1인, 초관哨官 3인, 기패관旗牌官 1인, 성 안팎 10개 사찰의 원거승군原居僧軍 138인, 의승義僧 356인을 두었으니 그 규모가 자못 컸다.

북한치영北漢緇營은 1711년에 북한산성을 쌓으면서 생겼는데, 이곳 역시 승군이 주둔했다. 도총섭이 있는 중흥사重興寺를 중심으로 태고사·노적사·서암사·경흥사·국녕사·원각사·부왕사·보광사·보국사·용암사·봉성암 등의 사찰이 있었으며, 이들 사찰에 승군들이 머무르면서 산성을 수호하였다.

승영僧營에는 도총섭 1인과 중군·좌별장左別將·우별장右別將·천총千摠·파총把摠·좌병방左兵房·우병방右兵房 각 1인, 교련관·기패관·중군병방中軍兵房 각 2인, 오기차지五旗次知 1인, 도훈도都訓導·별고감관別庫監官 각 1인, 사료군射料軍 10인, 서기書記 2인, 통인通引 2인, 고직庫直 3인, 책장무冊掌務·판장무板掌務 각 1인, 취수吹手 2인, 각사승장各寺僧將 11인, 수승首僧 11인, 의승 350인을 두었다.

이런 식으로 전국 팔도에는 곳곳에 승군이 주둔하여 조선의 국방을 상당 부분 승군이 맡았다.
　이러한 역사의 연장선에 내가 서 있다는 생각을 하니 모골이 송연할 정도로 숙연해졌다.
　지금도 나는 마음을 다독이기 위해 나리타 공항에서 펄럭이던 현수막을 떠올리곤 한다. 그리고 진정 우리 불교를 수호하는 승장이 되기를 발원한다.
　그런 의미로 나는 이 책에 승장들의 이야기를 모아 한 장으로 삼았다. 한창 수행해야 할 젊은 시절을 군대 포교에 바친 나의 이런 뜻을 이해해 주기를 바란다.

총을 겨눈 왜구 앞에 선 사명당

지금으로부터 4백여 년 전, 가등청정加藤淸正(가토 기요마사)이 이끄는 일본군 선발대가 강원도 유점사로 쳐들어갔다. 일본군들은 주로 절이나 향교, 양반가 등에서 약탈했는데, 이들도 유점사에 약탈할 목적으로 들어간 것이었다. 그러나 유점사에는 당대의 고승 사명당四溟堂이 주석하고 있었다.

여기서 잠시 이재운의 소설 『당취黨聚』에 나오는 장면을 보자.

유정이 불두를 데리고 유점사에 이르니 과연 일본군 수십 명이 절 마당에 우글거리고 있었다. 그런데 산문에 들어서니 어느 놈이 조총을 등짝에 비껴 짊어진 채 법당 앞에서 오줌

발을 갈기고 있었다.

"이놈아! 그러고도 지옥고를 면할 줄 아느냐!"

유정이 꽥 소리를 지르자 눈을 사르르 감고 오줌을 누고 있던 일본군 조총수는 화들짝 놀라면서 오줌을 지리고 말았다. 다른 일본군들도 하던 일을 멈추고 일제히 소리가 나는 쪽을 바라보았다.

그 사이 법당이며 사우를 뒤지고 다니던 일본군들이 우르르 몰려나오고 절 마당에 서 있던 소두목이 유정을 힐끗거리며 바라보았다. 그는 유정을 보고는 고개를 갸웃거리며 위아래를 뜯어보다가 엉뚱하게도 한문을 아느냐고 물으면서 필담을 청했다.

"조선인은 애들도 『천자문』을 왼다지?"

"그것도 못 외면 사람 구실 못 하지."

"당신 칠조七祖를 섬기나?"

"육조六祖(당나라 시대의 혜능 스님. 달마가 중원에 전한 석가모니의 법통을 마지막으로 받은 스님이다.)가 법을 전하지 않았으니 칠조는 없다. 육조로 끝이다."

'칠조'란 화엄종에서 모시는 스님 일곱 명을 가리키는 말이지 선종에서 말하는 조사祖師를 가리키는 것은 아니었다. 더구나 일본의 화엄종도 실은 신라의 심상審祥 스님이 전해 준 것이므로, 유정은 그렇게 되받아친 것이다.

"육조라니?"

"1조는 달마요, 2조는 혜가, 3조는 승찬, 4조는 도신, 5조는 홍인, 6조가 바로 혜능이시다."

"절에는 보물이 많다는데 있는 대로 내놓아라."

"너희가 섬기는 부처나 우리가 섬기는 부처가 다 같은 부처거늘 우리 걸 훔쳐다가 어디에 쓰려느냐? 너희 절에 모시면 더 영험해지신다더냐? 고얀 것들, 이 부처로 저 부처를 섬기는 법도 있느냐? 기왓장 하나라도 들어가면 죽는 대로 지옥에 떨어질 것이다."

"난 불교 신자다. 당신은 불도를 많이 닦은 스님인 듯하다. 그렇다면 내가 어찌 함부로 성보聖寶에 손을 대겠는가."

"고맙다. 그런데 왜 조선에 쳐들어왔느냐? 너희는 왜구인가?"

"우리는 왜구가 아니라 일본군 제2군 가등청정 영주 밑에 있는 군사들이다. 명나라를 치러 가는 길에 잠시 지나치는 것뿐이다."

"전쟁을 핑계 삼아 사람을 함부로 죽이지 말라. 결국 언젠가는 살인 업보를 풀지 않으면 안 된다. 사람 죽인 죄는 화탕지옥에 백 년간 갇혀 있어도 풀리지 않는다고 한다. 다른 사람이 살인을 저지른다고 부처를 섬기는 너희까지 그러지 말라. 부처님이 뻔히 내려다보고 계시다."

"미안하다."

왜장은 절 마당에 묶어 놓았던 유점사 승려들을 풀어 주고는 유정에게 사과했다. 그러고는 정말이지 기왓장 하나 뜯지 않고 조용히 물러갔다. 다만 산문 앞에 일본말로 쓴 표목標木을 박아 놓고 갔는데, '이 절에는 고승이 머물고 있으니 일본군은 함부로 출입하지 말라.'는 내용이었다.

당시 일본인들은 대개 불교를 신행하였고 승려에 대한 존경심이 매우 높았다. 그러기 때문에 그들은 법력으로 버티는 사명당을 이길 수가 없었다. 차라리 유점사 스님들이 달아나 버렸다면 그들은 불전에 들어가 불상이나 불구佛具 따위를 마음껏 약탈했을 것이다. 그러나 사명당의 호통에 그들은 기왓장 하나 건드리지 못했다.

이후 병자호란이나 일본 강점기 때, 한국전쟁 때 적병을 맞닥

뜨린 스님들 이야기도 간간이 전해온다. 좀 철 지난 이야기지만, 이 멍텅구리 자광도 겁 없이 적군의 총 앞에 선 적이 있었다. 사명당이 그랬던 것처럼 총을 겨누는 적군을 상대로 일갈이 나왔으니, 그곳은 포연 자욱한 월남 땅이었다.

총을 겨눈 베트콩에게 설법을 하다

군승으로 임관한 지 얼마 지나지 않아서 나는 월남전에 참전하게 되었다. 군승이기 때문에 직접 총을 쏘는 일은 없었지만, 긴장한 채 전투 현장에 나가는 병사들을 위로하고 격려도 했다. 그러다 보면 전투가 끝난 뒤 부상자도 생기고, 때로는 전사자도 생겼다. 나는 이러한 전몰 희생자를 천도薦度하고, 살아남은 병사들에게 법문을 전했다.

틈나는 대로 각 부대를 찾아다니며 전투로 지친 장병들에게 설법하기도 했고, 불가피한 살생이 아니면 절대로 해서는 안 되며 사람을 구하는 사람이 되라고 역설했다. 하지만 한계는 있었다. 워낙 전투가 치열했기 때문에 계율을 가르치고, 불법을 전할 시간보다는 죽거나 다친 장병을 천도하고 위로하는 일로 눈코 뜰 새가 없었다.

그런 중에 나는 월남에서 만난 한 스님을 따라 월남의 사찰을 방문했다. 월남의 스님들은 비록 전쟁 중이었지만 수행이 깊었다. 그곳 스님들과 이야기를 주고받다 보면 시간 가는 줄 모르고 상호 수행 경지를 나누곤 했는데, 어느 날 일이 벌어지고 말았다.

원래 월남전은 전후방이 없는 전쟁터였기 때문에 내가 찾은 사찰이라고 예외가 될 수 없었다. 느닷없이 군복을 입은 사나이가 들이닥치더니 나를 향해 총을 내밀었다. 그러고는 무서운 눈초리로 나를 쏘아보았다.

그도 그럴 것이 나는 비록 군승이기는 하나 전투복 차림이었기 때문에 누가 봐도 그들의 적이었다. 더구나 겉으로 봐서야 어엿한 한국군 장교가 아닌가. 그들이 볼 때 나는 훌륭한 전리품이 될 수 있었다. 내 목과 인식표를 가져간다면 그들은 훈장도 받고 특진할 수도 있었다.

베트콩Vietcong들이 들이닥치자 순간 아득한 느낌이 들었다.

나는 내가 승려라는 것을 군 생활을 하는 내내 한시도 잊은 적이 없기 때문에 전투복을 입고 있어도 마치 가사袈裟를 걸친 것처럼 마음으로는 늘 부처님의 제자라는 사실을 잊지 않았다. 그러나 그것은 내 생각뿐이었고, 나를 바라보는 베트콩들의 눈에는 자신들에게 총을 쏘고, 수류탄을 던지는 한국군, 그것도 장교로밖에 보이지 않았던 것이다.

난감했다. 죽음이 지척에서 어른거리는 듯했다.

그때 월남 스님이 나서서 이분은 군인이 아니라 스님이라고 소개하면서 그들을 가로막았다. 월남에서 스님의 사회적 위치는 베트콩이든 월남군이든 피아간에 거의 절대적이었다.

그래도 베트콩들은 날 죽이겠다고 총구를 들이댔다. 어차피

앙코르 와트 중앙홀탑 – 세계인들이 듣고 보는 데서 피리연주

외견상 일반 군인과 다를 바가 없으니 나를 적으로 보는 그들이 틀렸다고 볼 수도 없었다.

하는 수 없이 월남 스님에게 통역을 부탁하고 내가 직접 나섰다. 이제는 생사를 내가 결정지어야 할 순간이었다.

"이 옷 때문에 날 죽이려는가? 이 옷 때문에 부처님의 제자를 죽이려 한단 말인가? 난 살육이 그치지 않는 월남 땅에 부처님의 말씀을 전하기 위해 일부러 찾아온 한국의 스님이다. 군인들을 따라 월남에 왔지만 여기 계신 스님과 똑같은 수행자다. 보다시피 총도 갖고 있지 않잖은가? 부처님의 제자까지 죽여 가면서 당신들은 대체 무엇을 얻으려는 거지? 수행자까지 죽여야만 얻어지는 좋은 세상이 있다면 어디 한번 죽여 보게. 내가 죽어 당신들이 바라는 세상이 찾아올 수 있다면 마땅히 죽어 주겠네."

그러자 그들은 총구를 내렸다. 그들의 불심佛心은 한국인들이 상상하는 것보다 훨씬 더 깊다. 월남은 인근의 태국이나 캄보디아, 미얀마 등지처럼 불교 신앙이 생활화되어 있는 나라다. 그래서 사찰이나 승려만은 결코 건드리지 않는 게 그들의 불문율이다.

베트콩들은 그 무서운 표정을 거두고 얌전해지더니 내게 합장하고는 물러갔다. 월남 스님과 나는 차를 마저 마시고 나누던 법담을 계속 나눌 수 있었다.

베트콩의 총구 앞에서 당당할 수 있었던 것이야말로 부처님이 내게 주신 용기였다.

진리 앞에서는 그 베트콩이나 나나 월남 스님이나 사상과 이념을 초월한 동업 중생이다. 우리는 서로 죽이고 죽는 전쟁터의 아군과 적군이 아니라, 이날 결국 동체대비同體大悲의 한 몸이 될 수 있었다.

교회를 짓는 스님

　제목이 잘못 됐다고 생각할지 모르겠다. 왜냐하면 스님은 절을 짓고, 목사는 교회를 짓고, 무당은 굿당을 지어야 맞기 때문이다. 그런데 목사가 지어야 할 교회를 목사가 아닌 내가 지은 적이 있다. 스님이 무슨 일로 교회를 지었을까.

　내가 5사단 군종참모로 부임하여 종교 시설을 살펴보니 벽돌이 한 2미터쯤 올라가다 만 건물 한 채가 눈에 띄었다. 무슨 건물인가 싶어 알아보니 교회를 짓기 시작하다가 예산이 모자라 짓지 못하고 6개월째 방치되어 있다는 것이었다.
　원래 군대 내 절이나 교회 등 종교 시설은 군 예산으로 짓기가 매우 어렵다. 토지야 군대 땅을 쓸 수 있지만 일일이 부대마다 종교 시설을 짓다 보면 엄청난 예산이 들어 하는 수 없이 민간 지원을 받는 경우가 많은데, 이 교회 역시 원래 도와주기로 한 교회가 지원을 끊어 버리는 바람에 볼썽사납게 방치된 것이었다.

나는 우선 담당 군종 목사를 불러 자초지종을 알아보았다. 담당 목사는 임관한 지 얼마 안 되는 중위였다. 그는 서울에 있는 ○○교회가 교회를 지어 주기로 했는데 갑자기 예산이 끊어져 어쩔 수가 없다고 낙담했다. 중위라는 계급을 보고 중지하지 않았는가 싶어, 그래도 중령 계급장을 달고 있는 내가 나서기로 했다.

나는 서울로 나가 사탕 한 아름 사서 사단 목사를 대동하고 ○○교회를 찾아갔다.

교회 관계자들에게 우리 사단의 교회 신축 문제를 얘기했더니 그분들은 예산 편성이 안 됐다면서 불가능하다고 대답했다. 그래서 나는 누굴 만나야 짓다 만 교회를 다 지을 수 있느냐고 재차 물었더니, 원로 목사님을 찾아뵙고 승낙을 얻어 거꾸로 지시를 내려 주면 가능할 것이라고 대답했다. 원로 목사님이란 다름 아닌 한경직 목사였다. 한경직 목사는 지금도 그렇지만 당시에도 유명한 목사님이었다.

나는 남한산성 중턱에 있는 한 목사님 거처로 케이크를 사 들고 찾아갔다. 그러고는 스님이라고 신분을 밝히고 삼배를 올렸다. 한경직 목사를 움직이지 않으면 교회를 지을 수 없는 형편이다 보니 어쩔 수 없이 스님인 내가 조를 수밖에 없었다. 나는 한 목사님에게 사정을 호소하고 도와주기를 청했다.

"목사님, 성경에 보면 하나님 역사는 끝없이 중단 없이 진행된다고 했다는데, 왜 우리 교회 신축 공사는 중단됐는지 모르겠습니다. 목사님, 돈 때문에 하나님의 역사가 중단돼서야 되겠습니까? 기독교를 신앙하는 장병들을 위해 교회를 지어 주시기를 간청합니다. 도와주신다면 제가 멋지게 교회를 지어 헌당하겠습니다."

"허허, 스님이 교회를?"

"저는 개인적 신분은 스님이지만 현직 사단 군종참모입니다. 장병들이 교회를 원하면 교회를 지어야 할 직분에 있습니다."

한 목사님은 쾌히 승낙했다. 그러면서 교회 간부들에게 지원을 재개하라는 지시를 내렸다. 그러자 교회 간부들은 현장을 방문해 보고 나서 결정을 하겠다고 통보해 왔다. 그도 그럴 것이 사람도 별로 없는 산간벽지에 큰 교회를 짓는 것보다 대도시 어디쯤에 교회를 짓는 것이 전도에 더 도움이 될 것이라고 판단할 만도 했다.

나는 교회 간부들이 온다는 날에 맞추어 사단 기독교 신자 장병과 군악대를 동원하여 화려하게 이들을 맞았다. 그리고 교회가 없어 예배를 보지 못하는 기독교 장병들을 모아 함께 그들을 환영했다. 그리고 나서야 ○○교회의 예산 지원이 확정되었다.

나는 곧 공병工兵을 동원해 직접 교회 신축 공사를 감독하여 마침내 장병들이 원하던 교회를 지었다. 공사를 하는 내내 군목이나 기독교 장병들은 스님인 내가 팔을 걷어붙이고 교회를 짓는 걸 보고는 의아해하기도 하고, 종교를 넘어선 그 무엇인가를 느끼기도 하는 듯했다.

교회가 완성되자 ○○교회 간부, 신도 들이 버스 여러 대 나눠 타고 찾아왔고, 한경직 목사의 설교로 대대적인 헌당식이 열렸다. 그간 부대 밖 민간 교회로 나가 예배를 보던 장병들이 부대 안에 세워진 훌륭한 교회에서 피아노 소리에 맞춰 찬송가를 부르며, 큰 소리로 기도하는 걸 보니 나도 기뻤다.

교회 간부들은 스님인 내가 교회를 지어 주어 고맙다고 칭찬하면서, 아울러 한마디 놓치지 않았다. 기왕 교회까지 지었으니 개종하면 더 잘해 주겠다는 것이었다.

"그렇게 멀쩡한 사람이 왜 스님이 됐어요? 그러지 말고 개종해서 큰 교회 목사님 하세요."

내 뜻을 조금도 이해하지 못하는 질문이었지만 그렇다고 화를 낼 일도 아니었다.

나는 웃으면서 그분들에게 이렇게 답해 주었다.

"다 하나님 손바닥이고 부처님 손바닥인데, 어디서 논들 무슨 상관이겠습니까?"

이후로도 나는 군대 내의 모든 군종 업무를 책임지는 위치에 있을 때 배타적인 종교관으로 근무한 적이 없다. 교회든 성당이든 절이든 필요한 게 있으면 지원했고, 어려운 일이 있으면 나서서 해결했다. 물론 스님 신분으로 한 명이라도 더 불교 신자를 만들어야 했지만, 군대라는 특수한 환경상 그러기가 용이하지 않았다. 그럴 바에야 올바른 신앙생활을 할 수 있도록 그들을 도와야 했다. 올바른 기독교인은 올바른 불교인만큼이나 소중하기 때문이다.

사선死線에서

　무슨 영화 제목 같지만 내게는 현실인 사건이 하나 있었다. 이것도 멍텅구리 자광이나 되니까 자청한 사건이나 다름없었다.

　군 생활을 오래도록 하다 보면 이런저런 사고에 직면하게 된다. 군승軍僧은 비교적 작전에 관계없이 편안하게 종교 활동만 할 것 같지만 결코 그렇지가 않다. 군은 장병들의 인격 교육과 부대의 무운장구武運長久를 기원하는 일을 감당해 달라고 스님이나 목사, 신부에게 계급을 부여한다. 따라서 군의 일원으로 한 배를 타고 가는 게 군 스님, 즉 군승의 임무다.

　포성이 진동하는 월남에서 베트콩Vietcong의 위협을 받기도 했지만, 군인인 이상 국내에서도 이런 일은 피할 수가 없었다.

내가 어느 전방부대에 근무할 때였다. 군승의 직무는 늘 희생 정신을 발휘하여 남보다 먼저 부대와 장병들의 안전을 위해 앞장서는 것이다. 군이란 조직은 언제든 위험 상황이 발생할 수 있고, 이럴 때 스님으로서 생명을 아끼며 뒷전으로 피하면 안 되는 것이다. 이쯤하면 무슨 일이 생겼을지 대략 짐작이 갈 것이다.

그 무렵 삼청교육대라는 게 있었다. 우리 부대에도 이 부대가 설치되어 군종 스님들은 이 부대 입소자들에게 인격, 정신 순화 교육을 맡았다. 나도 교육생들과 자주 얘기를 나누었는데, 듣다 보니 가슴 아픈 사연도 아주 많아 함께 눈물을 흘리며 들은 적도 있다.

내가 교육생들에게 해 준 설법은 여러 가지였는데, 특히 부모님 은혜를 생각해서라도 정정당당하게 살아가자고 누차 강조했다. 업보에서 빨리 벗어나 부모에게 효도하고 인간답게 살아가자고 호소할 때마다 그들은 내 설법에 박수를 치곤 했다.

이렇게 교육생들과 재미나게 때론 웃고 혹은 울면서 인생의 바른 길을 공부하고, 인격 교육에 바쁘던 중에 예기치 않은 사건이 일어났다.

어느 날 도로 작업에 동원되었던 교육생 두어 명이 지나가는 버스를 향해 "담배! 담배!" 하고 소리쳤는데, 승객 중 누가 군복을 입고 있는 그들을 보고는 불쌍하게 여겼는지 피우던 담뱃갑을 던져 주었다.

교육생 한 명이 이때 받은 담배를 피워 물었다. 이것이 사건의 발단이었다. 교육생은 교육기간 중에는 담배를 피울 수 없다는 규정이 있었는데, 시국이 시국인 만큼 군에서는 규정 위반에 대해 매우 엄격하게 대응했다. 그러니 그냥 넘어갈 수 없게 된 것이다.

하긴 기간병들에 비해 나이도 많고, 심지어 그들 중에는 삼사십 대들까지 있었기 때문에 규정을 조금 어기는 것에 대해서는 기간병들도 제대로 통제하지 못하고 쩔쩔 매는 경우가 다반사였다. 그렇지만 이날은 일이 터지려고 그랬는지 기간병 하나가 금연 수칙을 어긴 교육생을 제지했다.

그런 중에 옥신각신했고, 마침내 이 교육생은 갑자기 기간병이 가지고 있던 총을 빼앗아 들고 막사로 들어가 기간병과 대치했다. 그러다 보니 서로 총을 쏘는 사태까지 발전한 것이다. 담배 한 개비로 시작한 갈등이 순식간에 전투 상황으로 돌변한 것이다.

나는 한밤중에 사단 법당에서 공부하고 있다가 사단장의 다급한 전화를 받았다. 사단장은 그 긴급 상황에서도 내가 교육생들과 평소 대화를 많이 나누고, 그들과 정신적으로 가깝게 생활했다는 걸 알고는 나더러 사태를 수습하라고 명령했다. 밖을 보니 비가 내리고 있었다. 말하자면 이 우중을 뚫고 작전에 나가야 하는 것이다. 인간의 심정으로는 착잡하기 이를 데 없었으나, 스님이라는 신분으로는 주저할 수가 없었다. 나는 즉시 현장으로 달려갔다.

지프로 30분을 달려 현장에 가 보니 칠흑 같은 어둠 속에서 자동차 라이트를 일제히 켜 놓은 채 양측이 대치하고 있었다. 군은 계속해서 그들을 설득하고 있었는데, 막사에서 총알이 날아올 뿐 도무지 진전이 없었다. 그러다 보니 현장으로 가까이 접근할 길이 없었다.

이제 나설 수 있는 사람은 스님인 나뿐이었다. 거기서부터는 '생명'이니 '두려움'이니 하는 단어들은 사치일 뿐이었다. 무조건 앞으로 나가야 했다. 나는 메가폰을 들고 교육생 막사를 향해 외쳤다.

"나는 군인 스님이다. 내가 막사로 들어갈 테니 총을 쏘지 말아라. 내가 들어간다. 우선 부상자부터 파악하고 조치하련다. 부상자를 죽게 내버려 두면 너희들이 죄를 짓는 것이니 절대로 총 쏘지 마라. 난 총도 없고, 여러분도 알다시피 난 스님이다."

나는 웃옷을 벗고 하얀 러닝셔츠 차림으로 철조망이 쳐진 막사 길을 조심스럽게 걸었다. 수십 미터 되지 않는 그 길은 마치 석가모니 부처님이 맨발로 걸었던 구도의 길이기도 했고, 목련존자目連尊者가 외도外道들을 향해 걸었던 가시밭길이기도 했다.

나는 막사에 다가가면서 '부모님 은혜'를 소리 높여 부르기 시작했다. 빈손으로, 하얀 러닝셔츠 바람으로 노래를 부르며 당당히 걸어가자 교육생들도 이내 노래를 따라 부르기 시작했다. 나는 그들과 마음이 통했음을 직감했다. 그렇지만 사단장 이하 군장병들은 혹시라도 이 멍텅구리 자광에게 무슨 일이 생기면 어쩌나 하고 잔뜩 긴장해 있었다.

내가 무사히 접근하여 막사로 들어가 보니 부상자들이 피를 흘리고 있었다. 나는 우선 부상자를 밖으로 내보내 치료를 받게 하자고 총을 들고 있는 교육생들을 설득했다.

"그까짓 담배 한 개비가 이렇게 부상을 당할 만큼, 또 목숨을 걸 만큼 중요한 것인가? 소중한 목숨을 그까짓 담배 한 개비에 건단 말인가? 불행은 큰 것에서 시작하는 것이 아니라, 이처럼 티끌만 한 작은 일에서 시작되는 것이다. '인일시념忍一時念이면 면백일지우免百日之憂'라고 했다. 한 번 참는 것으로 백 일의 근심을 면한다는 말이다. 순간적으로 일어나는 분노를 참지 못하고 화를 내거나 격정적으로 행동하는 사람은 필경 실패자가 되고 만다.

누가 실패자가 되라고 한 것이 아니라 스스로 그렇게 되는 것이다."

교육생들은 나의 즉석 설법에 모두들 숙연해했다.

교육생들의 마음을 순화시키는 것은 그때뿐만 아니라 일상적인 내 임무였다.

"우리 모두 털어 버리고, 반성할 것은 반성하고 벌 받을 것은 당당하게 벌 받자. 모두 총을 반납하고 평상심으로 돌아가자. 귀한 생명, 귀한 시간을 이런 식으로 내팽개쳐서는 안 된다."

교육생들은 내 말에 감화되어 곧 들고 있던 총을 반납했다. 곧 총이 모두 수거되었다. 나는 교육생들을 데리고 막사 밖으로 나가 상황을 종료시켰다.

이렇게 하여 큰 사건으로 번질 뻔한 총격 사태를 이 멍텅구리 자광이 가까스로 해결했다. 오래전 일이기도 하고, 당사자들이 생존해 있어서 더 자세한 내용은 쓰지 못하지만, 진실은 이보다 더 위험한 상황이었고, 정말이지 멍텅구리 짓이 아니었나 되돌아볼 때도 있을 정도다. 아무에게도 하지 못하던 말을 조금이나마 누설하고 나니 그나마 가슴이 후련하다.

군목 보직을 줄이고
군승 보직을 늘리다

1993년, 내가 군종실장으로 부임하여 가 보니 우리나라 군대 내에 기독교 목사(軍牧)는 300명, 천주교 신부는 70~80명, 불교 군승 軍僧은 천주교와 같은 70~80명이었다. 뭔가 이상했다. 그래서 병사들의 종교를 조사해 보니 이 비율과 전혀 맞지 않았다. 나는 즉시 군대 내 신자 비율대로 하자고 건의했고, 국방부장관도 결재를 해 주었다. 이때 내가 결재받은 내용은 터무니없이 많은 기독교 군목 수를 1백 명 줄이고, 이 1백 명을 군승 정원定員으로 배당한다는 것이었다. 이렇게 하여 전군의 종교 관련 장교는 기독교가 2백 명, 천주교 70~80명, 불교 170~180명이 되었다. 이쯤 되니 불만스럽기는 해도 겨우 신자 비율을 엇비슷하게 맞추기는 했다. 나는 매우 흡족해서 큰일을 했다고 자부했는데, 급기야 일이 터지고 말았다.

멍텅구리는 그저 옳다 믿으면 무조건 달리는데, 그럴 때마다 발목에 걸리는 게 많았다.

그런 지 며칠 안 돼서 나는 사탄이 돼 있었다.

국방부에서 군목을 줄이고 군승을 늘린다는 소문이 퍼지자 기독교 단체들이 우르르 몰려들어 데모를 하기 시작했다. 국방부 면회실은 매일같이 찾아오는 기독교 단체들 때문에 다른 업무를 할 수 없는 지경이었다. 기독교계 각 신문에서는 "임봉준 대령이라는 작자가 실은 자광이란 중인데 군대에서 기독교를 박해한다."는 둥 갖은 욕설을 하면서 비난했고, 교회에서는 "원래 자광이란 중인 임봉준 대령이 군종실장이 되더니 군목을 다 죽이고 있다."며 구해 달라고 하나님께 기도하는 게 유행이 되기도 했다. 그래서 나는 그들 데모대와 부딪치지 않으려고 일부러 피해 다니기도 했다. 그때 먹을 욕을 양量으로 치면 어마어마할 것이고, 욕먹은 만큼 오래 산다고 하면 난 아마 죽지 않는 신선이 될지도 모르겠다.

내가 군 내에서 이렇게 몰려서 곤욕을 치르고 있을 때 종단이나 불교계에서는 무슨 일이 일어나고 있는지조차 모르고 무관심이었다. 심지어 군승들조차도 무엇이 어떻게 돌아가고 있는지 모르는 사람이 많았다. 참으로 외로운 투쟁이었다. 내 주장은 군대 내 신자 비율대로 하자는, 매우 합리적인 것이었기 때문에 국방부장관의 결재가 난 것이고, 이어서 노심초사하며 대통령의 결정을 기다렸다. 기독교계와 데모대들은 대통령이 이 건의를 묵살해 주기를 바라면서 직접 청와대에도 압력을 넣었다. 그렇지만 결과는 합리적으로 났다. 기독교 장로인 대통령조차 내 건의를 인정하고 이 안을 확정해 주었다.

그로부터 우리 불교 군승은 기독교 군목들과 당당하게 어깨를

논산 연무대 수계법회(2017년)

겨루며 군대 포교를 맡게 되었다. 하지만 안타까운 것은 아직도 우리나라 스님들 중에 군승 자격을 갖춘 분이 많지 않아서 거의 지원자가 없고, 불교학과 관련된 학생들의 지원도 매우 저조한 편이어서 내가 그때 늘려 놓은 정원을 다 채우지 못하고 있다.

부처님의 말씀을 갈구하는 장병들은 많은데, 우리 불교계가 이미 법제도화한 '군승'조차 보내 주질 못하고 있는 것이다. 제발이지 군대 포교의 중요성을 인식하여 젊은 스님들이 생각을 많이 내시어 내가 개척해 온 길을 더 다듬어 주기를 언제나 기원하고 있다.

멍텅구리의 사연

멍텅구리 노래 가사는 책의 앞부분에 실었으니 생략하고, 멍텅구리가 어째서 멍텅구리가 되는지 알아보자.

「멍텅구리 송頌」은 어렸을 때 큰스님들께서 법문하면서 불러 주시던 노래인데, 어린 나이에 어찌나 감명 깊게 새겨들었던지 나는 지금도 이 노래를 즐겨 부른다.

그러면 실제 멍텅구리에 대해 들어 보고, 우리가 정말 얼마나 멍텅구리인지 알아보자.

멍텅구리는 우리말로는 '뚝지'라고 하고, 학명으로는 'Aptocyclus ventricosus'이다. 멍텅구리는 횟대목目 도칫과科 뚝짓속屬의 해

산어이다. 우리나라 동해안 및 일본에서 많이 난다. 이따금 민물에서 자라는 동사리를 '멍텅구리'라고 하는 지방이 많은데, 뚝지와는 다르다.

멍텅구리 뚝지는 몸은 길고 뒤는 옆으로 납작하다. 주둥이는 짧으면서 크고 입이 거칠고 옆줄은 없다. 배지느러미는 붙어 있지 않다. 육식성이지만 낚시로는 잘 안 잡히며 한국의 특산어종이다. 수경을 쓰고 손으로 움켜잡으면 잡힐 만큼 행동이 민첩하지 못하다. 그래서 멍텅구리라는 말이 나온 것이다.

보통 수심 100m보다 깊은 곳에서 서식하지만 겨울과 초봄에는 연안으로 이동하고 바위틈에 알을 낳는다. 부화할 때까지 수컷이 알을 보호하고 있고, 산란하는 알의 수는 6만 개 정도라고 한다.

멍텅구리는 원래 행동이 느리기도 하지만, 알을 밴 암컷의 경우 움직임이 더 둔해진다. 1990년대만 해도 연안의 크고 작은 바위 틈새에 멍텅구리가 끼어 있는 모습을 흔히 볼 수 있었다. 바위에 끼지 않더라도 워낙 움직임이 느려 사람들이 다가가도 도망을 가지 못한다. 하지만 멍텅구리는 겨울에만 먹을 수 있는 '도치 알탕'이라는 별미로 인기를 얻고 있다.

멍텅구리를 말하면서 멍텅구리를 모르면 진짜 멍텅구리가 될 수 있다.

귀수불심,
귀신의 손과 부처의 마음

현대인들은 매우 다양한 직업을 갖고 있다. 부처님 시대마냥 사농공상士農工商이면 다 되는 게 아니라 지금은 수만 가지 직업이 있다. 그런 만큼 우리 불자들도 직업에 관한 자세를 가다듬어야 한다. 그렇지 않으면 직업을 통해 이기심을 기르고, 증오심을 키우고, 탐貪·진瞋·치癡 삼독三毒에 물들어 업을 닦기는커녕 더 쌓을 수가 있기 때문이다.

보통 악업惡業을 쌓는 동기는 직업에서 나온다. 직업상 뭔가를 해야 하는데, 누군가는 짐승을 잡아야 하고, 그 고기를 팔아야 하고, 그걸 요리해야만 한다. 직업상 이자를 높이 받아야만 하기도 하고, 누군가를 잡아들여야만 하고, 싸울 수도 있다.

직업이마나 변변치 않으면 도둑질하고 사기를 칠 수도 있다.

그래서 나는 사람들이 건전하게 직업을 갖고 청재清財를 얻기 위해 '귀수불심鬼手佛心' 넉 자를 마음에 지녔으면 한다.

'귀수불심'이란 곧 귀신의 손과 부처의 마음을 말한다. 일하는 솜씨는 귀신같아서 각자 자신의 전문 분야에서 일류가 돼야 하지만, 그 마음만은 언제나 불심으로 가득 차 있어야 한다. 손과 마음이 이렇게 조화를 이루면 돈을 번다는 행위도 선업善業이 될 수 있는 것이다. 기왕 직업을 가졌다면 자신의 분야에서는 귀신의 손처럼 빠르고 감쪽같은 기술을 가져야 하고, 그와 함께 그 기술을 부처의 마음처럼 바르고 깨끗하게 이용하자는 것이 내 뜻이다.

현대의 기술이 너무나 빠른 속도로 발달되어 젊은 사람들까지 따라가는 게 숨 막힌다고 한다. 신형 컴퓨터를 사고 나면 한 달 만에 곧 구형이 되고, 새 핸드폰을 사고 나면 며칠 만에 중고가 되고 만다.

이러한 기술의 변화는 바야흐로 내 앞뒤 그리고 옆에서 동시다발적으로 몰아치고 있다. 그러나 기술만 가지고는 인류 문화, 문명이 발달하는 것은 아니다. 기술은 어디까지나 기술일 뿐이다. 세상이 변한 것일 뿐, 인간이 변한 것은 아니니 말이다. 그러므로 인간의 마음은 불심으로 채우고 있어야 완전한 것이다. 기술만 가지고는 안 된다.

기술이 제 아무리 귀신같다 해도 그 마음이 부처 같지 않으면, 아무 소용이 없다.

노벨Nobel은 원래 산업에 이용하라고 다이너마이트를 발명했지만, 사람들은 총과 대포에 이용하여 인명을 살상하는 무기로 썼다. 인터넷은 정보를 빨리 공유하는 장점이 있는가 하면, 포르노와 욕설의 온상이기도 하다. 현대 첨단 과학기술 중에는 인간의 생명과 재산을 훼손하고 피해를 주면서 발전하기도 한다.

이런 과정에서 태어나는 철없는 하이테크-보이 중 누군가는 단지 기술이라는 덫에 걸려, 마음이 없는 로봇이 되어 장차 21세기를 파멸시킬지도 모른다. 마치 게임을 하듯이.

그래서 나는 요즈음 인터넷을 즐기든, 휴대폰을 사용하든, 자동차를 타든 그 기술을 다루는 기막힌 솜씨만큼 자비로운 부처의 마음도 가지라고 권하고 싶다. 그런 최첨단 업종에 종사하는 사람들도 늘 '귀수불심' 넉 자를 가슴에 새긴다면, 이 멍텅구리 스님까지 나서서 세상을 걱정할 필요가 없어지리라고 믿는다.

직업에 빠지지 말라

　업業이란 멀리 있지 않다. 직업職業을 보면 업이 얼마나 강한 놈인 줄 쉽게 알 수 있으니까. 사람들은 대부분 살아 나가는 수단으로 직업을 선택한다. 백짓장 같던 마음이 직업을 가지면서 사람들은 서서히 그 업에 빠져들어 간다. 그래서 군인은 군인 같고, 공무원은 공무원 같고, 우리 같은 스님들은 스님 같다.

　관청이나 큰 단체 같은 데 일이 있어 가 보면 문을 지키는 수위나 위병들이 하도 눈알을 부라려서 힘든 적도 있다. 그런 사람들이 제 일을 잘 해서 힘든 게 아니라, 이리저리 트집을 잡기 때문에 귀찮다. 옛날에도 고관 집 하인이 어찌나 눈깔을 부라리는지 방랑하던 김삿갓이 혀를 내두르고, 암행어사들조차 쫓겨난 적이 있다.

우리가 무슨 직업을 가지든 변하지 않아야 할 것이 있다. 바로 마음이다. 다시 태어나도 그 직업을 가질 것이 아닌데도 그 직업 때문에 마음이 변하는 경우가 많다.

지구상에는 수만 종의 직업이 있다. 우리는 편의에 따라 그중의 한 가지를 선택해 가족의 생계를 유지하고 혹 자신의 발전을 도모하기도 한다. 그렇지만 그것은 어디까지나 수단이요, 통과의례라고 보고 거기에 빠져들어서는 안 된다.

특히 자신들의 직업을 스스로 천시하지 말고 본업에 충실할 때 그 마음도 깨끗해지는 것이다. 직업 자체를 자랑스러워할 것도 없지만, 천박하게 대하는 일도 없어야 한다.

내가 수십 년을 군승軍僧으로 살고, 군종실장까지 지냈지만 결국 초심으로 돌아와 이곳 용인 시골에 선원을 짓고 수행을 하는 것은 그 마음을 잃지 않았기 때문이다. 나는 군대에서 오를 수 있는 최고직까지 올라갔지만 전역 후에는 절대로 공직이든 관직이든 더 이상 맡지 않기로 늘 결심했다. 은사 스님의 엄명으로 군대 포교에 나서기는 했지만 내가 가야 할 길은 이미 정해져 있었기 때문에 거기서 한 발짝도 벗어나고 싶지 않았다.

난 자유인으로, 운수납자雲水衲子로 살고 싶다. 스님으로 살되

스님 중에서도 말하자면 프리랜서로 살고 싶다. 이 멍텅구리 스님의 법문이 필요하다고 하면 어디라도 가서 신명나게 해 주고 오되, 어느 곳에도 머물거나 안주하고 싶지는 않다.

큰 도를 이루거나 대선지식大善知識들을 가만히 살펴보니 그분들은 세상을 약삭빠르게 살지 않고, 우직한 마음으로 오직 초심 그대로 수행에만 열중했기 때문에 위대했던 것 같다.

내가 늘 사표師表로 섬겨 온 승장들, 이를테면 휴정休靜이든 유정惟政, 처영處英, 영규靈圭 같은 스님들도 직위職位를 받은 적이 없다. 일반 백성들이야 왜군 머리만 하나 베어 바쳐도 현감이나 군수 자리가 뚝뚝 떨어졌는데, 스님들은 전쟁이 끝난 뒤 일사불란하게 수행처로 돌아갔다.

멍텅구리들도 이렇게 사는데 똑똑한 현대인들은 죽을 때까지도 업을 놓지 못하고 산다. 퇴직하면 그것을 딱 잊고, 그때부터 수행에 열중해야 한다. 한 번 대사 한 걸 가지고 평생 '대사님'으로 불리고, 한 번 국회의원 하면 평생 '의원님'으로 불리고, 한 번 장관 하면 평생 '장관님' 되고, 한 번 판사 한 걸 가지고 평생 '영감님', '변호사님'으로 불리는 이런 행태 속에서 불심佛心은 결코 자라지 못한다. 업을 저 스스로 끌고 다니는데 그걸 내려놓으라고 아무리 목이 아프게 얘기한들 그게 통하겠는가. 안타깝고 안타깝다.

바다로 간 고래가 되지 말라

텔레비전을 보든, 책을 읽든, 아니면 잡념을 일으키든 모든 것은 우리들 마음속에 저장된다. 우리는 그것을 '기억'이라고 한다. 이 기억은 무슨 판단을 해야 하거나 새로운 일을 만났을 때 반드시 얼굴을 내민다. 그리고 결정에 영향을 미친다. 즉 이 기억 자체가 일종의 업業이 되는 것이다.

그래서 아무리 사소한 업이라도 잘못 저장해 두면 절대로 없어지지 않고 평생 사람을 괴롭힌다. 행주좌와行住坐臥 어묵동정語默動靜이 다 업이다.

멍텅구리들은 그런 것도 모르고 업을 쌓는 데 주력하고 있다. 장미 한 송이, 진달래 한 다발 바라보는 것도 업으로 기록되고,

좋은 말 한마디 따뜻한 말 한마디도 업으로 간직된다.

그런데 하물며 죄를 골라, 불의를 골라 기록한다면 나중에는 죄가 죄인 줄도 모르고, 불의가 불의인 줄도 모르는 상황에 빠지는 것이다. 이 세상 무슨 일을 하든 업이 두터워지는 게 제일 무섭다.

선인장은 원래 습기가 너무 부족해 제 몸을 보전하기 위해 나뭇잎을 가시로 만들어 수분 증발을 막았다. 그렇게 오랜 세월 지내다 보니 선인장은 아무리 메마른 날씨, 뜨거운 사막에서도 살아남을 수 있게 되었다. 그러나 문제는 그것이 아니다. 선인장은 적당히 비가 내리고, 좋은 토양에서는 도리어 살아갈 수 없게 된 것이다. 위기를 넘겨 살아남기는 했지만 본래면목을 잃어버린 것이다. 물이 너무 부족해 조금만 마시고도 살 수 있도록 견뎠지만, 그것이 도리어 독이 되어 물을 먹으면 죽어 버리게 된 것이다.

육지에 먹이가 모자라자 대형 포유동물인 고래는 바다로 들어갔다. 그러나 한 번 바다로 들어가 발 대신 지느러미를 갖게 된 고래는 이후 다시는 육지로 돌아오지 못했다.

이런 것이다.

멍텅구리들은 눈앞에 편한 것만, 이익 되는 것만 좇지 먼 미래를 내다보지 못한다. 지금 작은 죄업罪業이라고 생각하여 조금씩 조금씩 젖어 들다 보면 나중에는 다시는 불성을 회복할 수 없는 지경에 빠지고 만다.

 계율을 어긴다고 해서 당장 무슨 손해를 입는 것은 아니다. 산 생명 조금 잡아먹었다고 해서 갑자기 병이 나는 것도 아니고, 하늘에서 벼락이 떨어지는 것도 아니다. 부적을 그리고 미신을 믿었다 해서 당장 벌을 받는 것도 아니다. 설사 바람을 피워 부정했다고 해도 들키지만 않는다면 누구도 처벌하지 않는다. 부처님을 비방해도 금세 드러나는 화를 입지도 않는다.

 그러나 누구보다 본인이 그 죄를 알 것이고, 그 죄는 유전자 속에 깊이 뿌리를 내린다. 암세포보다 더 질기게 뿌리를 내린 이 업이 그 사람을 세세생생 괴롭힐 것이다. 더구나 정법正法에서 한 발 멀어지면, 한 발이 아니라 천 걸음, 만 걸음으로도 그 원래의 자리로 돌아가지 못하게 된다. 좋은 일이라고 믿거든, 이것이 진정 깨달음의 길이라고 확신하거든 하고 또 해야 한다. 알아도 끝까지 실천하지 않으면 안 된다.

 바다로 간 고래도 되지 말고, 사막의 선인장도 되지 말자. 오늘 이 순간, 잠시 괴롭더라도 정법으로 헤쳐 나가야 한다. 원래 옳은 길을 가는 것은 시시때때로 목숨을 거는 것이나 다름없다.

정재淨財로 공양해 주세요

1977년, 나는 육군사관학교에 근무하면서 호국사 주지를 맡았다. 내가 처음 육사에 갔을 때 불교 신자는 얼마 되지 않았는데, 부단히 노력한 결과 신자 증가 수가 기독교가 20~30명, 천주교가 15명일 때 불교는 무려 200명으로 늘어났다.

이런 과정에서 물심양면으로 도와준 사람이 한 분 있었는데, 몇 년 뒤 세상을 떠들썩하게 만든 장영자 씨였다. 그분과 다른 일로는 만난 적이 없고, 오로지 불교 포교에 관해서 대화를 나누고 그에 관한 지원을 받곤 했다. 그러다 보니 육사 내에서 불교 신자 수가 급증하고, 여러 모로 활동이 잘되었다. 물론 나도 설법 잘하고 신자 관리 잘했지만.

어느 날인가, 생도대 일직 사령이 종교 모임을 관리하다가 불교 활동을 하는 생도가 너무 많다며 불교를 신청한 생도들을 일괄적으로 잘라 기독교와 천주교 쪽에 붙였다. 나중에 생도들이 항의하고 내게 불만을 토로하기에 알아보니 정말 그런 일이 있었다. 나는 즉각 일직 사령을 징계하도록 하고 다시는 그런 일이 일어나지 못하도록 했다. 그 뒤로는 이런 일이 되풀이되지는 않았지만, 문제는 다른 데서 터졌다.

육사 임기를 마친 뒤 5사단 군종참모로 활동하던 중에도 문제의 그 장영자 보살은 군대 포교에 꽤 큰 관심을 갖고 여러 가지로 도와주었다. 위문품과 불구佛具를 사 주고, 불서佛書를 공급해 주는 식이었다. 이런 것들은 군 예산으로는 벅차서 누군가 도와주지 않으면 구비하기 어려운 것들이었다.

그러던 중에 그분이 결혼을 한다 하여 초청을 받고 참석하여 축하해 주었다. 그때 결혼식에 초청받은 사람이 약 1백여 명 정도 되는데, 공개 결혼식이 아니어서 불교계 인사들과 그분이 개인적으로 친한 분들만 초청을 받은 모양이었다.

그 뒤 나는 사단을 떠나 더 큰 단위인 어느 군사령부로 부임하게 되었다. 부대장에게 이임신고를 하고 신자들에게도 인사하고 부임을 준비하고 있는데, 느닷없이 장영자 사건이 세상에 터져

나왔다. 그러자 야당에서 장영자 씨 결혼식에 참석한 명단을 공개하고, 참석자들도 부정부패에 연루되었는지 조사하라고 따졌다. 그중에 그런 사람이 있었는지 없었는지 얼굴도 모르는 사람이 많았고 기억도 없어 나로서는 알 수 없는 일이지만, 나하고 주례를 맡았던 큰스님들하고 몇몇 분까지 이 일로 곤욕을 치렀다.

심지어 군사령부에서 나더러 오지 말라는 말까지 나왔다. 워낙 사건이 사회적으로 정치적으로 중대하다 보니, 이미 전보 명령을 낸 육군 본부에서도 전전긍긍했다.

나는 군사령부로 찾아가 항의했다. 난 이번 주에도 장영자 씨 면회를 가야 한다, 스님한테는 죄수라고 해서 다른 사람이 아니다, 살인자건 장기수건 만나서 불법을 전하고 법담을 나누어야 한다, 난 그분하고 불법 외에는 나눈 대화도 없다, 내가 알기로 그분은 이적 행위를 한 적도 없고 간첩질을 하지도 않았다, 그런데 왜 그분의 범죄만을 조사할 일이지 관련도 없는 내게 부임을 하라 마라 엉뚱한 일로 시비를 거느냐고 항의했다.

결국 나는 군사령부로 부임했고, 이후에도 계속해서 장영자 씨에게 고마운 마음을 갖고 있다.

물론 장영자 씨 개인의 일은 나도 안타깝지만 어쩔 수 없는 일이다. 그분의 진심이 무엇이든 그분은 불교 포교에 앞장섰고, 나름대로 큰 힘을 기울인 것은 사실이다. 그분의 과오로 말미암아 그 모든 일이 무효가 되는 일은 없어야 한다. 죄는 그분이 지은 것이지, 그분이 사다 준 장병들을 위한 위문품에 있는 것이 아니기 때문이다.

나는 이렇게 멍텅구리라서 사람을 깊이 있게 의심하고 따져 보지는 못한다. 그저 당장 착해 보이면 착한 분이구나, 마음씨 좋아 보이면 마음이 참 좋은 분이구나 그렇게 생각할 뿐이다. 나 같은 멍텅구리가 대출이 뭔지, 부정이 뭔지 알 리도 없었다.

석류와 대나무

반야선원般若禪院이 있는 용인은 중부지방에 속한다.

용인에는 서울에 살다가 내려와 집을 짓고 사는 사람들이 많다. 그러다 보니 참 별난 멍텅구리를 다 본다.

아방궁처럼 지어 놓은 집 마당에 가지가지 많은 나무를 심는데, 심는 거야 자유지만 용인 땅에 알맞지 않은 나무를 심는 경우가 있다.

저 남쪽 바다 근처 따뜻한 땅에나 자라는 동백나무, 대나무 따위를 심으면 한 해를 못 넘기고 죽기 쉽다. 석류도 마찬가지다. 심어 놓고 아무리 기다려도 열매를 맺지 않거나 죽었다가 움이 나고, 또 죽었다가 움만 날 뿐이다.

이 얼마나 바른 자연의 이치인가. 그런데도 욕심 많은 땅 주인은 죽으라고 동백을 사다 심고 또 심고, 외국산 장미를 갖다 심고, 석류와 대나무 같은 걸 자꾸만 심는다. 결과는 마찬가지다.

혹시 여러분 중에도 이런 멍텅구리가 없는지 모르겠다. 되지도 않을 계획을 세웠다가 패가망신하는 사례도 이처럼 나무를 잘못 심는 것과 다르지 않다.

사람의 근기根機에 따라 설법說法하시는 게 부처님의 도리인데, 나무는 더 말할 것도 없다. 사람도 저마다 타고난 업業이 다르고, 명命이 다르고, 그러다 보니 재주가 다르고, 생활환경도 다르기 때문에 가지가지 특성을 갖기 마련이다. 그런데 다른 집 아이가 피아노를 친다고 우리 집 아이도 피아노를 치게 하고, 다른 집 아이가 미술 과외를 받는다고 우리 집 아이도 미술 교육을 받게 만드는 게 멍텅구리들의 짓이다.

봄에 피는 꽃이 있고, 가을에 피는 꽃이 있듯이 사람도 그렇다. 그러면 사람이 꽃 피고 열매 맺는 걸 인내하고 기다릴 줄 알아야 한다. 조급한 마음에 가을꽃을 비닐하우스에 집어넣어 억지로 일찍 개화시키는 것처럼, 자식들을 과외다 뭐다 해서 일찍 튀겨 내는 멍텅구리들이 있다.

사람은 저마다 성격이 다르고 해야 할 일도 다르다. 그런 만큼 서로서로 다른 사람의 처지를 이해하고, 특성을 존중하면서 차분히 그 사람의 개화를 기다려야 한다. 그리고 기회를 부여하도록 노력해야 한다. 우리들이 부처님만 한 혜안慧眼이 아직 없어 근기에 맞게 상대해 주기가 무척 어렵겠지만, 지성으로 대하면 다 잘 이루어질 수 있다.

그도 그럴 것이 용인에서는 꽃도 잘 안 피고 열매도 맺지 못하는 석류를 캐내어 좀 더 따뜻한 대전 이남 지역으로 옮기면, 그 다음 해부터는 꽃도 예쁘게 피고 열매도 탐스럽게 맺는다. 이런 것이다. 주위를 돌아보아 참 바보스럽고, 어리석고, 미련한 사람이 있더라도 기회를 주고, 여유를 주고, 시간을 주고, 적당한 도움을 준다면 반드시 환한 얼굴로 바뀔 사람들이 많다.

그러니 멍텅구리같이 시비是非만 분별하지 말고, 험담만 늘어놓지 말고, 따뜻한 자비심으로 감싸서 품어 보길 바란다. 까짓것, 달걀도 스무하루면 부화가 되는데, 생각이 있고 두뇌가 있는 사람이 왜 바뀌지 않으랴. 부처님은 머리 나쁜 제자마저도 빗자루로 마당을 쓸게 하여 마침내 깨닫게 만드셨잖은가.

오늘은 오늘로 끝내고
내일은 내일답게 웃자

　아파트에 사는 분들이야 뜨끈뜨끈한 보일러 덕분에 추위를 느껴 볼 기회가 많지 않지만, 산간이나 시골에 살아야 하는 출가 수행자들은 지독한 추위를 해마다 겪는다.

　민가에서는 한파가 몰아치면 마당에 있는 나무들이 얼어 죽지 않도록 짚을 덧대어 묶고, 방한포로 감싸는 등 할 일이 너무 많다. 절에도 겨울날 채비가 여러 가지다. 김장도 담가야 하고, 나무도 패서 잔뜩 쌓아 두어야 하고, 이런저런 준비를 마친 다음에야 동안거에 들어갈 수 있다.

　스님들의 동안거는 곰 같은 동물의 겨울잠과는 다르다. 아무리 추운 겨울이라도 모든 활동을 중지하고, 최소한의 에너지만으로 버티려는 동물과 다른 것이 인간이다. 인간은 적극적으로 고난에 맞서고 극복해 내려고 하기 때문에 인간인 것이다.

해마다 겨울이 깊고, 추우면 추울수록 이듬해 찾아오는 봄은 더 화려하다. 봄꽃의 색깔이 더욱 진하고 꽃잎도 풍성하다. 마치 시위를 더 많이 당겨야 화살이 힘차게 날아가듯이 영하의 온도에 꾹꾹 눌렸던 식물들이 벌떡벌떡 일어서는 듯하다.

그 혹독한 추위를 이겨 내고 이제 푸르게 자라나는 나무들을 보면, 겨울에 겪는 추위가 어느 정도 필요하다는 걸 느낄 수 있다. 샛노란 황매화, 분홍 산철쭉, 검붉은 모란과 작약, 백설 같은 수국. 모두가 눈이 부시도록 아름답다. 대만 같은 남국의 봄꽃과는 비교가 되지 않는다. 약성藥性이 철철 넘칠 듯한 우리 봄꽃을 보고 있자면, 인생살이 또한 크게 다르지 않음을 알 수 있다.

봄꽃과 인생, 닮아도 많이 닮은 것 같다.

세상을 살다 보면 좋은 일보다는 서럽고 힘든 일이 더 많은 법이다. 세상살이란 행복과 불행이 적당히 섞여서 온다. 행복은 소걸음처럼 느릿느릿 왔다가 갈 때는 화살처럼 날아가 버린다. 그 자리에 들어선 거라곤 불행뿐이다. 아무리 행복하다고 해도 건강을 해칠 수 있고, 그렇지 않으면 돈에 쪼들리고, 그렇지 않으면 사랑에 울고, 그렇지 않으면 인간관계로 고통받고, 그렇지 않으면 명예를 잃고, 그렇지 않으면 남의 불행이나 캐내어 이야기하는 재미로나 살까 정작 짜릿한 행복감은 기웃거리기만 할 뿐 도무지 집 안으로 찾아오지는 않는다. 이렇게 번번이 실망하면서도 열심히 살아 주는 사람들이 어떤 때는 눈물겹도록 아름다워 보인다.

그러니 힘을 내자. 어디서 도움을 받는 건 다음 일이고, 스스로 일어나지 않으면 안 된다. 아무리 힘들더라도 내일은 내일의 해가 뜨게 돼 있다. 오늘은 오늘이고 내일은 내일이다.

오늘 고통스러워하는 분들에게, 진저리가 나도록 힘이 든 사람들에게, 그리고 언젠가는 그런 일에 맞닥뜨리게 될 대다수의 사람들에게 내가 보여 줄 성현의 말씀이 있다. 어쩌면 이 글을 보여 드리기 위해 사설이 길어졌는지도 모른다. 세상을 살아가다가 힘들고 슬픈 일을 맞이했을 때 이 글을 읽으면 더러 위안이 될 것이다.

> 하늘이 장차 그 사람에게 큰일을 맡기려 할 때에는
> 반드시 마음과 뜻을 먼저 괴롭히고
> 살을 뜯고 뼈를 깎는 고통을 주며
> 몸은 피곤하고 생활은 곤궁에 빠뜨려
> 하는 일마다 어지럽게 하느니라.

그러한 까닭은

그 마음을 단련시켜

능히 대임大任을 감당하게 하기 위함이라.

_ 『맹자孟子』 12권, 「고자장구하告子章句下」 범凡16장章

전국戰國 시대, 그 옛날에도 뜻하는 일이 어긋나는 적이 많았던 모양이다. 그래서 누군가 맹자에게 그런 고통을 호소하였고, 맹자는 이런 대답을 한 것이다. 이제 첨단 문명 기기가 범람하는 초현대를 사는 요즈음의 신인류에게도 이 말은 예외가 될 수 없다. 조금이라도 위안이 되는 말이었으면 좋겠다.

이렇게 살든 저렇게 살든 인간은 누구나 똑같은 공간과 시간을 살아야 한다. 행복한 사람이라고 해서 발바닥이 더 넓지 못하고, 손바닥이 더 넓지 못하고, 위장 또한 더 크지 못하다. 다만 어떻게 가느냐만 다를 뿐이다.

고통 속에서 피어나는 인생이 더 아름다운 법이다. 인생의 승리자를 보면 시련을 딛고 일어선 사람들이 더 빛나 보인다. 어느 누구도 저절로 성공하는 사람은 없겠지만, 역경을 헤치고 고난을 무릅쓰고 의지를 잃지 않은 끝에 마침내 목표를 이룬 사람이야말로 혹독한 추위를 견디고 봄을 맞은 저 꽃나무들처럼 맑고 깨끗한 꽃잎, 풍성한 열매를 맺어 나갈 수 있을 것이다. 부처님한 테도 6년 고행이라는 지긋지긋하게 힘든 시절이 있었다. 물론 자청하신 고행이었지만, 그런 고행 끝에 깨달음의 꽃을 피우신 것이다. 밤이 깊을수록 아침은 밝다.

계룡대 호국사의 비밀

계룡산 자락에 위치한 육해공군 본부에는 한국에서 제일 큰 법당 호국사護國寺가 있다. 호국사는 1987년에 착공해 1989년에 완공되었는데, 호국사 창건은 내가 군승으로서 의욕이 넘치던 시기에 벌인 가장 큰 불사佛事였다. 나는 큰 법당을 짓기 위해 먼저 인연 있는 분들을 위해 기도하였다.

호국사는 '가장 높은 곳에, 가장 크게'라는 원칙으로 창건되었는데, 처음부터 끝까지 비밀리에 공사를 했다. 내가 혼신의 힘을 다해 참여한 이 거대 불사의 과정을 아는 사람은 나와 건축회사 사장과 정상급에 있는 어느 분밖에 없었다.

완성된 법당은 무척 웅장하였고, 생각할 때마다 가슴이 벅차다. 호국사 법당에 가득 찬 군인 불자들을 바라보는 감회는 언제나 뭉클하다. 지금도 훌륭한 군승이 대를 이어 가며 군대 포교의 상징인 이 절을 잘 지키고 있다.

호국사의 여러 가지 명물, 하다못해 죽비 한 자루까지 여러 사연들이 깃들어 있지만 나는 그저 가슴에 담아 두련다. 내가 기억하고 있는 것만으로도 호국사 창건에 애써 주신 분들의 공덕은 무한하리라고 믿기 때문이다.

몇 쪽으로 써도 모자라겠지만, 이 꼭지가 짧아진 것은 그분들의 공덕이 너무 커서 그렇다고만 이해해 주기를 바란다.

나는 이렇게 오래도록 군 포교를 한 뒤 사회로 돌아왔다. 물론 내가 돌아온 사회란, 이미 출가한 사람의 사회, 즉 수행 도량이다. 이후 나는 여러 제의도 받았고 기회도 있었지만, 공직이든 관직이든 아무것도 맡지 않았다.

25년간 군대 포교에 젊음의 시간을 다 바쳤으니 이제는 이 멍텅구리 자광을 위해 시간을 쓰고자 한다. 그렇다고 대단한 게 아니고 자유인으로 운수납자로 살아가는 것이다. 말하자면 프리랜서다. 어느 절에 매이지 않고, 부르는 곳이 있으면 달려가 법문하고, 좋은 나무 그늘이 있으면 참선하다가, 바람 한 줄기가 불어오면 그렇게 구름처럼 달처럼 흘러가고 싶다.

내가 아는 한 큰 도를 이룬 대선지식大善知識들은 세상을 약삭빠르게 살지 않았다. 우직한 마음으로 수행했기에 그분들이 위대한 것이다.

진정으로 나라 위해 큰일 하신 분들은 족적을 남기지 않았다. 임진왜란 때 군적軍籍조차 없는 승군이 일어나 왜군을 물리쳤지만 아무런 보상을 받지 않았다. 민간인이라면 왜군 머리 하나에 벼슬자리 하나가 뚝뚝 떨어졌지만, 스님들은 수많은 전투에서 혁혁한 공을 세웠어도 누구 하나 속세의 벼슬을 탐하지 않았다.

일제에 나라를 빼앗겼을 때도 수많은 독립군이 이름도 없이, 기록조차 남기지 않은 채 만주 벌판에서 중국 대륙에서 붉은 목숨을 바쳤다. 한국전쟁 때 군번 없이 싸운 분들도 수없이 많다.

나는 이런 마음으로 오늘을 살아가고 있다.

경산 스님에게는 세 번 놀란다더라

 내 은사 경산京山 스님을 생각하면 가장 먼저 떠오르는 게 삼세 번 놀란다는 우스개다. 우리 스님을 모르는 분들이 겪어 보고 하는 말이다.
 어떻게 세 번 놀라느냐 하면, 첫째는 잘생긴 그 얼굴에 놀란단다. 어찌나 잘생겼는지 아가씨들이 스님의 얼굴을 한 번만 보면 혼이 다 빠진다는 것이다. 그 얼굴로 탤런트나 배우를 했더라도 세상을 떠들썩하게 만들어 놓았을 법하다.
 언젠가 스님이 먹는 걸 소홀히 하시다가 십이지장 궤양으로 잠시 병원에 입원한 적이 있는데, 그때 간호사들이 난리가 났다. 아침저녁 들어와 주사를 놓든지 약이나 주고 가면 될 일을, 시간마다 간호사들이 다투어 들어와 갖은 핑계로 스님 얼굴을 들여다보고 손을 잡아보고 법석을 떨었다. 알고 보니 얼굴 좀 보자면서 그 병원 간호사들이 죄다 한 차례씩 다녀갔다는 것이다.

사실 스님의 얼굴이 잘생겼다는 것은 이목구비가 청수한 탓도 있지만, 욕심을 여의고 청정한 삶을 살았기 때문이다. 젊은 시절부터 청정 비구라는 기대와 촉망을 한 몸에 입었고, 율행律行이 엄격하여 수행자의 사표가 되었으니 얼굴은 마음을 따를 수밖에 없는 것이다.

스님에게 두 번째로 놀라는 것은 그 잘생긴 얼굴에 어울리지 않게 말씀을 잘 못하신다는 것이다. 어찌나 어눌한지 말할 기회가 생기면 곤란한 일이 자주 생기곤 했다. 그렇다고 거짓말하거나 교언巧言을 하는 게 아니라, 표현이 좀 부적절하였다. 예를 들자면 반공연합회 궐기대회에 참석하여 치사를 하시는데, "북한 공산당이 내려오시면 다 같이 막아야 합니다." 하는 식이다. 공산당이 내려오신다고 표현하니 사람들은 그저 폭소를 터뜨릴 수밖에 없다.

스님은 원래 묵언으로 사는 선승이었다. 선승도 그저 몇 철 선방禪房에서 지내는 명자 선승이 아니고 무문관無門關에서 목숨을 걸고 생사 문제를 해결했던 당대의 대표적 선승이었으니, 말이 어눌한 것은 오히려 갖추어야 할 덕목이라고 해야 할 것이다.

스님한테 놀라는 세 번째 이유는 글씨가 악필이라는 것이다. 상좌들이 못 알아보는 건 당연하고 이따금 글을 쓰신 지 오래되면 당신께서도 무슨 글인지 잘 알아보지 못하는 경우가 있었으니, 주변에서 얼마나 고생이 많았겠는가. 스님이 글 한 장이라도 보내 주시면 무슨 암호문을 해독하는 것처럼 한 자 한 자 다시 적으면서 풀이를 해야만 했다.

글씨를 떠나 스님은 무척 청렴결백했다. 그 시끄러웠던 시절에 총무원장을 네 번이나 역임한 것을 보아도 짐작되는 바가 있을 것이다. 그렇지만 개인적으로 절 하나 차지하지 않았으니, 얼마나 사심이 없었는지는 그 사실만으로도 짐작이 가고 남는다.

이런 우리 경산 스님에게는 따뜻한 일화도 많다. 총무원장을 하실 때 우리 스님은 '냉면 스님'이라고 불리곤 하셨다. 스님은 함흥이 고향이라서 그런지 함흥냉면을 참 좋아하셨다. 그러다 보니 스님은 냉면을 드실 기회만 생기면 열 일 제치고 달려가셨는데, 이 소박한 취미가 로비의 대상이 되고 말았다.

사람들은 스님께 부탁, 청탁 등 떼쓸 일이 있으면 냉면 드시라고 유혹하여 한 그릇 사 드리곤 했다는 것이다. 이런 로비가 성공했는지 어쨌는지는 모르겠지만, 얼마나 소박한 시절의 얘기인지 지금도 그 얘기를 하면 스님을 알던 분들이 웃음을 터뜨리곤 한다. 상좌들도 스님께 혼날 일이 있으면 함흥냉면을 해 드리면서 슬그머니 피해 가곤 했으니 말이다. 어쨌든 우리 스님은 청탁으로 받은 거라곤 냉면 한 그릇밖에는 없었고, 전국 사찰의 주지 등 여러 요직을 손수 임명하셨으니 냉면 한 그릇 효과가 아주 없지는 않았을 것이다. 거꾸로 말해서 당시 어떤 주지 스님도 우리 스님에게 냉면 한 그릇 접대하지 않은 분이 없었으니 말이다.

우리도 본받아야 하지 않을까? 소박한 수도인의 자세. 생각만 해도 순수하지 않은가? 우리 모두가 소박하고 순수해지자. 수행자답게…….

요즘 세상에 냉면 한 그릇으로 뭘 부탁하자는 사람도 없거니와 통하지도 않을 것이다. 통한다고 생각한 사람이나 통한 사람이 멍텅구리인지, 아니면 요즘 세상처럼 바리바리 돈을 싸 들고 다녀야 로비가 통한다고 믿는 사람들이 멍텅구리인지 모를 일이다.

사실 스님께 세 번 놀란 것은 엄격한 율행과, 철저한 선승의 면모와, 청렴결백의 공심公心이었다.

도담이 궁금해 들여다보았더니

우리 은사이신 경산京山 스님은 불국사의 월산月山 스님과 친분이 매우 두터웠다. 또한 평생의 수행 도반이었다. 같은 이북 출신이라는 점이 작용했는지는 모르지만 두 분은 마치 연인마냥 서로 연락을 했고, 무슨 일이 있어 연락을 하지 못하면 어떻게든 해 보려고 안달하기도 했다.

그 무렵도 우리 은사 스님이 총무원장을 하실 때인데, 영남 쪽에 일이 있어 내려가셨다가 기어이 불국사로 들어가 주무시겠다고 하셨다. 이날은 내가 모셨는데, 두 분 스님이 저녁 공양을 하고 나서 방으로 들어가 두 분의 도담道談이 밤늦도록 이어졌는데 무슨 말씀을 하시는가 하고 들여다보았다. 그런데 이게 웬일인가.

천둥벼락 치듯 시퍼렇게 날이 선 얘기나 혹은 두런두런 재미난 얘기라도 나누고 계실 줄 알았는데, 두 분 스님은 아무 말 없이 멀찍이 떨어져 앉아 서로 쳐다보고만 계셨다. 이따금 빙긋이 웃고, 또 쉬었다가 웃고, 그야말로 무언의 도담을 나누고 계셨다. 도대체 어느 대목에서 웃고, 어느 대목에서 그 웃음을 거두는지 알아들을 길이 없었다. 오가는 게 있기나 한지도 궁금했다.

아니, 날카로운 선문禪問을 던지고 똑떨어지는 선답禪答으로 막아 내는 치열한 싸움이 일어날 줄 알았는데, 시종 웃기만 하시다니. 도인들이 만나면 주장자柱杖子를 서로 들이대고 한바탕 씨름을 하든지, 격론을 벌여 산골짜기가 쩌렁쩌렁 울리도록 해야 할 일이지 문풍지 하나 울지 않는 이 고요가 대체 뭐란 말인가.

나는 이날 간첩질도 오래 하지 못하고 그만 물러나왔다. 그러고도 불이 언제 꺼졌는지 나는 모른다. 어쩌면 밤새 그렇게 마주 앉아 도반의 얼굴을 바라보는 것으로 날을 새셨는지도 모르겠다. 난 멍텅구리라서 두 분의 도담을 알아듣지 못했고, 그래서 흥미를 잃었으니까.

부처님이 꽃 한 송이 들어 청중에게 보이니, 아무도 그 뜻을 모르는데 가섭 존자迦葉尊者만이 그 뜻을 알고 빙그레 웃었다 한다. 염화미소拈華微笑, 말 없는 말 — 마음에서 마음으로 전하는 지혜의 칼이 번뜩이는 선사들의 도담이 오고간 것이다.

그 일이 있은 지 수십 년.

은사 경산 큰스님과 남산에서

이제야 어렴풋이 느끼는 바가 있다. 오래도록 보지 못하던 정든 도반이 토굴로 찾아오면 어찌나 반가운지 그 도반의 얼굴만 한참 바라볼 때가 있다. 그러면 옛날 스승님을 생각하여 슬그머니 웃어 본다. 그러면 이 도반이 그런다.

"자네 실성했나? 왜 실실 웃기만 해?"

하하하. 나도 멍텅구리, 너도 멍텅구리, 우리 모두 다 멍텅구리다.

백상원 라면 수프 사건

앞에서 부처님 가신 지 얼마 안 된 시절에 밧지Vajji족 스님들이 열 가지 계율을 어겨서 장로 스님들이 불교가 망했다며 통탄했다는 글을 썼는데, 인도에서 먼먼 대한민국 땅에서도 그런 일이 있었다. 그것도 정법이 소멸된다는 후오백세後五百歲 금세기에 이런 일이 있었다는 게 더 재미있다.

나는 종비생宗費生으로 동국대학교를 다녔는데, 그때 종비생들은 모두 화계사 옆에 있는 백상원白象院이라는 기숙사에서 생활했다. 군대도 아닌 기숙사건만 학인 스님들이 산다는 이유로 청정계율을 유난히 강조하고 따지던 시절이라서 백상원의 규율은 굉장히 엄했다. 백상원의 규율이 어찌나 사납던지 1학년 신입생들은 숨조차 제대로 쉬지 못했다. 1학년이면 이등병, 2학년이면 일등병, 3학년이면 상병, 4학년이면 말년 병장이 되는 셈이다.

나는 스물네 살에 대학에 들어가는 바람에 좀 늦은 편이었는데, 군대가 계급 순이듯이 백상원 역시 학년 순이었다. 그러다 보니 생기는 소소한 사건이야 다 되뇔 수도 없을 만큼 많았는데, 그중 가장 재미난 사건이 바로 '백상원 라면 수프 사건'이다.

지금은 세월이 지나 재미나게 글을 쓸 수 있지만, 당시 분위기는 으스스했다. 이 무렵은 종비생 1기인 학인 스님들이 머물 때라서 학년이라고 해야 1학년 밖에 없었다. 하지만 종비생의 기틀을 우리가 잡아 놓아야 한다는 사명감에 매우 엄격하게 계율을 지키고, 백상원 규율도 만들어 칼같이 지켰다.

'백상원 라면 수프 사건'이라고 하니 정말 대단한 사건처럼 보이는데 실제로 대단했다.

사건은 한밤중에 일어났다. 누군가 어딜 갔다가 늦게 들어오는 바람에 저녁 공양을 하지 못했다. 그래서 그는 배고픔을 참지 못하다가 그야말로 대학생답게 사하촌으로 내려가 분식집에서 라면을 사먹었다. 이 정도를 '사건'이라고 생각할 사람은 별로 없을 것이다. 아직 백상원 통금 시간도 안 됐고, 그 정도 외출이야 문제없으니 말이다. 하지만 그게 아니었다.

어디서 문제가 됐느냐 하면, 이 학인이 분식집에서 라면을 먹는 걸 본 다른 학인이 계율을 어겼다고 들고 나온 것이다.

"우리는 학생이기 이전에 스님이 본분인데 어떻게 닭고기 국물로 만든 라면 수프를 먹을 수 있는가? 살생하지 말라는 계를 어긴 것이다. 따라서 라면 수프를 먹은 모 학인은 당장 산문출송山門黜送시켜야 한다."

막상 문제가 제기되자 금세 사건으로 비화했다. 가만히 생각해 보니 라면 수프에는 뭔가 기름이 뜨긴 뜨잖은가. 그게 식물성인지 동물성인지는 모르지만, 하여튼 따져 볼 문제였다. 이럴 만

동국대학교 종비생 1기 스님들과 함께

큼 우리 백상원 1기 학인들은 매사 철두철미하고 격렬하게 따지며 생활했다.

하여튼 라면을 먹고 들어온 학인은 몸이 얼어붙은 듯 아무 말도 하지 못했다. 잠자리에 들었던 학인이나 막 들려던 학인이나 다들 일어나야만 했다. 한번 벌어진 소란으로 격론은 갈수록 불이 붙었다. 혹시 식물성 기름이 아닐까, 틀림없는 동물성 기름이다, 직접 고기를 먹은 것도 아니고 고기 국물이 우러난 수프를 먹었다고 승적을 박탈하는 건 너무 심하다, 그럼 산 닭에서 기름기만 뽑아내 먹을 수 있느냐, 어차피 닭은 이 기름으로 인해 죽은 것이다 등등 공방이 치열하게 벌어졌다.

이날 밤새 토론을 벌인 백상원의 모든 학인 스님들은 마지막에 가서 가까스로 수습안을 만들어 냈다. 즉 조사위원회를 결성한 것이다. 이 조사위원들은 학인이 전날 밤 먹은 라면의 수프에 동물성 기름이 들어 있는지(닭고기 기름이든 쇠고기 기름이든 하여튼 동물성 기름이면 무조건 계율 위반이다.) 라면 제조 회사에 찾아가 진상을 조사하기로 했다. 그래서 결론대로 수프가 곧 고기 국물로 밝혀지면 백상원에서 퇴원시키는 것은 물론이요, 종비생 자격도 내놓게 해야 한다는 무시무시한 안이었다.

그 뒤 조사위원회는 조사위원들이 무슨 라면이었느냐, 라면 회사가 어디 있느냐, 기껏 회사를 찾고 나서는 공장은 다른 데 있다, 가자고 한 날에는 다 출석하지 않았다, 시험기간이다 뭐다 해서 결국 현장 조사를 하지 못하고 흐지부지되고 말았다.

우리 스님들은 이런 일을 많이 겪는다. 우리 은사이신 경산京山 스님은 그 좋아하는 함흥냉면을 시킬 때마다 고기 넣지 말라고 신신당부했다. 그래서 우리 젊은 시봉들은 식당 주인더러 우리 스님 냉면에는 고기나 계란을 넣지 말고 우리 냉면에 숨겨서 달라고 부탁한 적도 있었다. 하지만 번번이 들켜 스님에게 야단맞곤 했다.

광덕 스님도 몸이 쇠약해 병치레가 심해졌을 때 사제 한 분이 몰래 고기 국물을 내어 드린 적이 있는데, 스님은 상째 마당으로 집어 던지기도 했단다. 광덕 스님은 특히 국수를 좋아하셔서 나도 함께 먹어 본 적이 있는데, 국수에 올린 멸치를 다 건져 놓곤 했다. 별나다고 선배 학인들이 나무라기도 했지만 광덕 스님은 뜻을 굽히지 않았다.

오늘날 내가 먹는 음식에는 대부분 고기가 들어가지 않는다. 하지만 군대서나 혹은 외식을 해야 할 자리에서는 뜻하지 않게 그런 것들이 섭취될 때도 있다. 그럴 때마다 우리 은사 스님이나 광덕 스님, 혹은 백상원의 스님들처럼 고뇌에 빠진다. 숟가락을 놓을 것인가, 계속 잡아야 할 것인가.

생각해 보면 고기 먹지 말라고 헌법이나 형법이나 민법에 나와 있는 것도 아니다. 시 조례에도 없다. 그저 스님들이 스스로 정해 놓고 스스로 고뇌하는 것이다. 그러니 멍텅구리들이지.

하지만 할 말은 있다. 고기를 먹지 않는 이유는 하나다. 부처님이 먹지 말라고 하셨으니 먹지 않는 것이다. 나는 부처님의 제자이고, 경산 스님의 제자이므로 그분들이 멍텅구리라면 나도 멍텅구리가 돼야 한다. 내가 불편하다고 해서 이런저런 이유를 들이대며 따지고 싶지 않다.

내 머리는 총무원장 스님이 직접 깎아 주세요

나는 25년간 군승으로 군 포교 일선에서 일했다. 1995년 6월, 나는 육군 대령(군종 장교의 최고 계급은 대령이다.) 겸 국방부 군종실장을 끝으로 전역신고를 마쳤다. 그런데 제대를 하자니 문제가 생겼다. 군승은 대부분 인연 따라 가는데, 나는 본래대로 승단으로 복귀하여 내 본모습 그대로 스님 생활을 해야 하기 때문이다. 군에 있는 동안은 군복도 입고, 머리도 길렀지만 이제는 제대로 된 위의威儀를 갖춘 비구승이 돼야 하는 것이다.

군승이 복귀하는 데 별다른 제한 조건은 없지만, 비구승으로서 결격 사유가 있으면 복귀가 어려워진다. 예를 들어 군승 생활을 하는 동안 수행은 제대로 했는지, 불교의 명예를 훼손하지는 않았는지, 범법 행위를 하지는 않았는지, 그새 결혼해서 아내와 자식은 없는지 처음 출가할 때보다 더 까다롭게 살핀다. 그렇게 하여 출가 수행자의 모습에서 하나라도 어긋남이 없어야 승단 복귀가 떳떳해진다.

주위에서는 군인연금도 나오는데 그냥 사회에서 살면서 불교 활동을 하라는 사람도 있었다. 하지만 나는 처음도 스님이었고, 지금도 스님이고, 앞으로도 스님이다. 당연히 환귀본처還歸本處해야 하는 것이다. 우리 은사 스님의 명령으로 군대 포교의 일선에 나섰다가 돌아왔으니, 당연히 원래의 비구승 그 모습 그대로 돌아오면 되는 것이다. 목건련 존자目犍連尊者는 외도外道 포교에 나섰다가 매를 맞고 돌아가서서 승단에 복귀하지 못했지만, 나는 다행히 몸도 마음도 온전하여 내게 군대로 가 불교를 포교하라고 명령했던 그 승단으로 되돌아올 수 있었다.

나는 맨 처음 군 포교를 나가라던 은사 경산京山 스님의 육성을 지금도 기억하고 있다. 그때 스님은 푸르나Purna 존자에 대해 말씀해 주셨다.

푸르나 존자가 그의 고향인 서해안으로 포교를 떠나기에 앞서 부처님과 나눈 얘기다.

"푸르나여, 그 지방 사람들은 성질이 사납고 거칠다고 들었다. 만일 사람들이 그대를 대중의 면전에서 비난하고 비방한다면, 그때는 어떻게 하려는가?"

"부처님, 그때는 그들이 지팡이나 돌멩이, 혹은 손질, 발길질로 저를 때리지 않는 것만으로도 좋은 사람들이라고 생각하렵니다."

"그럼, 그들이 나무나 돌을 가지고 그대를 때린다면 어떻게 생각하겠는가?"

"그때는 칼을 가지고 저를 찌르거나 베지 않는 것만으로도 그들을 훌륭한 사람들이라고 생각하겠습니다."

"그러면, 만일 그들이 칼로 상처를 입히는 날에는 어떻게 생각하겠는가?"

"칼로 상처를 입힌다 할지라도, 죽이지 않는 것만으로도 그들이 참 좋은 사람들이라고 생각하겠습니다."

"그러면 그 칼로 그대를 죽일 때는 어떻게 생각하겠는가?"

"그때는 이렇게 생각하겠습니다. 불자들 가운데는 인생의 온갖 고뇌가 따르는 것을 싫어하여 칼이나 독물로 자신의 생명을 끊으려 했던 자도 있다고 들었습니다. 그러므로 그곳 사람들은 좋은 사람들입니다. 그들은 스스로 목숨을 끊는 번거로움을 덜어 준 것이라고 생각하겠습니다."

그러자 부처님은 고개를 크게 끄덕이면서 이렇게 말씀하셨다.

"푸르나여, 더 이상 할 말이 없구나. 그대에게 그만한 각오가 서 있다면 가서 법을 펼치도록 하라."

경산 스님은 푸르나 존자 얘기를 하시면서 군대에 가면 어려움도 많고 유혹도 많고 목숨이 위험한 경우도 있을 거라고 하셨다. 그래서 푸르나 존자의 각오를 한시도 잊지 말라고 하셨다. 그 뒤 나는 군대라는 낯선 세계로 들어가 죽을 고비도 넘기고, 이교도들의 비난과 모함을 받기도 하고, 생명의 위험을 무릅쓴 적도 있다. 하지만 계율을 어기거나 스님으로서 부끄러운 일을 하지는 않았다.

나는 군 포교 25년을 스스로 결산해 보았다.

결산보고서, 혼자서 그간 내가 군 포교를 위해 무슨 일을 했나 적어 보니 만감이 교차했다. 수계법회를 열어 계를 준 장병 4만 6천 명, 장병을 상대로 한 법회와 설법 약 4,600회, 모자라던 군승도 백여 명이나 더 늘려 놓았고, 수많은 군 사찰을 건립했다.

나는 결산보고서를 작성하여 종단에 제출하고, 비구로서 하자가 있는지 심사를 해 달라고 자청했다. 단, 조건을 달았다.

— 내가 종단에 복귀하는 데 부적절하다면 모르겠지만, 나를 복귀시키는 데 아무 문제가 없다면 총무원장 스님이 직접 재삭

발해 달라. 우리 은사 스님이 생존해 계시다면 은사 스님께서 삭발해 주셔야겠지만, 우리 스님은 열반하신 지 오래되었다. 그러니 종단을 대표하는 총무원장 스님이 상징적으로 직접 삭발을 해 주셨으면 좋겠다. ―

그렇게 해 놓고 소식을 기다리던 어느 날 총무원에서 연락이 왔다. 내일 새벽 원장 스님이 기거하는 영화사로 나오라는 것이었다.

이튿날 나는 기쁜 마음으로 영화사로 달려갔다. 당시 총무원장이던 월주 스님이 준비를 해 놓고 기다리고 계셨다. 월주 스님은 총무원으로 출근하기에 앞서 내 머리를 정성껏 삭발해 주셨다. 이렇게 하여 나는 다시 비구승이 되었다. 그리하여 멍텅구리 스님이 하나 늘었다.

제2장

멍텅구리 자광이 걸어온 길

그릇이 깨끗하고 견고해야 물을 담을 수 있듯이, 계를 지켜 청정한 몸을 만들어야 청정수를 담을 수 있다. 깨끗한 그릇을 만드는 것이 '계戒'며, 거기에 담는 청정수가 '정定'이다. 물이 맑아야 달빛이 밝다. 곧 '혜慧'가 있어야 깨달음을 도모할 수 있는 것이다.

계·정·혜 삼학三學에 의하지 않고 견성見性을 이룰 수 없으니, 견성성불見性成佛의 주춧돌이 '지계持戒'에 해당한다.

멍텅구리 자광이 걸어온 길

　멍텅구리 자광이 어떻게 하여 멍텅구리 짓을 하게 됐는지 적어 본다. 한마디라도 여러분에게 도움이 되었으면 한다. 군대 포교에 나서기 직전까지, 보탤 것도 뺄 것도 없이 있는 그대로 적는다.

1. 초발심 55년

　내가 처음 머리를 깎은 것은 고등학교를 채 마치지 못했을 때였다. 무엇이 그리 급했는지 나는 새파란 어린 나이에 입산하고 말았다. 그 후 우리 스님의 권유로 사미계沙彌戒를 받고 나서 다시 절에서 학교를 마쳤다.

세수 70을 넘긴 지금 와서 돌아보면 58년 전의 일인 셈이다. 이런 나에게 가끔 출가 동기가 무엇이냐고 묻는 사람이 있다. 무릇 사람으로 태어나기가 어렵고, 그중에서도 불법을 만나기는 더욱 어렵다고 한다. 그런데 일찍이 불문에 귀의할 수 있었으니 나로서는 이보다 더 다행한 일이 없다고 여기는데, 세속인들은 일찍 머리를 깎은 어떤 말 못 할 사연이 있을 것이라는 호기심을 느끼는 모양이다.

그런 질문을 받을 때마다 그냥 빙그레 웃어넘기거나 인연이 그렇게 돼 있었다면서 적당히 얼버무리고는 하였다. 지난날을 돌아볼 때 동기는 크게 문제가 아니었다는 생각이 들기 때문이다.

중요한 것은 수행 과정이라고 생각한다. 여러 유혹을 물리치고 초발심을 그대로 간직하면서 수행자로서의 길을 묵묵히 걸어가기란 그리 쉬운 일이 아니었다고 여겨진다.

물론 동기가 없었던 것은 아니다. 나는 3남 4녀 가운데 막내로 태어났으며, 아버지는 이념의 희생물로서 한국전쟁 당시 돌아가셨고, 어머니는 내 나이 9살 때 돌아가셨다. 이렇게 부모를 일찍 여읜 바람에 나는 경찰이었던 형님 밑에서 자라면서 학교를 다녔다.

청소년 시절 나는 심한 가슴앓이를 하며 자랐다. 눈칫밥을 먹어야 하는 천덕꾸러기는 아니었지만 나는 외로웠고, 불확실한 미래에 대한 불안감을 떨쳐 낼 수가 없었다. 그러면서도 평범한 길이 아닌, 좀 더 다른 방법으로 살 수는 없을까 하고 생각할 때가 많았다.

보다 근본적으로 사는 것이 무엇인지, 어떻게 살아야 한 번 뿐인 인생을 후회 없이 멋지게 사는 것인지, 이런 문제들에 대해 끊임없이 자문자답해 보았지만 나는 어떤 결론도 내릴 수 없었기 때문에 방황하고 외로움 속에 빠져 있었다. 돌아보면 이 무렵쯤에 내가 사춘기의 열병을 앓고 있었던 것으로 여겨진다.

그 시기는 차이가 약간 있겠지만, 누구나 이런 사춘기를 거치는 것으로 알고 있다. 이 시기를 잘 넘기지 못하면 돌이킬 수 없는 방탕에 빠지게 되고, 심하면 범죄까지 저질러 인생을 영원히 굴절시킬 수도 있다고 생각한다. 사춘기에 처한 자녀를 둔 부모나 본인 자신은 보다 냉철한 판단력을 발휘하여 고비를 잘 넘길 수 있어야 할 것이다.

사춘기 청소년들은 경험 부족으로 인하여 스스로 어떤 결론을 내린다는 것은 결코 쉬운 일이 아니다. 자녀 교육을 책임지고 있는 부모의 입장에서는 반항심이 들지 않도록 수순한 말로 잘 타이르고 모범을 보여 따르도록 해야 할 것이며, 당사자는 선현들의 발자취가 담겨 있는 책을 통해 길을 찾거나 인생 선배의 충고를 참고하고자 하는 겸허한 자세가 있어야 한다고 본다.

나의 경우는 이 무렵 어느 날 한 스님을 만났고, 그분은 그 이후의 내 인생을 좌우하는 동기를 부여해 주었다. 전주에서 만난 그 스님의 법명은 잊었다. 남루한 염의染衣를 걸친 40대 후반의 나이였고, 만행萬行 중이었을 거라는 짐작만 남아 있다.

내가 처한 입장과 마음속의 고민을 털어놓았을 때 스님이 말했다.

"지금 학생이 품고 있는 문제를 가장 근본적으로 해결할 수

석림회釋林會 모임

있는 방법은 부처님의 제자가 되는 길일세."

"수행자가 되라는 말씀이십니까?"

"생로병사의 일대사를 해결하기 위한 유일한 방법이야."

"어떻게 하면 스님이 될 수 있습니까?"

"길을 가는 데 장님이라면 지팡이가 있어야 하고, 밤이라면 호롱불에 의지해야 하듯, 출가를 하여 성도成道하려면 우선 은사를 모시고, 그 은사의 가르침을 따라야 하는 것이야."

"그럼 스님께서 저의 은사가 돼 주시면 안 될까요?"

"나는 떠돌이 객승이니 제자를 거둘 능력도 자격도 부족하단다. 잘 생각해 보고 출가하겠다는 뜻이 확고히 선다면 지리산의 화엄사를 찾아가 보는 것이 좋겠네. 고찰이며 훌륭한 스님들이 많으니 고매한 은사를 모실 수도 있을 것이야."

그 스님의 말씀을 듣고 그야말로 며칠간 심사숙고했다.

나는 한국전쟁이 발발했을 때 그 민족적 비극을 직접 온몸으로 부딪쳐야 할 만큼 나이가 많았던 것은 아니지만, 냉전 열풍의 사상적 소용돌이 속에서 아버지를 잃었고, 수많은 주검을 목격했다. 지금의 사춘기 청소년들과는 달리 생사 문제에 대하여 보다 자연스러운 접근이 가능했다고 회고하게 된다. 육친에 대한 그리움은 외로움이기도 했다.

나는 그 외로움과 허무함을 회피하지 말고 그것과 정면으로 맞서야 문제를 해결할 수 있다는 결론을 내렸다. 그것이 불도佛道의 수행 목적과 맞아 떨어진다는 생각이 들자 나는 마침내 출가할 뜻을 확실하게 세우게 되었고, 지리산 넓은 자락에 가람伽藍을 배치한 화엄사를 찾아가게 되었다.

오랫동안 망설이거나 길게 생각을 하고 내린 결론은 아니다. 그래서 짧은 선택이었다고 여겨진다. 스님의 말씀을 듣는 순간 출가해야겠다는 생각을 했으니까, 순간의 선택이었다고 해도 과장은 아닐 것이다. 며칠간의 심사숙고는 초발심을 다지는 기간에 불과했다.

다행이랄까, 불행이랄까.

나에게는 싯다르타 태자처럼 버리기에 미련 남을 권세도 없었고, 나의 출가를 만류하여 그 정을 끊기 어려운 부모님도 계시지 않았다. 훌륭한 스님이 되면 비명에 가신 아버지와 천수를 누리지 못하고 그 뒤를 따른 어머니의 영혼을 천도해 드릴 수 있을 것이라 여기니 발걸음도 무겁지 않았.

그렇게 먹물 옷을 입고 산 지 반세기가 넘었다. 긴 세월이 흐른 셈이다. 기실 그 세월이 헛된 것이 아니라는 것을 찾아볼 요량으로 이 책을 출간하기로 결심했다. 그러니 멍텅구리같이 산 것이 아니라는 결론에 도달할 수 있으면 좋겠다는 바람을 가져 본다.

어제는 어제가 아니고
오늘은 오늘이 아니다.
또한 내일이 내일도 아니다.
어제는 오늘이고, 오늘은 내일이고,
내일도 오늘이다.
오늘은 무엇인고?
할.

　지금은 화엄사가 있는 구례군 마산면 황전리까지 차를 타고 갈 수 있지만 내가 처음 머리를 깎기 위해 그곳을 찾아갔을 때는 포장도, 현재와 같은 관광단지도 조성돼 있지 않았다. 구례에서부터 걸어서 갈 수밖에 없었다. 내가 그곳에 도착한 것은 해가 서쪽으로 많이 기울어져 있을 때였다. 바람이 불자 낙엽들이 메마른 소리를 내며 흩어지고 있었다.
　일주문一柱門 안으로 들어설 때 내 가슴은 미지의 세계에 대한 설렘과 신비함으로 마구 뛰었다. 일주문은 화엄사의 전체 규모나 가람의 위용으로 볼 때 웅장하다기보다는 소박한 느낌을 주었다. 금강문金剛門과의 사이에 중창주 벽암碧巖 스님의 부도비가 세워져 있었다. 금강문, 천왕문天王門을 지나 보제루普濟樓로 이어지는 진입로를 따라 걸어가는 동안 나는 절 속으로 깊이 빨려 들어가는 듯한 느낌을 받았다. 나중에 생각해 보니 건물들이 일직선을 이루고 있는 것이 아니라, 조금씩 비껴 있기 때문이었던 것 같다.

당시 화엄사의 주지는 최진여 스님이었다. 나는 주지 스님을 만나 뵙고 출가하기 위해 찾아왔다고 말씀드렸다. 스님은 나에게 무엇 때문에 출가하려 하느냐고 묻지 않았다. 부모님의 허락을 받았느냐고 묻지도 않았다. 다만 내 행색을 천천히 훑어본 다음 말씀하셨다.

"머리를 깎는다고 해서 금방 스님이 되는 것은 아니다. 행자 과정을 거친 후 계를 받아야 비로소 스님이 되는 것이야."

"행자 과정이란 어떤 것인지요?"

"스님이 되는 공부를 하는 기간을 말한다. 계를 받은 다음에는 그것을 파기하면 '파계破戒'가 되지만, 행자 과정 중에 출가할 뜻을 접으면 '파계'라고는 하지 않는다. 우선 절에서 지내면서 스님 될 공부를 해 보도록 해라. 무사히 행자 과정을 마치면 계를 받을 수 있도록 해 줄 것이고, 생각이 바뀌면 언제든지 세속으로 다시 돌아가도 좋다."

"감사합니다, 스님."

나는 방을 배정받았다. 생전 처음으로 절에 와서 잠자게 되었지만 크게 낯설지는 않았다. 고즈넉한 적막을 깨며 풍경소리가 들려왔다. 그리고는 곧장 꿈 없는 깊은 잠 속으로 빠져들었다. 걸어오느라고 피곤했던 때문일 것이다.

나는 이튿날 가람 배치도부터 자세히 살펴보았다. 천왕문을 통과하면 스님들과 신도들의 집회 때 사용되던 보제루가 나온다. 정면 7칸 측면 2칸의 맞배지붕 집으로서, 천왕문 쪽에서 보면 2층인데 대웅전大雄殿 쪽에서 내려다보면 단층이다. 고려시대에 만들어진 보제루 앞의 당간지주幢竿支柱는 큰스님이 주석하며 상설 법회를 한다는 것을 알려 주는 깃발을 내걸었던 곳으로, 산문의 위용을 단적으로 상징하는 축조물이라고 할 수 있다.

보제루를 지나면 큰 앞마당을 가운데 두고 화엄사의 중심축이 되는 대웅전과 각황전覺皇殿이 석축 위에 배치되어 있으며, 앞마당에는 오층탑이 세워져 있다. 대웅전은 보물 제299호로서 건축 미학적인 입장에서 볼 때 어느 절의 대웅전과 견주어도 별 손색이 없지만, 국보 제67호인 각황전의 위용이 워낙 장대하기 때문에 빛을 제대로 내지 못한다고 볼 수 있다.

각황전은 우리나라에서 가장 큰 불전이다. 그만큼 당당하고 우람하다. 이 각황전의 옛 이름은 장륙전丈六殿이다. 각황전 앞에 있는 석등은 세계에서 가장 큰 것으로서 각황전과 짝을 이루는 명품이다.

대웅전과 각황전을 받들고 있는 석축은 신라시대에 축조되었을 것으로 추정되며, 바른층쌓기를 한 장대석 위에 장방형의 돌로 역시 바른층쌓기를 한 다음 두꺼운 판석을 덮어 안정감과 축조미를 동시에 도모하였다.

각황전을 마주한 채 올려다 보이는 맞배지붕의 적묵당寂默堂은 단아한 기품을 보이며, 원통전圓通殿 창방 아래 토벽에 그려 놓은 주악비천奏樂飛天·산신·동자·나한상羅漢像 등등의 벽화는 색채감이 뛰어나고 묘사력도 훌륭한 명품들이다.

각황전 옆의 108계단을 오르면 국보 제35호인 4사자四獅子 삼층석탑과 공양석등供養石燈을 볼 수 있다. 연화좌 위에 웅크리고 앉은 네 마리의 사자가 연화대를 받쳐 그 위에 탑을 머리로 받들고, 그 가운데서 대덕大德이 연꽃을 이고 있는 모양을 하고 있는 4사자석탑은 불국사의 다보탑과 더불어 이형석탑의 쌍벽을 이루는 탑이다. 석등에는 무릎을 꿇고 한 손에 공양기供養器를 들고 있는 스님의 모습을 조각해 놓고 있어 '공양석등'이라고 한다. 창건주인 연기 조사緣起祖師가 어머니의 명복을 빌기 위해 탑을 세우고, 공양하는 자신의 모습을 조각한 석등을 축조했다고 하여, 4사자석탑과 공양석등이 있는 이 언덕을 '효대孝臺'라고 명명하였다. 동백 숲과 반송으로 둘러싸여 있는 주변 경치가 압권이다.

아래로는 대가람의 전모가 내려다보이고 위로는 노고단으로 이어지는 길상봉이 눈에 들어오는 곳이다. 대각 국사大覺國師 의천

義天이 이 자리에 섰다가 시 한 수를 지었다.

적멸당 앞에는 빼어난 경치가 많고	寂滅堂前多勝景
길상봉 위로는 한 점 티끌도 끊겼다.	吉祥峰上絶纖埃
온종일 서성이며 지난 일들을 생각하니	彷徨盡日思前事
날은 저무는데 효대에 슬픈 바람이 이는구나.	薄暮悲風起孝臺

화엄사는 반송과 동백나무 이외에 수령이 3백여 년으로 헤아려지는 올벚나무가 눈길을 끈다.

내가 화엄사를 처음 찾았을 때는 지리산에 단풍이 한창 어우러졌던 늦가을이었다. 바람이 불자 붉게 물든 단풍들이 마치 각혈을 하듯 울컥울컥 쏟아지던 기억이 난다.

당시 그곳에는 나를 포함해서 5명의 행자가 스님이 되기 위해 공부하고 있었다. 그러나 말이 좋아서 공부지, 행자의 하루 일과는 사실 머슴살이와 별로 다를 것이 없었다.

도량석道場釋을 돌고 나면 대중 스님들을 위한 공양과 반찬을 만들어야 하는 일이 기다리고 있었다. 공양 후에는 설거지를 해야 하고, 아침 햇살이 퍼지기 전에 지게를 지고 산으로 나무를 하러 다녔다. 겨울이 오기 전에 땔나무를 해서 쟁여 놓아야 하기 때문이었다.

절 시집살이가 혹독하다는 것을 뼈저리게 느꼈다. 큰스님들은 물론 젊은 스님들도 행자의 입장에서는 하늘처럼 우러러보아야 하는 분들이었다. 무엇인가를 시키면 감히 거부할 엄두도 낼 수가 없었다.

산사의 가을은 짧았다. 이윽고 지리산이 온통 눈으로 뒤덮였다. 산새도 날지 않고 천지가 얼어붙었다. 날을 세운 칼바람만이 휘몰아치는 한겨울 첫새벽에 일어나서 개울가로 나가 얼음을 깨고 세수를 하면 정신이 번쩍 난다기보다 숫제 혼절하는 것 같은 고통이 엄습해 왔다.

절에 지금처럼 온수가 나오는 보일러 시설이 돼 있을 턱이 없었다. 수건도 변변한 것이 없어서 얼굴을 옷소매로 문질러 닦아야 했다. 며칠 되지 않았는데 손이 터지고 피가 나서 딱지가 앉았다. 뼛속까지 아리고 아팠지만 달리 치료할 방법이 없었다.

예불을 드리기 위해 법당 안으로 들어가면 마룻바닥이 어찌나 차가운지 냉기가 뼛속까지 스며들었다. 이를 악물면 추위 때문에 이가 저절로 덜덜 떨렸다. 식량 사정이 여의치 않아 밥을 배불리 먹어 본 기억이 없다. 그러니 배는 항상 주려 있었다.

그야말로 고행이 아닐 수 없었다. 그러나 그것을 누가 강요하거나 억지로 붙들어 놓고 노역을 시키는 것은 아니었다. 스스로 택한 길이고, 가야 할 길이고, 가야 하기에 몸이 부스러지더라도 이를 악물고 참아야 한다고 스스로에게 타이르곤 했다. 멍텅구리 같은 짓이 아니었을까.

그럴지도 모른다. 인내할 수 있는 한계점을 넘은 피와 살을 깎는 고행이었으니, 멍텅구리처럼 우직하지 않고는 불가능했을 것이다. 그렇지만 지금 돌이켜보면 이 혹독한 시련이 다른 무엇보다도 큰 공부요, 수행이었을지도 모른다는 생각이 든다. 학문을 익힌다는 것만 공부가 아니다. 참는 공부, 고행 그 자체가 무엇보다 큰 공부라고 여겨지기 때문이다.

나만 유독 그런 시련을 겪은 것도 아니다. 가까이는 그때 화엄사에 같이 있던 모든 스님이 그런 과정을 거쳐 계를 받았고, 훌륭한 옛 조사 스님들이 모두 그런 과정을 거쳐 인간 완성完成을 이루어 냈던 것이다. 못 참았다면 그것은 근기가 모자라거나 결심이 그만큼 굳지 않았기 때문이라고 볼 수밖에 없다. 최소한 멍텅구리 짓은 아니었다.

나는 마음이 흐트러질 때면 이때의 고행을 떠올리는 것으로 마음을 추스르고는 하였다. 초발심 시절의 추상같은 깨끗한 마음을 되뇌고, 행자 생활을 힘들게 한 것이 억울해서도 나는 계행戒行을 깨서는 안 된다는 생각을 하곤 했다.

이제는 옛날처럼 나무를 때서 추위를 물리치는 절도 없어졌고, 스님들이 채공을 직접 하지도 않는다. 수도꼭지만 틀면 한거울에도 따뜻한 물이 쏟아지기 때문에 얼음을 깨고 세수를 하지 않아도 된다. 출가에 뜻을 두고 절을 찾는 사람도 많지 않기 때문에 행자에게 혹독한 고행을 시키지도 않는다. 그러나 어려운 행자 과정을 거치지 않기 때문에 중노릇을 제대로 하는 스님을 찾기 힘들어진 것인지도 모른다.

겨울이 가면 봄이 오는 법이다. 노고단을 향해 치닫는 바람의 위세가 꺾이며 골짜기마다 남아 있던 잔설이 하나둘 자취를 감추더니 마침내 진달래가 피기 시작하던 무렵의 어느 날, 주지 스님이 나를 불렀다.

"그동안 고생이 많았다. 내가 관찰해 보니 다른 행자들보다 참을성도 많고 결심도 굳은 것 같더구나. 그대로만 정진하면 큰스님이 될 소질이 있다."

"감사합니다."

"너, 경산京山 스님이 누구인지 아느냐?"

"잘 모르겠습니다."

"아주 훌륭한 선객禪客이시다. 선방禪房 수좌首座이신데, 현재는 불교 정화를 위해 총무원의 교무부장을 겸임하고 계신 스님이다. 시봉할 행자 한 사람을 보내 달라고 부탁해서 누구를 보낼까 곰곰 생각하다가 가장 큰 그릇이 될 성싶은 너를 추천하기로 결정했는데, 네 생각은 어떠냐?"

"글쎄요."

"청정 비구며 인격이 훌륭한 스님이다. 경산 스님을 은사로 모시도록 해라. 이 산중에 있는 것보다는 젊어 한때 서울에서 생활하는 것도 좋을 것이다."

나는 잠시 생각에 잠겼다. 법문은 여러 차례 들었지만 독대해서 말씀을 나누어 본 기억이 없는 주지 스님께서 나를 면밀히 관찰해 오다가 추천하는 일이라는데 거절하는 것은 예의가 아닐 것 같았다. 서울에서 생활하게 된다는 언질도 구미가 당기는 일이었다.

"스님이 시키시는 대로 하겠습니다."

"옳지. 내일 내가 서울을 가는데 나와 같이 가자. 경산 스님은 지금 조계사 총무원에 계시니 내가 너를 데리고 가서 소개해 주마."

나는 이렇게 해서 화엄사에 들어가 한겨울을 나고 대략 6개월이 경과했을 즈음에 산문을 벗어나서 서울로 향하게 되었다. 1959년 어느 봄날의 일이다. 일주문을 벗어나면서 뒤돌아보니 화엄사는 마치 야차夜叉처럼 어떤 절대적인 위엄을 발산하며 의연히 버티고 있었다.

2. 배슬이 여빙이라도 무련화심하며

내가 화엄사에서 머무는 동안 불교에 대해 배운 것은 법당에서 부처님께 예불 드리는 것 정도였다. 나름대로 비장한 결심을 하고 출가를 했지만, 나의 출가란 집을 떠나 산에 머문 정도였다. 그래서 나는 화엄사에서 머문 6개월 동안이 유치원 과정과 같았다고 뒤돌아보게 된다.

이제 겨우 유치원 과정을 거친 것에 불과한 나로서는 출가의 진정한 의미를 달성할 수 있을지 요원하기만 했다.

총무원에서 만난 경산 스님의 첫인상은 진여 스님의 말씀대로 매우 인자해 보였다. 인사를 드리고 나자 나를 자세히 살핀 다음 천천히 고개를 끄덕였다. 내가 마음에 들고, 그래서 상좌로 받아들인다는 표시를 그렇게 한 것 같았다.

나는 이렇게 해서 처음 화엄사로 출가를 했지만, 화엄사 주지였던 최진여 스님의 소개로 경산 스님 문도가 되었다. 경산 스님의 제자들은 '자慈'자 돌림이다. 은사 스님은 나에게 '자광慈光'이라는 법명을 내려 주셨다. 나는 그날부터 은사 스님을 시봉하게 되었다.

서울에 온 지 얼마 되지 않아 조계사에서 부처님 오신 날을 맞이하게 되었다. 수행자가 된 이후 첫 번째로 석가모니 부처님의 탄신일을 맞게 된 것이었다.

한 달이 넘도록 불자들이 모여서 만든 연등이 조계사 대웅전 앞마당에 내걸리고, 구름처럼 몰려든 신도들이 사른 향 내음이 일대를 진동시키고 있었다. 제등행렬이 축제의 백미를 장식했다.

나는 큰 감동을 받았으며 조금 들뜬 기분이었다. 그런 나의 가슴에 찬물을 끼얹는 것 같은 말씀을 은사 스님께서 하셨다.

"부처님 오신 진정한 뜻을 자광은 알고 있는가?"

나는 선뜻 대답을 하지 못했다.

"석가모니 부처님께서는 영원겁 전에 이미 성불해 계셨다. 그런데 구태여 중생의 몸으로 나투시어 사바娑婆세계에 오신 진정한 뜻이 무엇인지를 불제자라면 알고 있어야 하느니라."

"왜이옵니까?"

"삼사三事의 뜻을 가르쳐 주기 위해서니라. '삼사'란 무엇인가. 첫째는 지식만 습득하지 말고 지혜를 기르라는 것이다. 지식은 흔히 강을 건너게 해 주는 뗏목에 비유된다. 강을 건널 때 뗏목은 꼭 필요하지만, 일단 강을 건너면 그것을 버려야 목적지를 향해 나아갈 수 있다. 뗏목에 집착하다가는 목적지에 닿을 수 없다. 둘째로는 부처님께서는 모든 생명체가 하나이며 평등하다는 진리를 가르쳐 주시기 위해 이 땅에 왔느니라. 셋째로 부처님은 이타행利他行의 실천을 가르쳐 주시기 위해 오셨느니라."

　은사 스님께서 나에게 한문으로 된 책자 하나를 주시면서 말씀하셨다.
　"『초발심자경문初發心自警文』이다. 이 책은 고려시대의 보조 국사 普照國師께서 찬술하신 「계초심학인문誡初心學人文」과 원효元曉 스님의 「발심수행장發心修行章」, 그리고 야운野雲 스님의 「자경문自警文」 등 세 가지를 합본하여 만든 것으로 불문에 처음 들어온 학인들이 지켜야 할 수행규범과 발심교훈, 좌우명 등에 해당하는 글들을 수록해 놓은 것이다. 내가 이제부터 이것을 가르쳐 줄 것이니 잘 배우고 언제 어디서나 책을 보지 않고도 달달 외울 수 있도록 익히고, 그것을 반드시 실천에 옮기도록 하여라."
　"알겠습니다, 스님."
　그런 다음 스님은 먼저 「계초심학인문」의 저자 불일보조 국사 佛日普照國師에 대하여 설명해 주셨다.
　"해동 사문海東沙門 지눌知訥 불일보조 국사의 대표적인 저서인 「계초심학인문」을 원효의 「발심수행장」이나 야운의 「자경문」보다 먼저 배우는 것은 그것이 출가인의 기본적인 규범을 말해 주고 있기 때문이다."
　은사 스님께서는 특별한 일이 없는 한 새벽 예불이 끝난 후부터 아침 공양을 들기 전까지 나에게 『초발심자경문』을 가르쳐 주셨다. 스님은 먼저 자신이 읽고 나로 하여금 따라 읽도록 하고 그 뜻을 새겨 주시고는 하였다.

"부초심지인은 수원리악우하고 친근현선하며(夫初心之人 須遠離惡友 親近賢善), 수오계십계등 선지지범개차하라(受五戒十戒等 善知持犯開遮). 대저 보리심을 일으킨 이는 모름지기 나쁜 벗은 멀리하고 어질고 착한 이를 가까이하며, 5계 10계 등을 받아서 지니고 범하고 열고 막는 마음을 잘 알아야 한다는 뜻이니라."

스님께서 먼저 책을 읽으셨다.

"배슬이 여빙이라도 무련화심하며(拜膝如氷無戀火心), 아장이 여절이라도 무구식념해야 하느니라(餓腸如切無求食念). 홀지백년이어늘 운하불학이며(忽至百年云何不學), 일생이 기하관대 불수방일이고(一生幾何不修放逸)."

절하는 무릎이 추워서 얼음같이 얼어붙더라도 따뜻한 불(火) 생각을 마음에 두지 말아야 하고, 밥을 굶어 주린 창자가 끊어질 듯 고파도 먹을 것을 구하는 생각이 없어야 한다. 백 년이 잠깐인데 어찌 배우지 않으며, 인생이 얼마나 길다고 수행하지 않고 안일에 빠져 있는가 하는 말이다.

나는 「발심수행장」의 이 대목을 배울 때 화엄사 대웅전을 떠올렸다. 한겨울이면 대웅전의 나무로 된 마룻장은 숫제 얼음과 다름이 없었다. 그야말로 절을 하다 보면 뼛속까지 스며드는 냉기 때문에 피가 통하지 않아 마비가 될 정도였다. 그런데도 불을 생각하는 마음을 갖지 말라고 하는 것은 너무나 가혹하게 들릴지도 모른다. 그러나 무슨 일을 전심전력을 기울여 정진하다 보면 모든 것을 잊게 되는 경지에 도달하게 된다. 춥고 배고픈 것을 억지로 참으라고 하면 참을 수도 없거니와 보람도 느낄 수가 없을 것이다. 부처님을 섬기고 마음을 닦는 간절함으로 인해서 저절로 춥고 배고픈 것을 잊어버리는 경지를 체득해야 하는 것이다. 세월이 덧없고 인생이 무상하다는 것을 생각하면 놀고 안일에 빠져 있을 시간이 어디 있겠는가. 삼매三昧에 빠지면 따뜻한 불을 그리워할 마음이 일지 않는다. 도를 구하는 사람은 그런 경지에 들어 있어야 한다.

「발심수행장」은 화엄종주인 원효 스님께서 지은 것이다. '발심수행'이란 부처가 될 마음을 일으켜 행을 닦는다는 뜻이다. 중생적 삶의 어리석음 때문에 저지르는 죄업罪業을 떨쳐 버리고 부처가 될 마음을 내어 닦아 나가는 과정은 무수한 고통이 뒤따르기 때문에 초발심을 그대로 유지하기란 그리 쉬운 일이 아니다. 이것을 잘 알고 계신 원효 대사께서 학인들이 지침으로 삼을 수 있는 글을 찬술한 것이니, 그것이 「발심수행장」이다.

3. 군 포교를 맡아라

『초발심자경문』의 번역본이 없을 당시, 나는 은사 스님으로부터 대략 10개월에 걸쳐 이를 배웠다. 그리고 해가 바뀌면서 1960년이 되었다. 그해 음력 2월 8일, 나는 서울 조계사 대웅전에서 은사이신 경산 스님을 계사戒師로 사미계를 받게 되었다.

나는 향을 사르고 부처님께 꽃을 올렸다. 꿇어앉아 합장을 했고, 은사 스님께서 계를 설했다. 조국과 부모님을 위해 각각 삼배를 했고, 행자복을 벗고 승복을 입고 가사袈裟 장삼長衫을 걸치자 계사 스님께서 십중대계十重大戒를 설해 주셨다.

살생하지 말 것이며, 도둑질과 간음을 하지 말고, 거짓말하지 말고, 술 먹지 말고, 높은 자리에 앉지 말며, 화장을 하지 말고, 노래하고 춤추지 말 것이며, 보석을 몸에 지니지 말고, 때가 아닌 때에 음식을 먹지 말며, 가축을 기르지 말 것 등 열 가지 대계에 대한 계설이 끝났다.

다음 순서로 부처님께 연비燃臂의 예를 올리고 팔뚝에 향을 꽂아 살랐다. 대중들에게 인사를 하고, 은사 스님께 향을 살라 올린 후 삼배를 드린 다음 부모님을 생각하며 삼배를 또 드리고 나자 은사 스님께서 축원을 해 주셨다. 그것으로써 수계식이 끝났다.

석가모니 부처님께서는 계를 기초로 하여 성불을 하셨다. 그리고 보리수菩提樹 아래서 무상정각無上正覺을 이루신 부처님께서 처음으로 하신 일이 보살의 대승 율법을 결정하신 것이었다. 그 내용은 부모와 스승과 삼보三寶, 그리고 지극한 도道에 대하여 효순孝順하라는 것이었다. 효순을 바로 '계戒'라고 하며, '제지制止'라고도 한다.

그러므로 계를 받지 않으면 진실한 불제자라 할 수 없고, 계를 받아야 그때부터 진정한 부처님의 아들딸이 될 수 있는 것이다. 계는 감옥에서 풀려나오는 것과 동일하며, 욕심을 끊고 본심으로 돌아가는 것이며, 울타리를 쳐서 짐승의 접근을 방지하는 것과 같은 것이다. 잘못된 악습을 바로 잡아서 윤회의 쇠사슬을 풀고 지옥에서 빠져나오는 것은 수계에 의하지 않고는 불가능한 일이다.

계를 받는다는 것은 악을 없애고 선을 드러내는 것과 같으며, 범부凡夫에서 성인聖人으로 향하는 씨앗을 심은 것과 같다. 번뇌는 악업을 만들고 세세생생 윤회한다. 윤회를 끊고 해탈을 도모하기 위해서는 반드시 먼저 계를 받고 그것을 철저하게 지켜야만 가능해진다. 그러므로 계는 성불을 향한 계단이며 사다리고, 생과 사의 무명無明을 밝히는 등불이며, 먼 길 떠나는 사람의 양식이다.

그릇이 깨끗하고 견고해야 물을 담을 수 있듯이, 계를 지켜 청정한 몸을 만들어야 청정수를 담을 수 있다. 깨끗한 그릇을 만드는 것이 '계戒'며, 거기에 담는 청정수가 '정定'이다. 물이 맑아야 달빛이 밝다. 곧 '혜慧'가 있어야 깨달음을 도모할 수 있는 것이다. 계·정·혜 삼학三學에 의하지 않고 견성見性을 이룰 수 없으니, 견성성불見性成佛의 주춧돌이 '지계持戒'에 해당한다.

수계를 한 다음 그것을 어기는 것을 '파계破戒'라 한다.

사미계를 받고 났을 때 은사 스님께서 말씀하셨다.

"자광아, 고등학교를 다 마치지 못하고 출가했다지? 이제는 시대가 바뀌었으니 중노릇을 제대로 하려면 중도 제도권에서 공부를 할 필요가 있다. 지식으로 사는 현대인을 제도하려면 시대 감각이 있어야 하고, 그들이 사용하는 언어로 교화해야 한다."

"……."

"모든 것이 때가 있는 법이다. 공부도 때를 놓치면 못 하게 되는 것이야. 한두 해 늦은 것은 상관이 없겠지만, 지금 하지 않으면 영원히 못 하게 된다."

"잘 알겠습니다, 스님."

은사 스님이 주지로 있던 건봉사는 강원도 고성에 있었다. 은사 스님은 총무원 일로 주로 서울에 상주하고 계셨지만 건봉사

주지로서 절의 중요한 행사가 있을 때는 고성으로 내려가셨다. 그런 연유로 나로 하여금 고성에서 고등학교 3학년 과정을 마치도록 조처하신 것이었다.

조실부모했던 나로서는 은사 스님이 곧 부모님과 다름이 없었다. 스님의 말씀을 거역할 아무 이유가 없었던 나는 스님의 권유대로 건봉사로 내려가 그곳에서 숙식을 하며 고성고등학교 3학년에 편입, 학교를 다시 다니게 되었다.

정상적으로 학교를 다녔다면 2년 전에 고등학교를 졸업해야 했다. 그 말은 2년 어린 후배들과 어울려 공부를 해야 한다는 말이 된다. 두 살 차이는 사실 벗으로 생각해도 무방할 것이지만, 고등학교를 다닐 나이에는 두 살씩이나 어린 동생들과 동창이 된다는 것은 자존심 상하는 일일 것이다. 자존심에 상처를 받기 싫어서 복학하기를 거부하는 멍텅구리 짓을 했다면 나는 영원히 고등학교 중퇴 학력밖에 소유하지 못했을 것이다.

막상 복학을 해 보니, 사실 우려했던 것처럼 자존심 상할 일은 없었다. 두 살이나 많다는 것은 그만큼 사회성이 높고 경험이 풍부하다는 뜻도 될 것이다. 출가하여 계를 받기까지 인욕忍辱에 대한 공부를 적잖게 한 터여서 어지간한 일에는 화를 내지 않을 수 있었다. 그리고 동급생들도 내가 승려라는 것을 알게 되자 나를 어려워하고 함부로 대하지는 않아서 별 갈등 없이 좋은 성적으로 고등학교 과정을 마칠 수 있었다. 그리고 경전도 이것저것 읽어 냈고 철학 서적은 틈틈이 읽었다.

고등학교를 졸업할 수 있도록 해 주신 은사 스님께 깊은 감사를 드린다. 은사 스님의 배려가 없었다면 내 학력은 고등학교 중퇴로 종료되었을 것이다. 비록 동년배들보다는 늦었지만 고등학교를 졸업할 수 있었던 것은 다행한 일이 아닐 수 없었다.

모든 것은 때가 있는 법이라는 은사 스님의 말씀이 지금도 생생하게 떠오른다.

대중법회 장면

세속과 불가를 넘나들면서 나는 청소년 교화에 관심이 많았다. 고등학교를 마치고 상경한 나는 서울의 조계사에서 은사 스님을 시봉했다. 그러는 한편 어린이 포교 선봉장이신 운문 스님을 도와 불교어린이회 지도법사로 일하기 시작했다. 곧 이어 중·고등학생 회원으로 구성된 염화학생회가 창립되자 그곳의 지도법사로도 일했다.

조계사 주변에는 덕성여고·한성여고·명성여고(現 동국대학교 사범대학 부속여자고등학교)·숙명여고 등이 있었는데, 염화학생회의 핵심멤버는 그 네 학교 재학생들이었다. 여학생들 중에서 꽤 여러 명이 젊은 지도법사인 나에게 관심을 표명하여 내 주변을 맴돌고, 편지를 보내는 극성파도 적지 않았다. 은사 스님께서 눈치를 채지 못하셨을 리가 없었다.

"너를 이곳에 두면 중노릇을 제대로 못 하겠구나. 해인사 강원에 가서 공부하고 오너라."

은사 스님의 권고에 따라 나는 합천의 해인사로 내려가서 강원에 등록하게 되었다. 학인은 1백50여 명이었고, 강주는 운허 스님이었으며, 지관 스님이 중강, 종진 스님이 대교셨다. 강원에서는 6개월마다 학습 법문에 대한 일종의 시험을 치렀는데, 일 등을 두 번 했을 정도로 나는 열심히 공부했다.

나의 은사이신 경산 스님께서 동국학원의 이사장이 된 것은 1962년의 일이며, 그 이듬해인 1963년 7월 1일에는 대한불교조계종 총무원장에 피선되셨다.

1917년 함경북도 북청에서 출생하여 동진童眞 출가하셨고, 19세 되던 해인 1936년에 금강산 유점사에서 홍수암 화상和尙을 은사로 득도하신 경산 스님은 청정 비구의 표상 같은 분이다.

동국학원 이사장과 총무원장이 된 은사 스님은 종비생宗費生 제도를 만드셨다. '종비생 제도'란 장차 불교계를 이끌어 갈 젊은 인재를 양성하여 포교·역경譯經·도제徒弟 양성의 종단 3대 사업을 추진함으로써 불교의 미래를 기약하고자 하는 원로 스님들의 발원이었다.

내가 처음 해인사로 내려갈 때는 6년을 그곳에서 머물며 대교과까지 마칠 생각이었다. 그런데 2년이 경과했을 때 종비생 제도를 앞장서서 만든 은사 스님께서 서울로 올라와 대학을 다니라는 것이었다.

이 무렵 여러 사찰에서 젊은 인재를 추천하여 소위 종비생 1기생이 모집됐는데, 나는 은사 스님의 말씀에 따라 1964년 동국대학교 인도철학과에 입학하게 되었다.

세월이 많이 흐르다 보니 당시 함께 종비생 혜택을 누린 도반들 중 벌써 세상을 뜬 이도 있고, 속퇴俗退한 분들도 있다. 월탄 스님, 월정사의 현해 스님, 지하 스님, 해명 스님 등이 도반이며, 직지사 이법일 교육원장, 동국대학교 장충식 박물관장, 김영길 교수, 도서출판 홍법원의 김정길 대표 등 13명도 도반이었다.

도제 양성책의 일환으로 종비생 제도를 만든 은사 스님께서는 종단 차원의 역경 사업과 포교 사업을 대대적으로 활성화해 나갔다.

종비생 기숙사의 이름은 백상원白象院이고 화계사 내에 위치해 있었다. 나는 백상원에서 먹고 자면서 동국대학교를 다녔다.

우리가 이곳 백상원에서 동국대학교를 다닐 무렵만 해도 일대는 논밭이 벌판처럼 펼쳐져 있었고 산자락도 제법 포근했는데, 이제는 그런 흔적을 찾을 수 없을 정도로 건물들이 꽉 들어찼다. 화계사에 다시 가면 '상전벽해桑田碧海'라는 말을 실감하게 된다.

대학을 졸업한 뒤에 선방禪房을 돌아다니다가 나는 이번에도 은사 스님의 명령으로 군대에 가게 되었다. 그것도 '군승軍僧'이라는 이름으로.

이로써 내 인생은 승려는 승려이되 군복 입은 승려가 돼야 했고, 내가 원하든 원하지 않든 군대라는 곳으로 들어가 포교 활동을 해야만 했다.

제3장

승장僧將의 전설

신분 보장도 없이, 무명용사가 되어 오직 나라를 지키고 부처님의 도량을 지키겠다는 일념으로 구국 구세에 나섰던 승장들의 이야기를 여기에 싣는다.

승장의 전설

나는 승군僧軍이었다.

나는 옛날로 치면 승장僧將이요, 육해공군의 군종 업무를 총지휘한 적이 있으니 외람되지만 국사國師와 비슷한 일을 실제로 수행한 셈이다.

25년을 호국 일념으로 군문軍門에 바친 멍텅구리 자광이 어떤 자세로 임했는지 내 마음 자락을 살짝 보이고 싶다.

그 옛날 임진왜란과 병자호란을 만나 군적도 없이 군번도 없이 전선에 나가 수많은 적을 물리치고 더러는 전사하고, 더러는 부상당했던, 그 숭고한 호국정신으로 산화한 승군들처럼 나 역시 승군이었다.

신분 보장도 없이, 무명용사가 되어 오직 나라를 지키고 부처님의 도량을 지키겠다는 일념으로 구국 구세에 나섰던 승장들의 이야기를 여기에 싣는다.

나는 스님으로서는 처음으로 국방부 군종 전반을 담당하는 책임자로서 육해공군의 기독교, 천주교, 불교 등 군 종교 업무를 총지휘한 적이 있다. 옛날 식으로 말하면 승장의 직책이요, 나아가 국사의 의무이기도 했다. 나는 늘 내가 서산 대사西山大師 휴정休靜 스님이나 사명당四溟堂 유정惟政 스님을 잇는 이 시대의 승장이 되어야 한다고 다짐했고, 그분들을 뒤따라야 한다는 사명감으로 살아왔다.

그래서 나는 틈틈이 우리나라 승군의 역사에 대해 남다른 관심을 가져 왔고, 그러한 역사 자료를 통해 나 자신을 단련시켰다.

우리나라에서 승군의 역사는 실로 깊다. 흔히 '승군'이라고 하면 임진왜란 때를 떠올리기 쉽지만, 실제로 승군의 역사는 삼국 시대부터 있어 왔다. 삼국 통일의 정신적 토대를 원광 법사圓光法師가 만들어 주었다는 건 다 아는 얘기일 것이다.

그리고 고구려에도 승군 기록이 존재한다. 수나라의 백만 대군이 고구려를 침략했을 때 스님들이 구국 전선에 나선 것이다.

이 전쟁에서 고구려의 장수 을지문덕乙支文德은 살수의 강물을 막아 적병이 강을 건너오도록 유도하였다. 그러나 그들은 의심을 하면서 얼른 도강하지 않고 차일피일했다. 수공水攻을 준비하고 기다리고 있던 고구려 군으로서는 안타까운 일이었다. 물을 막아 놓은 게 넘쳐 터지기라도 하는 날이면 작전을 망치게 될 위기였다.

그때 고구려에서 스님들이 나섰다. 가사袈裟를 입은 스님 일곱 명이 태연히 나타나 살수를 건넌 것이다. 이들 스님들은 마치 작은 냇가를 건너듯이 주저하지 않고 바짓가랑이를 살짝 걷은 채 강을 건넜다.

그제야 수나라 군사들은 살수가 그리 깊지 않은 것임을 믿고 도강을 전개했다. 물론 그 즉시 고구려 군은 수공을 가했다. 수나라 군사가 반쯤 강을 건넜을 때 막았던 둑을 터뜨려 대부분 수장시키고, 이미 물을 건너온 군사는 그대로 쳐서 몰살시키고, 도망친 군사들은 뒤따라가 잡아들였다.

승군의 역사는 사실상 삼국시대를 지나 불교를 국교로 삼았던 고려시대에 더 많다. 고려의 전신인 태봉국泰封國을 세운 궁예弓裔 스님의 경우에는 하늘이 아닌 이 땅에 불국토를 건설하려고 나선 분이었다.

궁예는 자신의 내면을 통찰하고 관조하는 관심법觀心法을 알았고, 남의 마음을 읽을 수 있는 타심통他心通까지 익혔다고 알려졌으며, 직접 20여 권이나 되는 경전을 저술하였을 정도로 불교에 해박했다.

궁예는 자신을 '미륵불彌勒佛'이라 자칭했고, 그의 장남과 둘째 아들을 각각 '관음보살觀音菩薩'과 '아미타보살阿彌陀菩薩'이라고 불렀다. 아마도 미륵불 세계를 건설하려는 야망이 그렇게 표현되었을 것이다.

궁예는 미륵불을 주존으로 아미타보살을 모시는, 우리나라 유식학唯識學의 비조鼻祖 태현太賢 스님 계통의 유가종瑜伽宗(법상종法相宗)을 배웠고, 따라서 관음보살을 중시하는 정토淨土 세계를 희구하였다.

그는 지상에 불국토를 세운다는 일념으로 군사를 쓰고, 백성을 다스렸지만 호족 기반이 없는 데 따른 정치적 혼란으로 결국 실패하고 말았다.

궁예는 미륵이 사는 용화龍華 세계를 만들려 했지만, 결국 토호 세력을 기반으로 한 왕건王建 등 적대 세력에 의해 그의 꿈은 한낱 물거품이 되고 말았던 것이다.

하지만 그의 뒤를 이은 왕건은 궁예가 백성들로부터 전폭적인 지지를 받는 데 일조한 미륵사상 내지 불교사상을 더 고양하는 정책을 폈고, 이것이 고려가 불교를 국교로 숭상하는 계기가 되었던 것이다. 고려의 승군이란 곧 불국토 '고려'를 호지하려는 데서 자연스럽게 만들어진 것이고, 어느 면에서 고려 왕조를 떠받치는 중요한 세력으로 등장했다.

그러한 고려 승군의 역사는 거란군의 침입 때 여실히 나타났다.

1010년(현종 1)에 거란군이 침입하여 서경西京이 위기에 놓였다. 이때 승장 법언法言은 사정思政 등과 함께 9천 명의 군사를 거느리고 임원역林原驛에 진을 치고 거란병을 공격하여 적병 수천 명을 살상하는 큰 전과를 올렸다. 이 전투에서 법언은 순국하였다.

승군만으로 9천 명을 동원할 수 있었다는 것은 그 당시 사찰의 규모를 짐작케 한다. 한 절에 수백 명에서 천 명 단위로 수행 집단을 이루었기 때문에 이런 군사 활동도 가능했던 것이다.

고려 승려들의 호국정신

1. 묘청의 난

고려시대에는 묘청妙淸 스님이 일으킨 난을 진압한 또 다른 승장 관선冠宣과 상숭尙崇 스님을 들 수 있다.

1135년(인종 13) '묘청의 난'은 신채호가 우리 역사 1천 년 이래 가장 안타까운 사건이라고 하여 주목받는 난이다. 이 사건은 난의 배경을 떠나 승려가 중심이 되어 난을 일으키고 또 다른 승군이 이를 진압했다는 사실이 매우 이례적이다.

2. 고려 항마군

고려 숙종 때 만주 대륙에는 고구려의 피지배민족이던 여진족이 광범위하게 살고 있었다. 이 중 상당수는 함경도와 지금의 길림성 주변에 살면서 고려에 복속했지만, 흑룡강 지역에 사는 여진족들은 때때로 고려에 조공도 하지 않으면서 영을 어기곤 했다.

이 가운데 동여진 완옌부(完顔部)의 부족장 영가盈歌는 늘 사신을 보내어 내조하였으나, 영가의 뒤를 이은 우야소(烏雅束)가 부족장이 되면서는 고려에 이미 복속한 여진부락을 공격하며 경략하려 들었다. 우야소는 완옌부 대신 고려의 신하를 자처하는 세력이 있으면 반드시 이들을 추격, 함경도 정평定平의 장성長城 부근까지 진출하여 고려군과 충돌하였다. 1103년의 일이다.

고려 조정은 즉시 문하시랑평장사 임간林幹을 보내어 우야소를 정벌하게 하였으나 실패하였고, 다시 추밀원사 윤관尹瓘을 보냈으나 그는 겨우 화맹和盟을 맺어 군사적 충돌을 일시 모면했다. 결국 화맹이란 것도 함경도 지역에 살던 여진족들이 완옌부의 치하로 들어가는 것을 고려가 인정하는 것으로, 고려 측에서 보자면 완패요, 완옌부에서 보자면 완승이었다.

윤관은 이때 왕에게 보고하기를 "신이 여진에게 패한 것은 저들은 기병騎兵이고, 우리는 보병步兵이므로 대적할 수 없었습니다."라고 했다. 즉 기마군과 보군의 싸움으로는 대결이 될 수 없었다는 것이다. 그래서 윤관은 이때 처음으로 고려군의 조직을 대대적으로 정비하였는데, 이때 고려군은 3군으로 편성되었다. 그것이 기마군인 신기군神騎軍, 보군인 신보군神步軍, 승려로 편성된 항마군降魔軍을 두어 이 3군의 별무반別武班을 이끌고 여진 정벌을 준비하였다.

약 3년간 군사훈련을 마친 윤관은 1107년(예종 2)이 되어 자신은 도원수都元帥, 오연총吳延寵은 부원수副元帥로 하여 군사 17만을 동원했다. 그러고는 함흥평야 일대의 여진족을 토벌하고 북청北靑까지 진출하여 함주咸州를 중심으로 9성城을 쌓았다. 또한 남방의 민호民戶를 옮겨 이곳 9성에 이주시켰으며, 특히 길주성吉州城 안에 호국인왕사護國仁王寺와 진국보제사鎭國普濟寺를 창건하고 개경으로 개선하였다.

이로써 함경도 지역의 완옌부는 완전히 소탕되었다. 이 과정에서 항마군은 혁혁한 공을 세웠고, 이들은 호국인왕사와 진국보제사에 주둔하면서 여진족의 공격을 방어하는 책임을 맡았다.

외적 침입에 적극적으로 나선 사례는 이처럼 여진족에 대항하여 싸운 고려 숙종 – 예종 시절의 항마군이 거란족 침입에 맞선 이래 두 번째라고 할 수 있다.

3. 이의방의 난

앞서 묘청 스님이 주동이 되어 문벌 귀족 세력에 맞선 서경 천도 운동이 좌절되면서 고려 조정은 결국 1170년(의종 24) 무신의 난으로 철퇴를 맞았다. 묘청의 난이 일어난 지 겨우 35년 뒤의 일이다. 무신의 난이 일어난 뒤 무신들 간의 쟁투가 일어났고, 이런 중에 이의방이 실권자로 들어섰다.

무신의 난은 말하자면 서경 천도 세력의 역습인 셈이었다. 김부식 이후 대립이 첨예화된 문반文班과 무반武班의 갈등이 이때 이르러 폭발한 것이다.

고려 때 무반은 문반과 더불어 지배층을 형성하고 있었다. 그러나 현실은 그렇지 않아서 무반은 문반에 비해 차별대우를 받았다. 무반은 정3품의 상장군上將軍까지만 승진할 수 있었고, 그 이상 승진하는 것은 불가능했다. 결국 무신은 2품 이상의 재상宰相이 되는 것이 원천적으로 봉쇄되었던 것이다.

그러다 보니 군사 행정을 담당하는 병부의 판사判事나 상서尚書는 모두 문반이 차지하였으며, 외적에 대한 출정군出征軍 편성 시 그 지휘부의 원수元帥, 부원수 등은 무관이 아닌 문관이 맡았다. 그리고 모든 병마사兵馬使도 문관이 차지하였으며, 노상상견례

路上相見禮에서 무반의 최고인 정3품 상장군이 문반의 종3품과 동등하게 대우를 받는 등 사회적 대우에서도 차별이 두드러졌다.

무신의 난은 1170년(의종 24) 8월 국왕의 보현원普賢院 행차를 계기로 발발했다. 정중부鄭仲夫·이의방·이고李高가 주모하였으며, 순검군巡檢軍을 모아 호종扈從한 문관 및 대소신료, 숙관宿官 등 현장에 있던 모든 문관을 몰살하는 대참극이 일어났다. 이들은 난이 성공한 직후 개경으로 달려가 "무릇 문관文冠을 쓴 자는 서리胥吏라도 씨를 남기지 말고 모조리 죽여라."라고 외치면서, 문신을 닥치는 대로 살육하였다. 국왕은 거제도巨濟島로, 태자太子는 진도珍島로 내쫓았으며, 대신 왕제王弟인 익양공翼陽公 호晧를 꼭두각시 왕으로 옹립했다.

그러나 무신의 난이 일어난 지 3년 뒤인 1173년, 동북면東北面 병마사인 문관 김보당金甫當이 무신 토벌과 왕의 복위를 기치로 기병했다. 김보당은 정중부와 이의방을 타도하고 거제도로 쫓겨난 전왕을 다시 세우기로 하였고, 동북면 지병마사知兵馬使 한언국韓彦國도 거병하여 합세했다. 그리고 장순석張純錫 등을 보내 거제도에 있는 국왕을 데려다가 일단 계림鷄林으로 모시게 했다.

그러나 김보당의 거병은 다음 달 안북도호부安北都護府가 출병하여 간단히 제압해 버렸다. 그러자 1170년에 화를 면했던 많은 문신이 이 사건에 연루되거나 혹은 죄를 뒤집어쓰고 수없이 죽었다.

이렇듯 무신이 집권하자 고려 왕실을 실질적으로 지탱해 오던 불교계도 가만히 있지 않았다. 왕자들까지 출가하는 고려 불교의 풍속상 문벌 귀족의 자제로서 출가한 승려들이 압도적으로 많았고, 이들은 곧 무신들에 대한 저항을 선언했다.

먼저 1174년 정월에 귀법사歸法寺의 승려 100여 명이 이의방을 죽이려고 개경으로 진출하여 이의방의 사병과 정면충돌하였다.

그러자 또 중광사重光寺 등 4개 사찰의 승려 2천여 명이 무기를 들고 이의방을 총공격하였다. 그러나 이미 고려의 군권을 쥔 관군을 이겨 내기가 어려워 승군의 기병은 실패하고 말았다.

이의방은 승군에 대한 보복으로 중광사, 홍호사弘護寺, 귀법사, 용흥사龍興寺, 묘지사妙智寺, 복흥사福興寺 등을 파괴해 버렸다.

그러나 승군과 이의방의 전투 중에 조위총趙位寵의 난이 일어나고, 여기에 이의방이 휘말려 있을 때 정중부의 아들 정균鄭筠은 즉시 승군과 결탁하여 이의방을 제거하는 데 성공했다. 이로써 승군들은 정중부의 세력과 결탁하여 무신 통치를 완화시킨 새로운 정치 문화의 장을 열었다.

1176년 공주에서 망이亡伊와 망소이亡所伊가 난을 일으켰을 때에도 승군의 활동이 컸다.

4. 팔만대장경

고려시대 승군 활동 중 가장 훌륭했던 것은 거란군을 물리치기 위해 승군이 똘똘 뭉쳐 만든 팔만대장경 조성 사업일 것이다.

대장경은 고려보다 송나라가 먼저 조성했다. 송나라의 칙판대장경勅版大藏經이 만들어지자 이 무렵 송나라와 빈번하게 교류하던 고려에서는 991년(성종 10) 송나라 사신으로 갔던 한언공韓彦恭이 귀국길에 북송 칙판대장경 481함 2,500권을 가지고 돌아왔다. 이로써 우리나라에 처음으로 대장경의 실체가 알려졌다. 그 뒤 1022년(현종 13)에는 한조韓祚란 사람이 역시 칙판대장경 500여 권을 더 가져옴으로써 대장경에 관한 고려의 관심은 높아만 갔다.

이러한 중에 고려 국왕 현종은 거란족·여진족·몽골족 등 북방 민족의 침략을 막아 내기 위해 군비를 확충하고, 동시에 불력佛力을 빌기 위해 현화사라는 절을 창건했다.

현종이 현화사를 창건한 것은 우리도 송나라처럼 대장경을 새겨 외적을 물리쳐 보자는 생각에서였다. 고려 때만 해도 대장경은 엄청난 힘을 가진 종교적 상징이었고, 그 사실을 완전히 믿었다.

그런 데다 대장경 조성 사업을 시작하자마자 정말 불력이 발휘된 것처럼 거란군이 물러가면서 국경이 조용해졌다.

이에 더욱 고무된 고려 국왕 현종은 송나라판 칙판대장경을 바탕으로 고려대장경을 간행하라는 명령을 내리고, 이를 위해 반야경보般若經寶를 설치했다. 이 반야경보에는 현화사의 승려들을 비롯한 당시 승려들이 대대적으로 참여하여 대장경 내용 중 먼저 『대반야경大般若經』, 『화엄경華嚴經』 등을 판각하기 시작했다.

대장경 판각이 시작된 시기는 대략 1011년(현종 2)경부터다. 이 작업은 수많은 승려에 의해 계속되었고, 무려 20년 뒤인 1031년(현종 22)에 1차 작업이 완료되었다. 20년간의 판각 작업에도 불구하고 칙판대장경에 실린 모든 경전을 작업하지는 못했다.

그래서 문종(1046~1083) 초기에 다시 경판을 새기는 작업을 재개하였고, 문종을 지나 약 40년 만인 1087년(선종 4)에 이르러 이 대장경 판각 작업이 완료되었다. 처음 판각을 시작한 지 무려 76년이 걸린 것으로, 이것을 '초조대장경初雕大藏經'이라고 한다.

초조대장경을 판각하는 작업은 주로 승려들이 맡았지만, 책임자는 당시 별감이었던 최사성崔士成으로 알려져 있다. 최사성은 목종 재위 시절 관직을 여러 번 옮겼는데, 현종 초에는 통군사가 되었다가 그 후 현화사의 창건과 초조대장경 조성의 총책임을 맡은 것으로 알려져 있다. 그러나 그 역시 76년에 이르는 판각 작업 기간을 다 맡은 것은 물론 아니고, 실무 작업은 승려 집단에 의해 꾸준히 이루어졌다.

어쨌든 국가적인 사업으로 완성해 낸 초조고려대장경初雕高麗大藏經은 대략 570함 6천여 권이었다. 『대반야바라밀다경大般若波羅蜜多經』, 『대방광불화엄경大方廣佛華嚴經』, 『대열반경大涅槃經』 등 경經·율律·논論 3장藏이 모두 집약되었다. 송나라에서 먼저 판각한 칙판대장경이 모델이 되긴 했으나, 초조대장경은 칙판대장경의 오류를 수정하고 보완했기 때문에 그 당시로서는 가장 정확하고 풍부한 대장경이 되었다.

경판을 넣은 함은 다른 대장경들과 마찬가지로 천天함에서 시작해 초楚함에 이르기까지 『천자문千字文』의 순으로 순서가 매겨졌다. 『천자문』은 '천지현황天地玄黃'으로 시작해서 570번째 글자가 '진초갱패晉楚更霸' 중의 '초楚'자가 된다.

이 초조대장경판은 대구의 팔공산 부인사에 보관하다가 고려 1232년(고종 19) 살리타Salietai(撒禮塔)가 이끄는 몽골 2차 침입 때 의천義天의 고려속장경高麗續藏經과 함께 불타 버리고 말았다. 판각이 완료된 지 약 150년 만에 불에 탄 것이다.

다만 인쇄본의 경우 일본의 남선사南禪寺에 1,500여 권, 그리고 국내에 200여 권이 남아 있고, 현재에도 일부 발견되는 경우가 있다. 이 초조대장경은 983년에 북송이 칙판대장경을 조성한 데 이어 약 1백 년 만에 세계에서 두 번째로 만든 한역 대장경으로, 고려의 문화 수준이 세계적이었음을 보여 주는 것이다.

그리고 이 초조대장경을 만든 초기부터 나중에 보관하는 데 이르기까지 참여한 수많은 고려 승려가 호국정신으로 일어난 것임을 새삼 돌아보지 않으면 안 된다.

대장경을 통한 고려 승려들의 호국정신은 초조대장경에서 그치지 않았다. 선종 대 의천 스님은 초조대장경을 결집할 때 누락된 것을 따로 모아 '고려속장경'을 만들었는데, 송과 요 등지에서 대장경의 주석서 등 자료를 모아 먼저 불서 목록인 『신편제종교장총록新編諸宗教藏總錄』을 작성하고, 흥왕사에 교장도감教藏都監을 두어 1096년(숙종 1)에 4,760여 권을 간행하였다. 즉 초조대장경 보완본인 셈이다. 이 속장경 역시 초조대장경 판목과 함께 대구 부인사에 보관되었다.

그러고도 초조대장경과 속장경이 모두 몽골군에 의해 불에 타버리자, 1236년 실권자 최이崔怡는 즉시 대장도감大藏都監을 새로 설치했다.

초조대장경이 거란을 물리친 것처럼 이번에는 몽골을 물리치기 위해 또다시 대장경 판각 작업에 나선 것이다. 강화도 선원사를 판각 장소로 정하여 이번에도 승려들이 대거 나서서 대장경 조성 사업을 벌이기 시작했다. 몽골군의 침략이 거세고 집요한 만큼 이번에는 초조대장경 판각만큼 오랜 시간을 끌 수 없었다.

1236년(고종 23)부터 판각에 들어가 1251년(고종 38)까지 약 15년간에 걸쳐 판각 작업을 하여 마침내 팔만대장경八萬大藏經이 완성되었다.

완성된 팔만대장경은 처음에는 강화도성 서문 밖의 대장경 판당板堂에 보관하다가 곧 판각이 이루어졌던 강화도 선원사로 옮겨졌다. 팔만대장경이 완성된 뒤 실제로 몽골군은 침략을 멈추었고, 몽골과 고려는 형제국이 되어 더 이상의 침략은 받지 않았다.

이 팔만대장경 판각의 실무 책임을 맡은 개태사開泰寺의 승통僧統인 수기守其 스님은 초조대장경을 기본으로 하여 송나라와 거란에서 만든 대장경(고려의 초조대장경보다 늦게 만든 것이다.)을 구해 교정하고, 빠진 것을 찾아 넣었으며 초조대장경에는 없던 경서도 많이 구하여 참고자료로 삼아 훨씬 더 완벽한 대장경을 만들었다.

팔만대장경은 다른 나라에서 판각한 어느 대장경보다 충실하여 오자와 탈자가 거의 없는 완벽한 대장경으로 알려져 있다. 또한 총 5천만 자가 넘는 글자가 구양순체歐陽詢體로 하나같이 고르고 정밀하다는 것은 세계적인 자랑거리다.

초조대장경에서 속장경, 팔만대장경으로 이어지는 경판 제작은 1011년(현종 2)에서 고종 38년(1251)까지 고려가 가장 어려웠던 시기에 장장 240년 동안 이루어진 대규모 국책 사업이었던 것이다. 아울러 불교 승려가 국난의 한가운데서 이루어 낸 불멸의 문화유산인 것이다.

5. 승장 김윤후

직접 군사 대결을 한 사례로는 원나라 도원수를 저격한 승장 김윤후金允侯가 있다.

칭기즈 칸의 등장으로 동아시아 질서는 단번에 바뀌고, 이 와중에 고려도 전란에 휩싸였다. 고려는 칭기즈 칸이 이끄는 몽골군이 얼마나 강한 군대인지 정보가 없었다. 그러다 보니 항복하지 않았다. 금나라를 간단히 쳐부순 몽골은 고려쯤은 아랑곳하지 않고 물밀 듯 밀려와 온 국토를 유린했다. 조정은 강화도로 피란하고, 장수들은 숨고 군사들은 흩어졌다. 그러나 이러한 절체절명의 위기에서 승장 김윤후가 일어났다.

김윤후는 원나라 5차 침략 때인 1254년에도 충주성의 함락을 막았다. 이때 상주산성을 지키고 있던 승장 홍지洪之는 백발백중의 실력으로 적의 지휘관을 사살하고 사기를 꺾었으며, 여러 차례의 공방전으로 적의 병력 반 이상을 살상하여 적을 물리쳤는데, 이 5차 침략 때 함락되지 않은 성은 충주성과 상주성뿐이었다.

6. 그 밖의 고려 승군의 활약

고려 후기에는 승군의 세력이 매우 강성하였다. 1359년(공민왕 8) 12월에 홍건적紅巾賊의 침입이 있자 선교 양종禪敎兩宗의 승려들이 참여하여 이들을 막았고 전국의 사찰에 있던 말을 군용으로 보충시켰다.

이뿐만이 아니었다.

1377년(우왕 3)에 화통도감火㷁都監을 세우고 화약제조술을 중국에서 도입하였을 때, 1급의 비밀에 속한 기술요원은 승군에서 충당하였고, 화통을 쏘는 포군砲軍은 서울과 각 지방의 사찰에 인원을 할당하여 조직하였다. 신무기인 화약을 다루는 일에 승군이 참여했다는 것은 당시 승군에 대한 조정의 기대가 얼마나 컸는지 짐작케 한다.

1378년 3월에는 대마도와 강화도 인근의 왜구가 개경 함락을 목적으로 대거 침략하게 되자, 조정에서는 경상도와 양광도楊廣道에서 1,000인의 승군과 교주, 서해·평안도에서 각 500인의 승군을 차출하여 병선을 제조하고 화약병기를 사용하여 적을 물리치게 하였으며, 1388년 4월에는 승군들이 왜구의 침략을 막았다.

병자호란에 나선 승장 각성,
정묘호란에 나선 승장 명조

병자호란 때에는 각성覺性이, 정묘호란 때에는 명조明照 등의 의승군義僧軍이 활약하였다.

각성은 1624년(인조 2)에는 팔도도총섭八道都摠攝이 되어 남한산성을 쌓는 일을 감독하였고, 병자호란이 일어나서 왕이 남한산성으로 피란하였다는 소식을 듣고 승군을 모집하여 북상했으나 도중에 왕이 항복했다는 소식을 듣고는 진군을 중지하였다.

명조는 1627년 후금이 침략해 오자 의승군 4천 명을 거느리고 안주安州에 진을 쳐서 크게 전공을 세웠다. 그뿐만 아니라, 1636년 병자호란 때에도 명조는 군량미를 모아 전선에 보급하는 등 의병장으로서 활약하였다.

병자호란 후에 승군들은 산성의 수축 및 수호에 주력하였는데, 그 대표적인 곳으로는 남한산성과 북한산성에 두었던 남한치영南漢緇營과 북한치영北漢緇營을 들 수 있다.

각성이 감독하여 쌓은 남한산성 안의 남한치영은 각 도에서 의승義僧을 불러서 번을 서게 하였고, 성 안의 9개 사찰 승군으로 하여금 성을 지키게 하였으며, 도총섭都摠攝 1인 밑에 중군中軍 1인, 교련관敎鍊官 1인, 초관哨官 3인, 기패관旗牌官 1인, 성 안팎 10개 사찰의 원거승군原居僧軍 138인, 의승 356인을 두었다.

북한치영은 1711년에 북한산성을 쌓으면서 생겨나게 되었다. 주위 7,620보步에 장대將臺 3곳, 대문 4곳, 암문暗門 10곳을 비롯하여 도총섭이 있는 중흥사重興寺를 중심으로 태고사·노적사·서암사·경흥사·국녕사·원각사·부왕사·보광사·보국사·용암사·봉성암 등의 사찰이 있었으며, 이들 사찰에 승군들이 머무르면서 산성을 수호하였다.

승영僧營에는 도총섭 1인과 중군·좌별장左別將·우별장右別將·천총千摠·파총把摠·좌병방左兵房·우병방右兵房 각 1인, 교련관·기패관·중군병방中軍兵房 각 2인, 오기차지五旗次知 1인, 도훈도都訓導·별고감관別庫監官 각 1인, 사료군射料軍 10인, 서기書記 2인, 통인通引 2인, 고직庫直 3인, 책장무冊掌務·판장무板掌務 각 1인, 취수吹手 2인, 각사승장各寺僧將 11인, 수승首僧 11인, 의승 350인을 두었다.

제4장

멍텅구리 스님들 다 모였네

이 멍텅구리 선사들, 이분들의 삶에는 쓰레기가 없다. 버릴 것이라고는 아무것도 없다. 죽음마저도 선사들에게는 설법이 되는 것이다. 얼마나 고귀하면 신던 신이며 먹던 발우며 입던 낡은 옷가지마저 경외의 대상이 된단 말인가. 그러니 그런 선사들에게 이 세상이란 얼마나 고귀했겠는가.

＊참고문헌 - 『깨달음의 노래, 해탈의 노래』(이재운)

제자를 기다리며 9년 면벽한
보리달마 菩提達磨

인도에서 부처님의 법을 스물여덟 번째로 이어받은 달마 스님이 계시다. 인도 스님이다. 그런데 이 스님은 멍텅구리 같은 생각을 했다. 인도를 떠나 머나먼 땅 중국까지 들어가 포교를 하려고 결심한 것이다. 말이 통하나, 관습이 익숙하길 하나, 도무지 말이 안 되는 일을 꾸민 것이다.

달마는 520년에 처음으로 교화의 길을 중국으로 잡고 험난하고 먼 길을 떠났다.

중국 금릉金陵이란 곳에서 당시 양梁나라의 왕이던 무제武帝를 만나게 되었다. 무제는 독실한 불교 신자로서 많은 절과 탑을 세우고 갖가지 공양을 해 오던 터였으므로 아주 당당한 자세로 달마를 대하고 문답을 청했다.

그 머나먼 길을 고생 끝에 와서 양나라 왕을 만났으면 이건 큰 행운이다. 부처님도 아사세왕阿闍世王 같은 이들을 시주로 삼아 큰일을 하셨고, 또 아소카Asoka 같은 왕이 있어서 엄청난 불사를 하지 않았는가. 그런데 중국 땅에 발을 딛자마자 그 힘 좋다는 양 무제를 만나다니, 이런 행운이 어디 있을까.

"존자께서는 무얼 가지고 이 먼 길을 오셨습니까?"

그런데 달마 스님 대답이 엉뚱했다.

"나는 아무것도 가져온 게 없습니다."

신기한 법문을 잔뜩 기대하고 있던 무제에게 내려진 대답은 당시의 교종教宗 풍토로 보아 전혀 알아들을 수 없는 낯선 말이었다. 『금강경金剛經』이나 『법화경法華經』, 『화엄경華嚴經』 같은 비밀한 경전을 지참하고 왔어야지 맨몸으로 올 리가 없다고 믿고 있던 무제가 하도 어이가 없어 하소연 같은 질문을 던졌다.

"나는 수없이 많은 절을 짓고 탑을 쌓았는데 어떠한 공덕이 있을까요?"

"공덕은 무슨, 전혀 없습니다."

갈수록 태산이다. 이 멍텅구리 달마가 뭘 몰라도 한참 모르는 모양이다. 양 무제는 놀라 자빠질 지경이다.

"예?"

스리랑카 대통령 내외와 함께

"맑은 지혜는 그 밝음으로 두루 비칠 뿐, 하고자 해서 하는 일로는 구할 수가 없는 것입니다."
"무엇이 맑은 지혜입니까?"
"그런 것은 원래 없습니다."
이건 또 무슨 소리인가. 양 무제는 화가 치밀었다.
"나하고 얘기하고 있는 그대는 대체 누구시오?"
"모르겠습니다."
무제는 화만 내고 돌아섰다.

멍텅구리 달마는 아무 일도 없었다는 듯 제 갈 길을 갔다. 그리고 그는 생각했다.

중국 불교는 벌써 부처님의 생각과 엇나가고 있었던 것이다.

부처님이 말법末法의 시대에나 일어나리라고 했던 현상이 이미 일어나고 있다고 생각한 달마는 올바른 법을 중국에 심기 위해서는 정말 큰 힘을 쓰지 않고는 어렵다는 판단을 하게 되었다. 고등 샤머니즘으로 전락한 불교를 깨달음의 종교로 일으켜 세우기 위해서 홀로 큰 짐을 진 달마는 그길로 낙양洛陽의 숭산嵩山으로 가서 '소림少林'이라는 작은 굴속에서 면벽面壁에 힘을 기울였다.

달마는 이미 가장 효과적인 교화가 무엇인가를 파악하고 침묵의 9년을 면벽으로 보냈다.

멍텅구리 달마가 면벽 9년을 하지 않고, 만일 양 무제를 따라 궁궐로 들어갔더라면 오늘날 우리가 알고 있는 혜능慧能, 임제臨濟, 휴정休靜, 용성龍城 등등의 대선사들은 없었을 것이다. 그래도 달마가 9년간이나 악착같이 한 인물을 기다렸기에 가능한 일이었다.

그럼 또 이런 멍텅구리 달마를 9년 만에 찾아온 멍텅구리는 누구인가 보자.

제 팔을 잘라
선혈이 낭자한 채 바친 혜가

달마의 말 없는 교화가 9년째로 접어들던 어느 해 엄동설한에 신광神光이라는 스님이 찾아와 친견을 애원했다. 신광은 유불선儒佛仙의 깊은 이치를 통달한 당대의 유명한 지식인이었다. 스님이라기보다는 아마도 도사道士에 가까웠을 것이다.

그는 달마의 말 없는 교화에 처음으로 설득된 스님으로, 달마를 스승으로 모시고 더욱 깊은 진리를 밝혀내고자 찾아온 터였다.

그러나 신광을 맞이하는 달마의 태도는 이해할 수 없을 정도로 냉정하였고, 또한 잔인했다. 달마는 면벽한 채로 아무런 반응도 보이지 않았다. 아무리 날이 가도 반응이 도무지 없었다.

그러던 어느 날, 엄동의 매서운 추위에 눈마저 펄펄 내리는 겨울이었다. 그 긴 밤을 신광은 굴 밖에서 그때까지 이루어 온 자신의 상像을 모두 걸고 인내로 꼬박 지새웠다. 굴속에서 면벽을 하면서 태연한 양 앉아 있는 달마의 마음인들 어찌 편안했겠는가. 신광보다도 더 애타고 초조하게 하룻밤을 지새웠을 것이다. 9년이나 기다려 온 만남인데, 혹시나 이 한 밤 견디지 못하고 좌절하기라도 한다면 어찌할까 하는 달마의 조바심도 긴 겨울밤을 나기엔 너무나 힘든 고비였다. 그러면서도 그러한 내색은 전혀 나타내지 않고 석굴의 바윗돌마냥 굳은 표정으로 눈썹 하나 까딱하지 않았다. 제자를 삼기 위한 노력이 이러한데 구도의 입장에 선 신광이야 그 간절함이 오죽했으랴.

'옛 사람들은 도를 구하기 위하여 뼈를 깎고 피를 뽑아 굶주린 맹수에게 던져 주고, 머리를 풀어 부처님이 지나가실 진흙탕을 덮었으며, 절벽에서 몸을 던져 호랑이에게 먹혔는데 오히려 나 같은 미천한 존재가 감히 편안한 자세로 도를 얻으려 하다니 이래서야 되겠는가?'

신광은 이렇게 단단히 마음을 먹고 폭설이 쏟아져 내리는 추운 겨울밤을 견뎌 갔다. 마침내 어둠이 서서히 가시고 동녘으로부터 밝은 햇살이 소림사를 비추기 시작했다. 소림사는 나중에 그 자리에 세워진 절일 뿐, 이때까지는 그저 토굴에 지나지 않았다.

그제야 달마는 겨우 신광을 돌아다보았다. 그러고는 그때까지 배운 어눌한 중국어로 물었을 것이다.

"너는 무엇 때문에 밤새 눈을 맞으며 서 있는 것이냐?"

신광은 눈물로 범벅이 되어 말했다.

"존자시여! 자비를 베푸시어 지혜의 문을 열어 주십시오."

그러자 달마는 버럭 화를 내며 신광을 꾸짖었다.

"부처님들은 네가 구하고자 하는 지극히 높고 묘한 지혜를 얻기 위하여 수백 년, 수천 년, 수억 겁의 기나긴 세월을 정진으로 일관하여 어렵고 괴로운 것들을 모두 이겨낸 끝에서야 겨우 그 진리를 깨달아 얻어 내시곤 했는데 너는 그까짓 하룻밤의 얄팍한 덕으로 어찌 큰 지혜를 얻어 내려고 한단 말이냐? 어디 가서 경이나 읽어 주고 목탁을 두드리면서 천도재薦度齋나 치러 주며 적당히 살면 편하지 않을까?"

꾸지람을 들은 신광은 달마의 말이 끝나자마자 칼을 빼어 왼쪽 팔을 댕강 잘라 버렸다. 잘린 팔에서 솟아나는 분수 같은 선혈이 소림사 주변을 붉게 물들였다. 신광은 오른손으로 잘린 팔을 집어 들어 달마에게 바쳤다.

그제야 달마는 신광의 잘린 팔을 받아들었다. 그리고는 신광의 이름을 '혜가慧可'로 고치게 하였다. 제자로 받아들인 것이다.

무식한 나무꾼이 감히 불교를 공부해

부처님 당시에도 무식한 수행자가 있었지만, 그거야 수많은 승가 중의 일 인으로 있을 수도 있는 법이려니 하면 그만이다. 문제는 달마 스님으로부터 대대로 내려오는 정법正法의 한 자락을 쥔 스님이 하필 일자무식의 나무꾼이라서 문제다.

오늘날 조계종에서는 출가 수행자에 대한 여러 가지 단서를 붙이고 있다. 나이는 물론 심지어 학력까지 제한하고 있다. 이 제한에 따르면 이 나무꾼 스님은 가사袈裟도 입을 자격이 못 된다. 참, 멍텅구리들이야. 하는 짓들이 세속의 못된 것만 배워 들이니.

이 나무꾼 스님이 없었던들 어찌 오늘의 저희들이 있을 것인가. 참으로 재미있는 세상이다.

아무튼 이 멍텅구리 스님의 이름은 혜능慧能이다. 나중에 스님이 돼서 부른 이름이니, 이때는 노盧 행자였다.

어려서 아버지를 잃은 혜능은 늙은 어머니를 봉양하기 위해 나무 장사를 했다. 어느 날 땔감을 지고 장터에 나갔다가 어떤 나그네가 『금강경金剛經』을 독송하는 것을 얼핏 들었다. 다른 말은 비가 오나 보다 바람이 부나 보다 하는 정도로 다 그냥 지나갔는데, "마땅히 머무는 바 없이 그 마음을 내라(應無所住而生其心)."는 말 한마디가 혜능의 귀에 덜컥 매달려 떨어질 줄 몰랐다. 혜능은 나그네에게 다가가 무슨 책이냐고 물었다.

"부처님의 말씀이 적힌 『금강경』이라는 책이야."

"그 책을 어디 가면 구할 수가 있나요?"

"자네 같은 나무꾼은 볼 필요 없어."

혜능은 사정하고 매달려 그 책을 구하는 법을 더 물었다.

"허 참, 보아 하니 책표지를 보고도 『금강경』이라고 읽지도 못하는 일자무식인 듯한데, 이걸 구해 뭘 하나? 나무 한 짐이라도 더 해다 팔지. 하여튼 물으니 알려 주기는 하지. 황매현의 동선사東禪寺로 가 보게. 거기 홍인 대사弘忍大師가 계신데, 누구에게든지 이 경을 읽으라고 권하지. 『금강경』을 지니고 틈틈이 독송을 하면 누구나 성불한다는 거야. 물론 자네 같은 나무꾼도 성불할지 어떨지는 모르지만."

이 멍텅구리는 다른 건 다 모르고 '머무는 바 없이 마음을 내라.'는 그 한 구절에 마음을 다 뺏기고는 집으로 돌아가 일단 늙은 어머니가 혼자 살 방도부터 마련했다. 나무도 더 열심히 했다. 피가 나도록 노력한 끝에 혜능은 그간 벌어 놓은 돈이며 세간을 챙겨 어머니 혼자서 살 수 있도록 마련했다. 그래 놓고, 나중에 다시 와서 어머니를 돌볼지언정 이제는 동선사로 가고 싶었다.

혜능은 동선사로 가 홍인 대사 앞에 납작 엎드렸다.

"저는 영남 신주에 사는 백성입니다. 스님을 뵙고자 하는 이유는 부처가 되고자 할 뿐 다른 뜻은 없습니다."

"영남이면 본시 무식한 오랑캐가 사는 땅인데, 오랑캐가 어떻게 성불한단 말인가? 그냥 집으로 돌아가."

"『금강경』을 읽으면 누구나 다 성불한다는데, 오랑캐라고 못할 리가 있습니까?"

"건방진 나무꾼 녀석이 감히 말장난이나 하려 들어? 정 집으로 돌아가기 싫으면 나가서 밭일이며 방아를 찧고 너 잘하는 장작을 패라."

홍인 대사도 멍텅구리지, 그런 나무꾼 하나 더 받아서 뭘 어쩌겠다고. 알 수 없다. 공부 많이 한 젊은이를 받아들여 그런 이를 가르쳐야 불교가 발전하지, 글 한 자 모르는 나무꾼을 데려다가 뭘 하겠다는 걸까.

홍인 대사는 여덟 달 동안이나 혜능에게 방아 찧는 일만 시켰다. 그러고 보니 홍인 대사가 약아빠진 모양이었다. 그러면 그렇지. 멍텅구리가 아닌 바에야 일이라도 시켜 먹으려고 잡아 둔 것이다.

혜능은 잠자코 기다리며 시키는 일만 열심히 했다. 그러고 보니 절에 딸린 머슴 꼴이 되고 말았다. 나무꾼보다 더 나을 것도 없었다.

그러던 어느 날 홍인이 후원을 둘러보러 나왔다가 혜능의 곁을 지나며 이렇게 말했다.

"너 여기서 헛고생하는 거 아니냐? 그만 집에 가지?"

"헛고생할 것 같았으면 스님한테 달려가 떼를 썼지요. 그런데 일 년이 다 가도록 스님 방문 앞에는 얼씬도 하지 않았잖습니까?"

"허, 그놈. 네 마음이 시키는 일이면 그렇게 하렴."

그러고도 그만이었다. 그런데 그만 사건이 일어났다.

혜능의 나이 서른세 살이 되던 해인 671년의 어느 날, 홍인은 대중을 불러 놓고 전법의 시기가 왔음을 알렸다.

"너희들은 지금부터 각자의 깨달음을 게송偈頌으로 지어 와라. 그 가운데에서 참으로 진리를 밝힌 사람이 있으면 그에게 의발衣鉢을 전하겠다."

대중들 사이에선 신수神秀라는 상좌가 전법을 받게 될 것이라는 소문이 나돌고 있었다. 또 그만한 실력을 갖춘 스님이기도 했으므로 그를 따르는 많은 스님은 아예 장담을 하고 다녔다.

신수도 대중의 뜻을 알고 홍인이 자주 드나드는 복도 벽에다 게송을 지어 붙였다.

이튿날 신수의 게송을 읽어 본 홍인은 짐짓 칭찬을 했다.

"이 게송을 읽고 외우면 반드시 깨달음을 얻을 것이다."

홍인의 이러한 인정이 내려지자 사람들은 게송 앞에 다투어 향을 사르고 예배를 하는 등 법석을 떨었다.

그때 혜능도 게송 앞에 나가서 예배를 했다. 그러나 그는 한문을 읽을 수가 없으므로 다른 사람에게 부탁을 해서 게송의 내용을 들었다. 신수의 게송을 들어 본 혜능은 빙그레 웃으면서 그 자리에서 게송을 지어 곁에 있는 사람에게 글로 써 달라고 했다. 혜능의 게송이 벽에 적히자 대중은 웅성거리기 시작했다. 신수의 게송을 간단히 묵살하는 내용이었다.

몸은 보리수
마음은 밝은 거울
부지런히 갈고 닦아
먼지 앉고 때 묻지 않도록.

_ 신수

보리수 원래 없고

거울 또한 틀이 아니다.

본래 아무것도 없는데

어디에 먼지 앉고 때가 끼는가?

_ 혜능

혜능의 게송이 경내를 떠들썩하게 하자 홍인이 직접 나와서 게송을 읽어 보았다. 홍인은 신짝을 벗어 혜능의 게송을 박박 지워 버렸다.

"이건 깨달음의 '깨'자에도 미치지 못하는 개소리다."

다음 날 홍인은 절의 살림을 살핀다며 방앗간에 나갔다. 때마침 혜능은 허리에 무거운 돌을 달고 방아를 밟고 있었다.

"그래, 쌀은 좀 익어 가느냐?"

"예, 쌀은 익은 지 오래되었으나 키질을 아직 못 하였습니다."

씨 박힌 문답이다. 홍인은 대답 대신 지팡이로 방아머리를 세 번 두드리고 갔다.

혜능이 스승의 뜻을 짐작하고 그날 밤 삼경三更에 조실祖室을 두드리니 홍인은 이미 기다린 지 오래였다. 발을 내려 빛을 차단하고 법문을 시작하였다. 이를테면 키질이 시작된 것이다.

홍인이 『금강경』을 설명해 나갔다. 환희의 범벅 속에서 홍분을 이기지 못한 혜능은 당장에 게송을 지어 바쳤다.

홍인은 마침내 혜능의 오도悟道를 인가하고 이렇게 말했다.

"이제 너는 제6조가 되었다. 너에게 의발을 주마."

한밤중에 전법을 마치니 아는 사람이 있을 리가 없었다.

이렇게 해서 저 멍텅구리 부처님에게서 시작된 정법이 역시 멍텅구리 달마를 거쳐 멍텅구리 일자무식 혜능에게 내려온 것이다.

세상에 이런 법은 없었다. 수많은 스님을 제치고 어떻게 방앗간에서 노새처럼 일이나 하던 불목하니에게 법을 전한단 말인가.

홍인 대사는 그길로 혜능더러 멀리 도망치라고 했다. 그 말에 따라 혜능은 달마 때부터 전해 내려온 의발을 들고 멀리멀리 도망쳤다.

이 멍텅구리들이 희한한 일을 저지른 뒤 중국 선禪은 원자탄이 폭발하듯이 크게 터졌다. 얼마나 위대한 선사禪師들이 이 무렵 혜능에게서 쏟아져 나왔는지 다들 잘 알 것이다.

너무 추워 불상을 쪼개
방을 데웠습니다

단하 천연丹霞天然이라는 젊은 선사가 있었다.

어느 날 혜림사慧林寺라는 절에 찾아갔는데, 하필 엄동설한이었다. 눈이 너무 많이 내려 스님들이 땔나무를 구하지 못했다. 있는 걸 조금씩 나누어 때면서 겨우겨우 얼어 죽지 않을 정도로만 버티는 게 아닌가.

단하 스님도 추워 죽을 지경이었다. 한밤중이 되자 방에 온기마저 사라져 얼음장처럼 변해 갔다.

"아이고, 이런 멍텅구리들."

단하는 도끼를 찾아 들고 법당으로 들어갔다. 그러고는 수미단須彌壇에 폼 나게 앉아 있던 불상을 잡아끌어 내렸다. 그걸 땅바닥에 내팽개치고는 도끼로 조각조각 잘라 버렸다. 그러고는 그 조각으로 스님들이 오들오들 떨고 있는 방마다 불을 지펴 주었다.

스님들이 깜짝 놀라 밖으로 나왔다.

"아니, 땔감이 없는데 무얼 지폈을까? 참 희한한 일도 다 있네."

그렇게 웅성거리는 스님들을 향해 단하 스님이 천연덕스럽게 말했다.

"법당에 있던 목불木佛을 갖다 뗐습니다. 따뜻하지요? 역시 우리 부처님은 영험하시다니까? 꼭 복을 내려 주신단 말이야."

깜짝 놀란 스님들은 큰일이 났다면서 법석을 떨었다. 그야말로 수백 생을 다 바쳐도 그 죄는 씻을 수 없는 대죄라고 입을 모았다. 지옥엘 가더라도 가장 고통스런 무간지옥無間地獄에 가야 마땅하다고도 했다. 성질 급한 누군가는 아궁이에서 덜 탄 나뭇조각을 꺼내 들고 꺼이꺼이 울었다.

"아니, 어떻게 부처님을 섬기는 사람으로서 차마 부처님을 아궁이에 집어넣을 수 있소!"

경내가 발칵 뒤집혀 이 몰상식한 단하를 성토하고 있을 때 그는 정말 천연덕스럽게 말했다.

"나는 불상이 다 타면 사리 좀 챙겨 보려고 했지. 부처님 진신사리眞身舍利가 서 말 서 되는 나올 거 아닌가?"

"아니, 이 멍텅구리 같은 중놈아! 목불에서 무슨 사리가 나온다고 그런 미친 짓을 했단 말이냐? 그건 진짜 부처님이 아니라 나무토막이란 말이다, 나무토막!"

"그래? 나무토막이었어? 그렇다면 왜들 난리야? 나무토막이 타는 걸 가지고, 안 그래! 어휴, 멍텅구리들."

단하 스님은 행여 부처님을 우상화할까 경계했던 것이다. 사리도 나오지 않는 부처님이라면 깎아 놓은 조각에 불과한 것이고, 조각이라면 나무에 지나지 않는 것이다. 상징은 어디까지나 상징으로 받아들여야지, 그 이상까지 빠지는 것은 선승의 도리가 아니라는 것이다.

대개 한 종교가 생겨나 발전하고 나면 으레 의식화되기 시작한다. 의식이 더욱 복잡해져 무슨 법회라도 한 번 열라치면 삼귀의례부터 시작하여 수십 분이 지나야 설법이 시작된다. 오래된 종교일수록 의식은 더 복잡해진다. 의식 없이 설법을 바로 하려면 신도들도 심심해한다. 그러다 보니 의상衣裳, 불구佛具 같은 게 자꾸 발전한다. 어떤 종교이든 의식이 발달하면 삿된 길로 빠지기 쉽다.

단하 같은 멍텅구리가 있어 우리 불교는 늘 생동감이 넘치는 것이다.

죽는 시범을 보여 주마

1.

신찬神贊이라는 스님이 있었다.

나이가 많으나 적으나 인간은 대부분 죽음을 두려워한다. 몸이 조금만 아파도 죽지 않을까 겁이 나서 당장 병원으로 약국으로 달려간다. 그런데 멍텅구리 스님들은 몸이 아파도 약을 쓰지 않고 버티다가 그냥 죽어 버린다.

여기 신찬 스님도 그렇다.

어느 날 신찬 스님은 임종이 가까워지자, 삭발과 목욕을 마친 다음 종을 쳐서 대중을 불러 모았다.

"여러분, 소리 없는 삼매三昧를 아는가?"

아무도 대답하지 않았다.

그도 그럴 것이 '소리 없는 삼매'가 무슨 뜻인지 알 길이 없었다. 그러자 신찬이 자애로운 미소를 지으면서 말했다.

"내가 소리 없는 삼매의 소리를 들려줄 테니 조용히 들어 봐. 다른 생각 말고. 가만히들 있어 봐."

대중들은 숨을 죽이고 굉장한 일갈이 내려지나 보다 하면서 잔뜩 귀를 기울였다.

시간이 적잖이 흘렀다. 침 삼키는 소리만이 이따금 날 뿐, 수많은 사람이 앉아 있는 법당은 조용했다. 시간이 한참 흘러 지루해진 대중들이 두리번거리다가, 누군가 참지 못하여 일어나 스승에게 다가갔다.

신찬은 벌써 소리 없는 삼매를 보인 뒤였다. 즉, 고요한 열반에 이미 들었다. 어리석은 대중들은 아무도 소리 없는 삼매를 듣지 못했다.

2.

죽는 시범을 보인 스님으로는 동산 양개洞山良价를 빼놓을 수가 없다. 동산은 임종을 앞두고 대중에게 최후 문답을 허락했다.

먼저 동산의 질문이 내려졌다.

"나는 부질없는 이름을 세상에 남기게 되었다. 누가 그 흔적을 지워 주겠느냐? 이대로는 부끄러워 세상을 뜰 수가 없다."

대중이 모두 침묵만 하고 있을 때 한 사미沙彌가 일어나 앞으로 걸어 나왔다.

"화상和尙의 법호法號를 말씀해 주시면 제가 깨끗이 없애 드리지요."

"아이고, 고맙다. 이제 부질없는 이름이 없어졌다."

서기 869년, 즉 당나라 함통 10년 3월에 스님은 문인들을 시켜 머리를 깎고 옷을 갈아입은 다음 종을 치게 한 뒤에 태연히 앉아서 세상을 떴다.

그러나 동산 스님의 임종은 여기서 끝나지 않았다. 울고불고 설치는 제자들이 영 거슬렸던지 차마 그냥 갈 수가 없었다. 다시 깨어나 벌떡 일어난 동산은 제자들을 호되게 꾸짖었다.

"아, 정말 시끄러워 죽지도 못하겠구나. 사문沙門이란 마음이 집착되지 않아야 참된 수행자라고 할 수 있다. 삶은 힘들고, 죽음은 휴식하는 것인데 슬픔과 무슨 관계가 있으랴!"

그러고는 주사승을 시켜 한바탕 우치재愚癡齋를 지내 대중들의 어리석음을 꾸짖게 했다. 그러나 대중들이 여전히 사모의 정을 그치지 않자 동산은 일주일을 더 기다렸다.

공양 때가 되자 동산도 상석에 앉아서 음식을 받아먹었다.

"중의 집안에는 일이 없어야 하는데, 대체로 떠날 때가 되면 이처럼 수선을 떠는구나."

8일째 되는 날, 동산은 목욕을 마치고 나서 할 수 없이 입적에 들었다.

3.

당나라 함통 초(서기 874년)에 보화普化라는 스님이 계셨다. 이 스님이 어느 날 시장에 나가 장사꾼들에게 장삼長衫을 구걸했다. 평소 시장 바닥에서 기행을 일삼던 터였기 때문에 가게마다 그가 달라는 대로 내주었다. 그러나 달라고 할 때와는 달리 막상 장삼으로 쓸 옷감을 주면 아무것도 받지 않고 방울만 흔들면서 돌아갔다. 그러기를 수도 없이 부지런히 무슨 바쁜 일이라도 있는 모양으로 시장을 돌아다니고 거리를 쏘다녔다.

그때 눈치를 챈 임제 스님이 관을 하나 사다 주니 보화가 웃으면서 말했다.

"임제 녀석이 제법 영리하구나!"

관을 받은 보화는 대중들에게 자신의 죽음을 예고했다.

"나는 내일 동문 밖에서 죽을 것이다."

이튿날 동문 밖에는 구경꾼으로 득실거렸다. 죽겠다고 선언하고 죽는 게 어디 흔한 구경거리인가. 하지만 관을 짊어지고 동문까지 나갔던 보화가 구경꾼들을 향해 소리쳤다.

"오늘은 푸른 새가 오지 않았다. 내일 남문 밖으로 장소를 옮겨 죽을 것이다."

푸른 새는 다리가 셋인 새로 저승사자를 뜻한다. 죽을 때가 안 되었다는 말이다.

이튿날이 되자 그는 또 죽지 않고 서문에서 죽겠다 하고, 다음 날 서문에서도 여전히 북문으로 미루는지라, 나흘째 되던 날 그가 북문으로 향할 때는 사람들은 미치광이에게 속은 것이라며 아무도 따라붙지 않았다. 그제야 보화는 관을 짊어지고 북문 밖으로 나갔다. 관을 내려놓고 한참 동안 방울을 흔들던 그는 관 속으로 들어가 스스로 뚜껑을 덮어 버렸다. 눈 밝은 제자 두엇만 이 멋진 법문을 볼 수 있었다.

4.

그런가 하면 여기 더 멋진 스님도 있다.

이 스님은 법호를 경통景通이라고 하는데, 어느 날 제자들을 모두 불렀다. 그리고는 뜰 앞에 장작을 쌓아 놓고 정오가 되거든 와서 알리라고 부탁했다.

제자들은 스승이 이르는 대로 대웅전 앞마당에 장작을 높이 쌓아 두고 있다가 해가 중천에 오르자 스승에게 달려가 때를 알렸다.

"스님, 해가 중천에 올랐는데요?"

스승이 세상을 떠나려는 줄도 모르고 고해바친 것이다.

경통은 곧 촛불을 켜 들고 스스로 장작더미 위에 올라섰다. 삿갓을 벗어 뒤로 젖혀 원광圓光(부처님이나 보살 등의 등 뒤에 나타나는 둥그런 빛)의 모습을 하고 항마저降魔杵(마귀를 항복시키는 몽둥이)의 형상으로 주장자拄杖子를 쥔 채 들고 있던 촛불을 떨어뜨렸다.

"나 마지막으로 설법하련다. 잘들 봐라. 평생에 한 번밖에 할 수 없는 법문이야."

제자들은 그제야 스승이 정말 떠나는 줄을 알고 놀라 허둥댔다.

불길이 서서히 타오르자 경통은 더욱 고요한 미소를 지으며 눈물과 염불로 흐느끼는 제자들을 바라보았다. 장삼에 붙은 불은 온갖 인연과 업보를 모두 녹이려는 듯 화상의 몸속으로 스며들었다.

세상에, 멍텅구리도 이런 멍텅구리가 없을 것이다. 생사를 가르치기 위해 스스로 살아 있는 자신의 몸을 태우다니, 법의 세계는 이렇게도 자비롭고 또 냉엄하다.

경통은 생사로부터 자유롭다는 것을 보여 준 것이다. 또한 제자들에게 생사로부터 자유롭지 않으면 안 된다는 것을 몸소 가르친 것이다. 죽음을 초탈한다는 것을 직접 실험해 보인 경통은 때를 알고 죽었다. 같은 자살이라도 때를 알고 스스로 맞이하는 것은 깨달은 사람만이 누릴 수 있는 행복한 죽음이다.

5.

남 죽는 모습을 재미있다고 표현하면 욕먹을 짓이지만, 참으로 절묘하게 죽는 시범을 보인 스님이 또 있다. 지한志閑이라는 스님이신데, 스님이 어느 날 시자侍者를 불러 물었다.
"죽는 꼬라지를 보면 깨달았는지 사기였는지 다 알 수 있지. 암."
"그렇습니까, 스님?"
"그렇다마다. 앉아서 죽은 스님이 누구냐?"
"승가僧伽 스님이지요."
"서서 죽은 이는?"
"승회僧會 스님입니다."
시자의 야기를 죽 듣고 있던 지한은 자리에서 벌떡 일어났다.
"똑똑히 봐 뒀다가 멍텅구리들에게 전해라. 난 내 때를 알 뿐만 아니라 내 마음대로 죽을 수도 있고, 내 마음대로 살 수도 있다. 내가 일곱 걸음을 걷고 죽을 테니, 넌 '천상천하유아독존天上天下唯我獨尊'이라고 힘껏 소리치거라."

그리고 나서 지한 스님은 여섯 걸음을 걷고 일곱 번째 발을 내딛는 순간 그대로 입적했다.

"천상천하유아독존!"

이 멍텅구리 선사들, 이분들의 삶에는 쓰레기가 없다. 버릴 것이라고는 아무것도 없다. 죽음마저도 선사들에게는 설법이 되는 것이다. 얼마나 고귀하면 신던 신이며 먹던 발우며 입던 낡은 옷가지마저 경외의 대상이 된단 말인가. 그러니 그런 선사들에게 이 세상이란 얼마나 고귀했겠는가.

6.

기왕 죽음을 가지고 노는 스님들 얘기를 했으니 청활淸豁 스님을 빼놓을 수 없다.

청활 스님은 세상과 하직할 때가 되었음을 느끼자 대중과 신도들을 버리고 때를 맞으러 길을 떠났다. 평소 따르던 시자 하나만 따랐다.

고승들이 입적할 때면 대부분 제자들과 최후 문답을 나누거나 임종 설법을 하는 게 선가禪家의 가풍인데, 청활 스님은 달랐다. 오히려 대중과 신도들을 피해 절을 떠났다. 사람들은 청활 스님이 시자를 데리고 유람이라도 떠나는 줄로만 알았다.

스님은 저계苧谿의 돌다리를 지나면서 최후의 시, 임종게臨終偈를 지었다.

> 사람들아, 길 가기 어렵다 말라.
> 높은 산마루 깊은 골짜기도 지척이더라.
> 저계의 개울물아, 잘 가거라.
> 그대는 바다로, 나는 산으로.

그러고는 귀계라는 곳으로 들어간 뒤 임종의 터를 잡았다. 그곳에서 세상을 떠나는 마음가짐을 다 정리하고 나서 시자에게 유언을 했다.

"내가 죽거든 시체는 숲에다 갖다 버려라. 마지막으로 먹이를 찾아 헤매는 새나 짐승들에게 나를 먹이리라."

청활 스님은 곧바로 호두산으로 들어가 반석 위에 정좌하고 앉았다. 그러고는 한껏 소리쳐 말했다.

"짐승들아, 나를 먹어라!"

그러고는 고요히 마지막 선정禪定에 들었다.

멍텅구리 시자는 그래도 혹시나 하면서 스승의 참선이 끝나기를 기다렸으나, 선정에 든 청활 스님은 깨어날 줄 몰랐다. 깨지 않는 선정에 들었던 것이다. 시자는 청활 스님의 유언대로 그를 반석 위에 그대로 두었다.

까마귀와 독수리가 와서 눈을 파먹고 이마를 찍어 댔다. 승냥이도 찾아와 가슴팍을 물어뜯었다. 남은 고기는 배고픈 산짐승들이 기쁜 마음으로 다가와 손도 물어뜯고 발도 물어뜯을 것이다. 파리와 작은 벌레들이 와서 한바탕 잔치를 벌일지도 모를 일이다. 남은 뼈다귀는 지나가는 바람이라도 핥아먹을 것이다. 그것을 청활 스님은 기쁘게 받아들였다. 사람의 눈으로 보기에는 처참하지만, 짐승이나 벌레의 눈으로 보면 더없이 맛있는 먹이가 될 터이기 때문이었다. 생각 한번 돌리기에 따라 이렇게 큰 차이가 있다. 청활 스님은 생각을 몸소 실천했던 것이다.

7.

영은 할당靈隱瞎堂 스님은 애꾸눈이었던 모양이다.

할당 스님은 1176년 1월 15일에 세상을 떠나겠다고 세상에 선언했다. 그냥 떠나면 될 것을 이 멍텅구리 스님들은 꼭 날짜까지 잡아서 떠나려고 한다. 멍텅구리가 아니고서는 이런 모험을 해

낼 사람이 없을 것이다. 스님들 외에 죽을 날짜 고지하고 죽는 사람 있는가?

하여튼 그날이 되었다. 절 마당은 인근의 주민들과 멀리서 구경 온 사람들로 붐볐다. 깨달은 스님의 열반상을 지켜보기 위해서였다.

할당은 많은 군중이 지켜보는 가운데 평소와 다름없이 행동했다. 자기 자신을 위한 재도 손수 드렸다. 재를 마치자 군중들은 모두 방장方丈으로 몰려가 할당의 임종을 기다렸다. 어떤 이는 흥분으로 떨리는 가슴을 진정시키는 사람도 있었을 것이고, 어떤 이는 최후 설법이라는 보기 드문 진짜 설법을 초조하게 기대하기도 했을 것이다. 또 어떤 제자는 스님이 돌아가시기 전에 꼭 물어야겠다고 비수 같은 질문을 준비하고 기다렸을 것이다.

그러나 최후 설법을 할 것이라는 할당 스님은 몇 시간이 지나도록 모습을 나타내지 않았다.

궁금해진 시자와 제자 몇이 할당 스님의 방문을 살며시 열고 안을 들여다보았다. 그런데 방 안에 마땅히 있어야 할 할당 스님은 보이지 않고 다만 그가 기르던 검은 원숭이가 두루마리 편지 한 통을 들고 서 있을 뿐이었다.

"야, 이 멍텅구리 원숭이야! 스님 어디 계시냐?"

원숭이는 뒷문을 가리켰다.

시자와 제자들이 우르르 뒷문으로 나가 보니 할당 스님은 탑 위에 앉아 이미 입적을 마친 뒤였다. 이 멍텅구리 제자들은 그것도 모르고 여태 절 마당에서 무슨 재미나는 영화라도 보려고 몰려든 사람들마냥 왁자지껄 떠들어 대고만 있었던 것이다.

사람들은 스님이 남기고 간 거나 읽겠다고 도망 다니는 원숭이를 붙잡아 두루마리를 빼앗았다. 거기엔 할당 스님의 사세송辭世頌이 적혀 있었다. '사세송'이란 세상을 떠나면서 사람들에게 하는 말을 적은 편지다.

어떤가. 누가 멍텅구리인가. 할당 스님인가, 그 제자들인가.

또 우리들에게 멍텅구리의 진면목을 보여 주신 앞에 나오는 여러 스님들, 이 멍텅구리 스님들이 멍텅구리인가, 아득바득 링거바늘 꽂아 가며 버티고 사는 우리가 멍텅구리인가.

옜다, 도 받아라

우리나라에 벽송 지엄碧松智儼이란 훌륭한 스님이 계셨다. 이분 이야기를 하자면 조선시대 얘기를 안 할 수가 없다.

이성계의 후예들은 조선왕조 5백 년을 통틀어 억불정책을 썼는데 그 가운데에서도 성종에서 연산군까지는 극심한 탄압을 일삼았다. 불교를 사교邪敎로 단정하여 사찰을 불태우고 불상을 파괴했다. 승려는 노소를 막론하고 강제 환속을 시킴으로써 불교의 씨를 말리려고까지 하였다. 이렇게 불교를 탄압했던 것은 이성계의 쿠데타를 고려의 국교였던 불교계에서는 인정하지 않았기 때문이었다. 이성계가 정치 이념으로 유교를 내세워 신봉하고 장려하는 과정에서 수많은 무리수가 불교계에 떨어졌고, 그

때마다 불교는 잎을 잃고 가지가 꺾이고 기둥마저 썩는 수난을 당해야만 했다. 오늘날 그 뿌리만 겨우 남은 불교가 회생을 할 기력조차 어렵게 된 것은 조선 오백 년 동안 철저히 탄압을 받았기 때문이다.

이성계의 군사 쿠데타의 피가 흐르고 흘러 마침내 조카를 죽이면서까지 정권을 찬탈한 세조에게 그 맥이 이어진 시기에 지엄 스님이 태어났다.

그 당시 김천 직지사에는 벽계 정심碧溪正心 선사가 있었는데, 그 난리통에도 유일하게 조계의 법맥을 이은 큰스님이었다.

그러나 정심 화상도 관원의 등쌀에 견디다 못해 직지사를 떠나 황악산 너머 물한리라는 산골로 들어가 숨어 살았다. 스님은 그곳에서 오두막을 지어 시봉 들던 여신도를 부인으로 삼고 나무 장사를 하면서 탄압이 완화되기만을 기다렸다.

그때 선지식善知識을 찾아다니던 지엄은 사찰마다 텅텅 비어 썰렁한 바람만 불고 있는 것을 보고 공부에 인연이 없음을 탄식했다. 선지식은 고사하고 도반마저 만나기 힘들었으며, 지엄 자신도 늘 관원을 피해 다니는 실정이었다. 세상은 양반놀이에 미쳐 돌아가고 있었고 불가는 폐허가 되어 있었다.

"아무리 난세라도 선지식은 계시련만……."

지엄은 텅 빈 바랑을 짊어지고 터덜터덜 전국을 걸어 다녔다.

그러던 어느 날 지친 발도 풀 겸 정자 그늘에 앉아 있는 지엄 앞에 스님 한 분이 지나갔다. 그 스님과 이 얘기 저 얘기 나누던 중 지엄은 정심 화상에 대한 소식을 듣게 되었다.

신심이 솟구친 지엄은 단숨에 물한리를 찾아갔다. 산 넘고 물 건너는 것이 전혀 힘든 줄 모르고 첩첩산중을 찾아간 것이었다.

"소승 문안드립니다."

"어디서 온 수좌首座인가?"

"계룡산 와초암臥草庵에서 왔습니다."

"이름은?"

"지엄입니다."

"왜 나를 찾아왔어? 난 중도 아니야."

"그건 상관없습니다. 전 도를 배우러 왔습니다. 선지禪旨를 가르쳐 주신다면 몇 해라도 정성껏 시봉하며 배우겠습니다."

"그만 돌아가게. 도를 배워 뭣하나? 더구나 여긴 방도 없네."

"제가 만들지요."

"자는 건 그렇다 치고, 먹는 건 무얼 먹고?"

"이래 봬도 힘은 장사입니다. 하루에 나무 서너 짐은 해 댈 수 있습니다."

"허, 이런 멍텅구리."

마침내 정심의 허락을 받아 낸 지엄은 우선 초가 한 칸을 엮었다. 풀을 베다 하늘을 가리고 흙을 이겨 발라서 벽을 만들었다. 그리고 소나무 가지를 잘라 지게를 맞춰 당장 땔나무를 하기 시작했다. 지엄은 밥값뿐 아니라 스승을 모실 생각으로 쉬지 않고 땔나무를 해서 김천 장에 내다 팔았다.

사는 게 훨씬 좋아진 정심이었지만 지엄에게는 더욱 일만 시켰다. 마치 그것이 정심이 할 수 있는 일의 전부인 것처럼 늘 일만 시킨 것이다. 지엄도 처음에는 스승의 깊은 속을 모른 채 나날을 보냈다.

지엄이 이따금 도를 물을라치면 정심은 요리조리 발뺌을 했다.
"스님, 도가 뭐래요?"
"오늘은 기운이 다해서 말할 수가 없으니 다음에 이야기하자."

간혹 던진다는 말이 지엄을 웃게 하는 정도였고, 지엄의 눈동자를 백 배쯤 커지게 할 만한 대화는 일체 나누지를 않았다. 다만 "제 공부는 제가 하는 것이지 남이 해 주는 게 아니다."라고만 덧붙일 뿐이었다.

그러나 지엄의 생각은 그렇지가 않았다. 지엄이 알고 싶은 것은 조계의 법맥을 이었다는 정심 화상의 비상한 법문이었다. 뭔가 화끈한 감격을 줄 만한 강한 충격을 요구하고 있었던 것이다.

지엄은 나름대로 좌선을 열심히 하면서 정심의 가르침만을 고대했다. 그러나 그럴 때마다 들려오는 것은 나무하러 가자는 말뿐이었다. 더구나 이따금 들려오는 부인과의 평범한 대화는 지엄을 더욱 초조하게 만들었다.

"그놈의 도는 어떻게 생겼기에 그다지도 소중히 감춰 둔단 말인가!"

지엄은 마침내 불만을 품게 되었다. 속았다는 생각도 해 보고 정심이 가짜라는 생각까지 하면서 철저히 증오하였다.

지엄이 물한리에 들어간 지 삼 년째 되던 어느 날, 정심이 홀로 산에 오른 사이 지엄은 하산을 결심하고 말았다. 빈 바랑을 둘러메고 산길을 내려가는 지엄의 가슴은 미어지는 듯했다.

"내가 속았어. 아, 이런 멍텅구리가 있나. 그런 무식쟁이를 무슨 선지식이라고 어깨가 으스러져라 땔나무만 해 줬잖아."

지엄이 떠난 지 얼마 안 되어 정심이 나뭇짐을 지고 돌아왔다.

지엄의 방을 들여다본 화상은 지엄의 하산을 알아차렸다.

"지엄 스님이 산을 내려갔어요."

"왜?"

"당신이 밤낮 미루기만 하고 도를 가르쳐 주지 않으니 화가 나서 갔겠지요."

"내가 안 가르쳐 주었나, 제 놈이 알아듣질 못했지. 자고 나서 인사할 때도 내가 반은 가르쳐 줬고, 밥상을 갖다 줄 때도 내가 반갑게 받았으니 도를 가르쳐 준 것이요, 산에 가서도 때에 맞게 이것저것 말했는데 제가 몰랐지 내가 안 가르쳐 주었나?"

그러고는 산 아래를 내려다보던 정심은 멀리 씩씩거리며 길을 가고 있는 지엄을 지켜보며 슬며시 웃더니 큰 소리로 불렀다.

"지엄아, 멍텅구리 지엄아! 나 좀 보고 가라!"

메아리가 우르르 계곡을 울리면서 화가 잔뜩 나 있는 지엄을 흔들었다. 지엄은 무심코 산마루를 올려다보았다. 그때 또 한 번의 메아리가 지엄의 귀를 마구 흔들어 댔다.

"도 여기 있다. 옛다! 도 받아라!"

정심이 무엇을 집어 던지는 시늉을 해 보였다. 산을 뒤흔드는 메아리의 물결 속에서 정심의 몸짓은 지엄의 가슴으로 깊게 박혀 들었다. 지엄은 그 자리에 털썩 주저앉아 감격의 눈물을 흘렸다. 이심전심의 아슬아슬한 순간이었다.

지엄은 다시 정심에게 달려가 인가를 위한 정식 선문답禪問答을 마치고 또다시 시봉에 열중하였다. 그렇다고 생활 자체에 변화가 온 것은 아니었다. 그저 열심히 산을 오르내리며 나무 장사만 계속했다. 다만 변화라면 이따금 허허 하면서 빈 웃음을 흘릴 따름이었다.

서산 대사西山大師의 『청허당집淸虛堂集』에 의하면 지엄은 그 후 금강산에 들어가 『대혜어록大慧語錄』을 보다가 '개한테는 불성이 없다'는 화두를 타파하고 또 『고봉어록高峰語錄』을 보다가 '양재타방颺在他方(타방 세계로 날려 버림)'이란 구절에서 큰 깨달음을 얻었다고 한다. 서산은 지엄의 평소 생활을 적었는데 다음과 같이 표현했다.

"인사人事를 닦지 않았으므로 세상에 아첨하지 않았고, 세상에 아첨하지 않았으므로 불법을 세상에 팔지 않았다. 무릇 선학에 참여하는 자들은 오르지도 못할 절벽 앞에서 거만하다고 비방하는 사람이 많았으니, 옛 사람이 말하기를 고기가 아니면 어찌 고기를 알아보겠냐고 함이 바로 이것을 두고 말함이다."

지엄 스님은 문정왕후文定王后 덕분에 불교가 일시적으로 탄압에서 벗어나자 교화에 힘썼다. 그러다가 어느 날 『법화경法華經』을 강의하다가 문득 「방편품方便品」에 이르러 길게 한숨을 쉬면서 말했다.

"중생이 어리석어 스스로 제게 있는 광명을 발견하지 못하고 오래도록 윤회를 받아 왔다. 그래서 부처님께서 이것을 불쌍히 여겨 입이 아프시도록 방편으로 말씀하신 것이 바로 『법화경』 「방편품」이다. 그러나 모두 중생을 깨우치기 위한 방편에 지나지 않는 것이요, 정법正法은 아니다. 오늘 나도 너희들을 위하여 또 하나의 적멸상寂滅相을 보일 테니 너희들은 절대로 밖에서 찾으려 하지 말고 한마음 속을 더듬어 보아라."

지엄은 시자를 불러 차를 달여 오라 이른 뒤 잠시 문답을 나누다가 시자가 끓여 온 차를 마시고 그대로 앉은 채로 입적에 들었다. 1534년 11월 초하루 아침이었다.

다행히 극심한 탄압을 받으면서도 멍텅구리 지엄 스님이 구도 정진에 힘쓴 덕분에 이분 밑으로 서산西山의 스승인 숭인崇仁을 비롯하여 원오圓悟, 일선一禪 등이 배출되었다. 지엄 스님이 아니었다면 서산 대사며 사명당四溟堂이며, 이후 우리나라의 대선사들이 나오지 못할 뻔한 것이다.

스님, 살생을 하라구요

　조선시대의 멍텅구리 스님을 말하자면 서산 대사西山大師를 들지 않을 수 없다. 또 서산 대사를 들면 역시 승군僧軍을 일으켜 불제자로서 사람을 죽이는 데 앞장선 사명당四溟堂 유정惟政 스님 등 승장僧將들을 들지 않을 수 없다.

　가만히 절에 앉아 독경하고 참선하고 예불하면서 한평생 지냈더라면 모두가 다 극락왕생하여 언젠가는 성불하실 분들인데, 나라가 왜구한테 무너지게 생겼다고 들고 일어나 목탁이 아닌 칼을 잡아 들었으니 이런 멍텅구리들이 어디 있단 말인가.

　나는 군승軍僧으로 수십 년간 복무하면서, 실제로 전쟁터를 돌아다니면서, 그 옛날 한양이 함락되고, 왕은 의주까지 피란을 가 중국으로 튀려 하는 그 위중한 순간 서산 대사가 왜 승군을 일으키는 격문檄文을 쓸 수밖에 없었나 수없이 고민해 보았다. 일본군은 그 당시 전국을 유린하면서 도적질하고, 사람들을 붙들어 갔다. 거추장스러우면 베어 죽였다. 임진왜란이 끝난 뒤 인구조사에서 수백 만(그중에는 유랑민도 있지만)이 없어져 버릴 만큼 엄청난 전쟁이었다.

중생이 도탄에 빠진 것을 보고 서산 대사는 풍경소리 울리는 묘향산 암자에만 앉아 있을 수가 없었던 것이다. 차라리 스님의 손으로 죄를 지을지언정 무고하게 죽어 가는 백성들을 차마 눈 뜨고 볼 수 없었던 것이다. 까짓, 성불쯤 몇 겁을 늦추더라도 당장 죽어 가는 백성들을 살리고, 그 덕으로 불법을 우뚝 세워 보고 싶었을 것이다.

물론 이 때문만은 아니었다. 그러기로 말하면 불교도 기독교나 이슬람교처럼 무장武裝을 하고 분쟁을 일으킬 수도 있었을 것이다. 그렇지만 불교는 그러지 않는다. 전쟁 자체를 하지 않는다. 그걸 서산 대사가 모를 리 없다. 서산 대사가 멍텅구리처럼 보일지 모르지만, 그분은 조선조를 통틀어 위대한 스님 몇 분 안에 드는 큰스님이셨다.

서산 대사가 부처님이 이른 불살생계不殺生戒라는 가장 큰 죄를 저지르면서까지 승군을 일으킨 데는 처절한 다른 이유가 있었다. 조선조 내내 마치 국시國是처럼 지켜져 오던 억불정책으로 불교는 거의 죽다시피 했다. 앞서 지엄智儼 스님 같은 경우도 일반 양민으로 가장하여 교육을 받았을 정도였다. 그런데 문정왕후 文定王后가 수렴청정을 하면서 반짝 불교가 빛을 보았지만, 선조 宣祖가 집권하면서는 또다시 옛날처럼 돌아가 버렸다. 문정왕후가 돌아가시자마자 조정은 불교 부흥에 앞장서던 보우普雨 스님을 잡아다 제주도로 귀양 보냈고, 제주도의 진짜 멍텅구리 관원 한 놈이 그만 보우 스님을 때려죽였다. 그러고도 이놈은 표창을 받았다. 이런 만큼 불교 탄압은 전보다 더 거세게 이루어졌다.

이 당시 불교 탄압은 극에 다다랐다. 예를 여러 가지 들 것도 없다. 임진왜란이 일어나기 불과 6개월 전쯤, 서산 대사는 한양으로 압송되어 못된 관리들의 취조를 받았다. 묘향산에서 평양을 거쳐 한양에 이르도록 스님이 받은 모멸과 학대는 차마 옮길 수도 없는 것이었다. 그뿐이 아니었다. 서산 대사가 아끼는 제자 사명당 유정 스님도 같은 시기에 금강산에서 체포되어 강릉부로 투옥되었다. 그러고는 온갖 고문을 당했다. 정철鄭澈 일당이 스님들을 정여립鄭汝立 사건에 연루시켜 제거하기 위해서였다.

하지만 전혀 죄가 없던 두 스님은 가까스로 방면되기는 했지만, 두 스님들이 조선 조정에 눈곱만 한 애정이라도 가질 이유는 없었다. 자신들을 모멸하고 학대한 조선이라는 조정이 일본군에 무너져 가는데, 과히 기분 나쁠 것도 없는 게 인지상정이다.

하지만 기록에 따르면 선조 왕은 서산 대사에게 사람을 보내 승군을 일으켜 달라고 청했다. 그것도 한 번이 아니라 세 차례쯤 청했다고 한다. 그러다가 서산 대사는 마침내 승군을 일으키기로 한 것이다. 스님은 아마도 선조로부터 불교를 탄압하지 않겠다는 맹세나 다짐을 받았던 모양이다. 실제로 이후 불교 탄압은 현저히 줄어들었다.

그리고 보면 묘향산에서 일어난 서산 대사, 금강산에서 일어난 사명당 유정 대사, 구월산에서 일어난 의엄義嚴, 지리산에서 일어난 처영處英, 계룡산에서 일어난 영규靈圭, 가야산에서 일어난 신열信悅 등 각지의 큰스님들은 모두가 자신들을 희생시켜 이 땅에 불교를 살려 두려 했던 것이다.

그렇게 해서 이순신李舜臣 휘하의 수군에 무려 1,500여 명의 스님들이 참여하여 빛나는 해전海戰을 기록했고, 임진왜란 최초로 영규가 이끄는 충청도 스님들은 청주산성을 수복하였고, 또 금산으로 진격하여 전라도 곡창지대를 약탈하려던 일본군을 금산 벌에서 저지하였다. 그뿐만 아니라 평양성을 차지하고 있던 일본군을 서산 대사와 사명 대사·의엄 등이 연합하여 물리쳐 한양을 수복하였고, 지리산에서 권율權慄을 따라 올라온 2,500여 명의 호남 스님들은 행주대첩이라는 빛나는 전과를 올렸다.

그러는 과정에서 수많은 스님이 전사하거나 부상당했고, 또 적을 죽여야만 했다. 죽든 죽이든 이승에서는 더 이상 불도를 닦지 못할 테지만, 이 멍텅구리들은 우리 후손들을 위해 기꺼이 지옥행을 마다하지 않았다.

나는 지금도 눈물로 이 스님들을 기린다. 이 멍텅구리 스님들이 있지 않았던들 오늘날 우리 불교가 지금처럼 성장할 수 있었겠는가. 그분들의 희생이 아니었다면 어떻게 내가 군승으로 수십 년간 젊은 장병들을 상대로 포교할 수 있었겠는가. 그분들이 아니었다면 삼천리 방방곡곡에 천 년 고찰들이 이처럼 아름답게 보전되었을 것인가.

이 생각만 하면 내 몸에 걸치고 있는 이 옷 한 자락도, 우리 절 기왓장 하나도, 목을 넘어가는 물 한 모금도 귀하고 귀하다. 모두가 다 그 스님네들의 피로 얻은 것이니 말이다. 어서 빨리 성불하여 우리 대신 무거운 업보를 짊어지고 계실 그 스님들을 구해 드려야 한다.

가사까지 벗어 던진 경허 스님

여기 멍텅구리 스님 목록에서 빠뜨리면 화를 내실 스님이 한 분 계시다. 바로 기행奇行의 교과서라고 불리는 경허鏡虛 스님이시다.

이 멍텅구리 스님은 술도 먹고, 고기도 먹고, 더러 여자 몸도 더듬었고, 나중에는 가사袈裟를 벗어 던지고 장발長髮로 살기도 했다. 스님이라기엔 낙제자다. 그러니까 멍텅구리다. 그렇지만 이 멍텅구리 한 분 덕분에 일제 36년간 맥이 끊길 뻔했던 우리나라 선불교가 우뚝 재기할 수 있었다.

스님은 계룡산 동학사에 계시던 어느 날 문 밖에서 곡식을 소달구지에 싣고 온 일꾼들이 떠드는 소리를 들었다.

"중이 보시를 받아먹고도 깨우치지 못하면 보시한 집의 소가 되어 죽도록 일을 하며 은혜를 갚아야 한다지?"

"어디 그뿐인가? 공부마저 게을리하며 허송세월한 중은 콧구멍도 없는 소가 되어 그 은혜마저 갚지 못한대."

"하, 콧구멍 없는 소? 하하하."

그 말을 듣자 경허는 온 몸이 오싹하는 듯한 깨달음을 얻었다. 자성본원自性本源을 깨친 것이었다. 이때가 1880년 11월, 그믐날이었다. 경허는 조용히 오도송悟道頌을 읊었다.

> 문득 콧구멍 없는 소라는 말에
> 이 우주가 바로 나라는 것을 깨우쳤다네.
> 유월의 연암산 아랫길에서
> 일을 마친 야인野人이 태평가를 부르노라.

이렇게 도를 깨달은 스님이었건만 시절이 불우했다. 일본군이 속속 들어오면서 나라는 주권을 뺏기고 말았다. 나라가 주권을 뺏기면 백성도 살기 힘들어진다. 스님들이라고 다를 게 없다.

경허 스님은 일본의 침략에 울분을 참지 못해 사사건건 그들에게 반항하였다. 단발령에는 장발로, 고문에는 인내로 참아 냈다. 그러다가 그것으로도 안 되어 마침내 승복을 벗어 던졌다. 이름도 '난주蘭州'라고 갈아 버리고 삼수갑산의 글방 훈장으로 들어갔다.

머리를 기르고, 법명을 버리고, 스님이 아닌 훈장이 된 이 멍텅구리 스님 경허 덕분에 우리 선불교는 온전히 살아 숨 쉴 수 있었다. 비록 겉으로는 멍텅구리 행색을 했지만 이분 밑으로 혜월, 만공, 한암, 수월, 성월 같은 당대의 선지식善知識이 배출되었다. 참으로 놀라운 일이다.

1912년 봄인 4월, 경허는 글방 제자들을 찾아다니며 작별인사를 했다.

"내일 가네."

"어디를 가시는데요?"

"바람 따라 갈 뿐이네."

글방으로 돌아온 경허는 울 밑에서 풀을 뽑는 학동들을 오래도록 바라보다가 갑자기 몸이 피곤하다면서 방으로 들어갔다. 음식도 모두 끊고 하룻밤을 지낸 뒤 홀연히 새벽에 일어나 붓을 들고 임종게臨終偈를 지었다.

> 마음속의 달이 홀로 둥글고
> 그 달빛은 삼라만상을 삼켜 버리니

경계가 없는 빛

이것은 또한 무엇인가?

　경허는 마지막으로 일원상一圓相을 그린 후 붓을 던지고 오른쪽으로 비스듬히 누워 입적하였다. 1912년 4월 25일이었다. 요즘 큰스님들처럼 장엄하게 입적하지도 못하셨지만, 경허 스님으로부터 우리 선불교는 일대 중흥기를 맞게 되었던 것이다.

　모두가 멍텅구리요, 이도 저도 멍텅구리지만, 그래도 멍텅구리들이 있어 세상은 빛이 나는 것이다. 아름다운 것이다.

제5장

내가 본 자광 스님

나의 도반 불영당 자광 스님 |
자광 큰스님의 영혼이 담겨 있는 감로법문甘露法門 |
자광을 온 누리에…… |
앉으나 서나 신도 생각, 앉으나 서나 신도 관리 |
언제나 천진동자 같은 자광 스님 |
군 포교에 삶의 황금기를 보내신 자광 스님 |

＊제5장의 글들은 모두 불기 2548년(2004년)에 작성되었습니다.

나의 도반 불영당 자광 스님

지하智霞 스님 | 현 대한불교조계종 원로의원
전 대한불교조계종 중앙종회 제12~13대 의장

나와 자광 스님의 인연은 1964년 종비생宗費生 1기로 동국대학교 인도철학과에 입학하면서부터다. 논리적 사고를 갖춘 자광 스님은 논강에도 뛰어나 우리는 밤새워 가면서 근본불교, 포교 문제, 바람직한 승가상, 종단 발전, 수행의 장애요인 등을 논제로 토론하곤 했다. 당시 종단은 재정 형편이 어려워 종비생들도 매우 궁핍한 생활을 했는데, 자광 스님은 어려운 가운데 작은 것이라도 나누면서 사는 모습이 늘 돋보였다.

졸업 후 청소년 교화 활동에 전념하더니 종단의 명을 받아 군포교 일선으로 파송되어 젊은 불자들을 양성하는 일에 많은 세월을 봉사하였고, 끝까지 고집스럽게도 비구정신을 주장하더니 지금은 종단에 복귀하여 청정 비구로서 수행과 포교 및 전법에 전념하고 있다.

자광 스님이 우리 종단에 기여한 공로는 참으로 크다고 할 수 있다. 일찍이 어린이와 중·고등학생 포교에 전념하여 청소년 포교에 선구적 역할을 하였고, 오늘날 군 포교의 기틀을 다진 분이다.

자광 스님은 수행과 교화를 병행한 분이다. 포교하면서 수행하고, 수행하면서 포교하는 실천 수행자라고 할 수 있다.

이러한 업적으로 종단으로부터 두 번씩이나 포교대상을 받았으며, 어디서든 많은 불자로부터 다함없는 존경을 받는 분이다.

그동안 설하고 실천했던 내용을 정리하여 멍텅구리 법문집을 낸다니 참으로 축하해 마지않는다.

나의 도반 불영당 자광 스님을 어찌 필설로 다 말하겠는가마는, 더욱 자비광명慈悲光明을 세상 구석구석 뿌리기를 기대해 마지않는다.

불기 2548년 여름
대한불교조계종 중앙종회 의장 지하 합장

자광 큰스님의 영혼이 담겨 있는
감로법문甘露法門

보광普光 스님 | 동국대학교 제18대 총장

　자광 큰스님은 전화로 목소리만 들으면 20대로 여겨지며, 직접 만나 뵈면 30대로밖에 보이지 않는다. 그런데 벌써 노스님 반열에 들게 되었으니 참으로 세월이 아쉽기만 하다.

　우납과 스님의 인연은 대학에서는 선배이며, 군승으로서는 선임법사셨다.

　스님은 종비생宗費生 1기로 동국대학교에서 학부와 대학원을 마쳤다. 자광 스님은 일찍이 군 포교의 중요성을 인식했고, 또한 당시 은사였던 경산京山 큰스님의 지시도 있어서 수행 도량을 군으로 옮겼다. 젊은 시절 초기 군법사로 출발하여 거의 일생을 헌신하여 한국 불교계에 큰 공헌을 하였다.

초기 군불교軍佛敎의 포교 환경이 열악할 때 몸을 아끼지 않고 투신하여 전군 요소마다 법당을 건립하고, 군법사단의 조직을 강화하여 오늘의 군불교를 반석 위에 올려놓은 몇 안 되는 분 중에 한 분이다.

따라서 스님은 우리 군불교의 역사적 산증인이라고 하지 않을 수 없다. 군불교의 어려운 여건 속에서도 비구승으로서의 긍지와 자부심이 남달리 강하였다. 그래서 대령 출신으로서는 최초로 예편 후 바로 다시 삭발염의削髮染衣하여 수행납자의 모습으로 환귀본처還歸本處한 뒤, 두루 제방 선원에서 수행하였으며, 현재는 경기도 용인 시골에 위치한 반야선원般若禪院에서 납자들에게 참선을 지도하면서 수행과 포교에 전력하고 있다. 이러한 모습이 후배들에게는 크게 귀감이 되며, 내가 스님을 항상 존경하는 이유이기도 하다.

그동안 스님께서 설법하시고 틈틈이 정리해 두었던 원고를 모아 한 권의 책으로 내게 되었으니, 불자들에게는 여간 반가운 일이 아닐 수 없다.

이 책에는 스님의 군 포교와 일반 교화 및 불교사상이 고스란히 실려 있다. 이는 마치 스님의 영혼이 담겨져 있는 진신 사리眞身舍利와도 같으며, 혼탁한 사바세계娑婆世界의 감로수甘露水가 되어 세상을 정화해 줄 것으로 생각한다.

스님의 법호法號와 같이 항상 모든 중생에게 자비광명慈悲光明을 나투시며, 해맑은 동안童顔으로 반겨 주시는 그 모습이 독자들에게 전달되길 바란다.

불기 2548년 4월
동국대학교 불교대학원 원장 보광 합장

자광을 온 누리에……

태정太井 정다운 | 사제師弟

불교는 미륵불彌勒佛의 출현으로 지상극락을 건설하는 것을 꿈꾼다. 그 때문에 우리의 스승이신 경산京山 대종사께서는 제자들의 이름에 '자慈'자를 넣어 미륵불이 되라고 이르셨다.

하루는 경산 큰스님께서 자광 스님에게 이렇게 말씀하셨다.

"이름이 '자광慈光'이니 미륵불의 신통력으로 방광放光을 해 보아라."

오랜만의 선문답禪問答 자리라서 큰 기대를 하고 지켜보았다. 미륵불의 방광이면 내세득작불來世得作佛의 발원이 아니라 현세득작불現世得作佛의 확인이니 그 방광이 얼마나 거룩하겠는가. 삼세三世를 뚫어 하나로 연결 짓고, 삼계三界를 넘어 한 손에 움켜쥐리라는 기대에 부풀었다.

그런데 자광 스님은 생사를 초탈하는 선구禪句 하나를 내밀지 않고 목청을 올려 노래를 부르기 시작했다. 그가 평상시 잘 부르는 「멍텅구리 송頌」으로, 세상이 본래 무아無我·무상無常인 것을 모르고 중생 업력에 끄달려 사는 온갖 중생들을 꾸짖고 나무라 일깨우려는 해학적인 가사에다 굿거리장단에 맞추어 구성진 목소리로 불러 대는 타령이었다. 그는 실로 천칠백 공안公案을 한 다발로 묶어 토로하는 종합 선문답을 한 것이다.

은사 스님께서는 빙그레 웃으면서 되물었다.

"노래가 무슨 미륵불의 방광이냐?"

그러자 자광 스님은 타령조 노래 가사를 읊어 내듯 줄줄이 숨도 쉬지 않고 답변하는 것이었다.

"뭇 새소리를 들으면 부처님 말씀 아닌 게 없고, 삼라만상을 보아도 부처님 모습 아닌 게 없으며, 큰스님께서 하문하시고 앉아 계시는 게 미륵불의 방광인데, 따로 무슨 자태를 또 지으라 하십니까?"

경산 큰스님께서는 손을 들어 방바닥을 세 번 내리치시고 일어나 밖으로 나가셨다.

나는 한동안 허공에 가득 채워진 미륵불신을 보고 침묵을 지키고 있는데, 자광 스님이 내게 말했다.

"미륵법당을 보았으면 단청을 해야지 왜 침묵만 지키고 있는가?"

그래서 나는 방문을 활짝 열고 거기 펼쳐진 오묘한 세상을 보여 주었다.

"여길 보시오. 이미 단청 다 했소. 단청 값이나 내소."

자광 스님은 다시 멍텅구리 노래를 흥얼거리며 내 손을 잡고 맛있는 것을 사 주겠다며 꼬드겼다.

그 버릇이 지금도 남아 당신의 책에 한 소절 낙서를 해 주면 맛있는 것을 사 주겠다기에 또 넘어간다. 언제든지 멍텅구리 노래를 부르라면 시도 때도 가리지 않고 불러 주니, 이 원고를 가지고 가서 맛있는 걸 얻어먹으며 멍텅구리 노래나 한 번 더 들어 봐야겠다.

미륵보살은 내세득작불하여 사바세계娑婆世界에서 반고반락半苦半樂하는 중생들을 사랑으로 제도하려는 미래불이기에 '자씨慈氏'라고 하는데, 경산 큰스님의 제자들 이름에 모두 '자慈'자가 들어가니 그중에 선두인 자광 스님이 먼저 방광을 해야, 미륵보살이 탄생하여 현세득작불한 당래불當來佛로 오만 중생을 제도하지 않겠는가.

현세를 살아가는 중생 누구나 탐貪·진瞋·치癡 삼독三毒으로 중생 살림을 하고, 무상·무아·연기緣起의 삼법인三法印을 중생 제도의 방편으로 삼는다. 탐·진·치는 중생의 업장이고, 삼법인은 보살의 원력이다.

자광 스님은 삼독심으로 살아가는 중생들을 일깨우고자 공수래공수거空手來空手去를 내밀어 "이 세상 나올 때는 빈손으로 왔으면서 어쩌다 탐욕의 노예가 되어 온갖 것을 다 가지려 하는가?"라고 꾸짖으며, 삼법인의 브레이크를 밟아 '너와 나는 하나'라는 무아를 일깨우고, '존재하는 것은 모였다 흩어짐을 반복하여 고정불변이 없는 무상함'을 일깨워 주고, 세상만사가 일체유심조一切唯心造인 연기법을 깨우치게 하려고 "마음에서 허공이 나왔고, 시간과 공간이 나왔고, 중생과 부처가 나왔고, 천당과 지옥이 나왔으니 과연 삼라만상을 창조하였도다."라고 하였다.

자광 스님은 대찰 주지로 옹립하려 해도 사양하고 용인 땅 한 자락에 반야 용선을 한 채 띄워 놓고,「멍텅구리 송」을 뱃사공 노래 삼아 오늘도 대어가 낚여 미륵법당을 단청케 하려고 노를 젓고 있다. 또한 "한 생각 멈춘 자리에 우뚝 미륵불이 솟았으니 누가 미륵전에 단청을 하겠는가?"를 화두로 던져 놓고 죽비를 들고 앉아 있다.

미륵단청

산새들이 어둠을 쪼아
하루해를 올려놓더니
귀뚜라미 밤샘 날갯짓으로
둥근 달을 띄웠구나.
눈 한 번 주고 거둠에
꽃이 피기도 지기도 하는데
한 생각 멈춘 자리에
우뚝 미륵불이 솟았으니
누가 미륵전에 단청을 하겠는가?

_ 자광 作

자광 스님은 동진童眞 출가한 동진 보살이다. 앉아 있으면 귀여운 오뚝이 같고, 서 있으면 갓 삭발한 동자승 같다. 입을 열면 어리광 덩어리고, 화를 내면 우스꽝 덩어리다. 천생, 동안童顔의 나한상羅漢像이다.

『화엄경華嚴經』「입법계품入法界品」에 이르기를 수행을 하면 동진 형상에 이른다 하였는데, 자광 스님은 천부적으로 동진상이니, 번뇌에 찌든 현세를 정화하는 청량제요, 지상극락 건설의 반석인 미륵동자임이 분명하니, 저마다 지닌 색깔을 들고 나와 자광이 세운 미륵전에 단청을 해야 하지 않겠는가.

　자광慈光이여, 온 누리에…….

앉으나 서나 신도 생각,
앉으나 서나 신도 관리

혜명 김말환 | 전 국방부 군종실장

자광 스님, 임봉준 법사님.

이 이름을 떠올리면 나에게 가장 먼저 생각나는 것은 '앉으나 서나 신도 생각, 앉으나 서나 신도 관리'라는 로고송을 부르면서 군 포교에 열정을 보이던 스님의 순진한 모습이다.

스님은 '동국대학교 종비생宗費生 1기', '군승법사軍僧法師 임관 3기'가 말해 주듯 1960년 말에서 1990년 말까지 무려 25년 동안 한국 군불교軍佛敎의 초창기 성장 과정에서 어느 정도 기반이 닦인 오늘까지 그 중심에 있었다. 스님은 저 유명한 도봉산 천축사 무문관無門關 출신 선사 중의 한 분인 경산京山 큰스님의 상좌로서 자부심을 잃지 않으려고 노력했다.

특별히 나는 스님께서 1984년 육해공군 군승단 단장 시절 1년간 사무국에서 보좌했으며, 또 1988년부터는 2년간 육군 본부에서 직접 모실 수 있는 기회도 가졌다. 스님께서는 언제나 후배 법사들에게 친절하였으며 먼저 가까이 하고자 노력했다.

때로는 후배들과 한방에서 밤을 새우기도 했는데, 이른 아침이면 예불을 꼭 드렸으며, 은사이신 경산 큰스님의 법문 녹음테이프를 항상 경청하는 것을 볼 수 있었다. 한 사람의 수행자로서 포교사로서 그 역할을 다하고자 정진하는 모습이 나에게는 늘 큰 스승이 되었다.

스님은 군승법사로서 개척기에 임관하여, 춘천에서 화천까지 도시락 두 개를 싸서 오토바이에 매달고 비포장도로를 달리면서 군 정신 전력 향상을 위한 신앙운동에 직분을 다했다.

그중에서 1992년 대통령 출마 선거공약사업의 하나로, 군승 100명 확대 충원에 관한 일이 있었다. 스님은 공약 후보자가 대통령이 된 이후 국방부장관의 결재를 거쳐 대통령에게까지 직접 결재를 받아 이를 현실화시켰다. 물론 그 과정에서 많은 어려움이 뒤따랐다. 그렇지만 스님은 끝까지 불퇴전의 결의로 성사시켰다. 이러한 스님의 올곧은 모습은 오직 생사를 뛰어넘고자 했던 출가정신에서 나온 것이라고 나는 생각한다. 벌써 세월이 한참 지나서, 그 당시의 상황을 모르는 후배들은 상상도 할 수 없는 어려운 일이 많았다. 우리 군법사들은 모두 스님의 멸사봉공의 바른 자세를 잊지 않았으면 좋겠다.

또한 스님은 사단 군종참모 시절, 작고하신 정호근 장군과 인연이 깊었다. 스님은 당시 사단의 삼청교육대 소요사건 진정과 최전방 철책선 야간 방문 활동으로 안전사고 예방 등 눈부신 활약을 통해 지휘관의 신뢰는 대단하였다. 스님과 정 장군, 두 분의 만남은 그 이후 군 생활에 있어서도 서로에게 도움을 주고받는 절친한 사이가 되었고, 스님은 고인이 되신 정 장군의 마지막 길까지 안내했다. 이러한 일화는 한 번 맺은 인연은 끝까지 신뢰하면서 살아가는 스님의 모습을 단적으로 보여 주는 좋은 장면이다. 스님의 인간적인 다정다감을 다시 느낄 수 있게 해 주는 일이다. 이런 모습은 세속뿐만 아니라 도반들과의 관계에서도 항상 두텁게 보여 주고 있다.

스님에게 가장 큰 점수를 드리고 싶은 것이 있다면 출가정신을 늘 잊지 않고 군승 생활을 다했다는 것이다.

한때는 스님에게 많은 인간적인 유혹도 있었다. 항상 혼자 밥을 지어 드시고 직접 옷을 빨아 입었지만, 워낙 깔끔한 성격이라 언제 보아도 깨끗하고 단정한 모습이었다. 주변 신도들과의 관계에 있어서도 신도와 스님의 관계 이상을 넘지 않고 살아가는 여여한 모습이 언제나 변함없었다. 그렇기 때문에 군문을 떠난

지 10여 년이 됐지만 아직도 많은 후배로부터 두터운 존경을 받고 있다.

나는 자광 스님을 가까이서도 모셨고, 멀리서 바라보며 마음으로만 모실 때도 있었다. 언제나 내가 느끼는 스님의 모습은 큰 산, 울창한 숲이었다.

스님은 영예로운 전역 후 모든 것을 다 버리고 초연한 모습으로 작은 암자에서 조촐하게 산다. 그간 미루어 두었던 수행을 알뜰하게 챙기면서 새 삶을 살고 있는 수행자 본연의 자태가 너무 좋다.

2004년 여름
국방부 군종실장 혜명 김말환 합장

언제나 천진동자 같은 자광 스님

도영道影 권남혁權南赫 | 전 전주지방법원장

내가 자광 스님을 처음 뵌 지는 무려 29년 전으로 거슬러 올라간다. 그 당시 나는 육군에 복무 중인 군법무관이었고 스님은 군법사이셨다.

불교 집안에서 자라 평소 불교에 관심이 있었던 나는 군 법당에 놀러갔다가 스님을 처음 뵙게 되었고, 스님께서는 그 이래 지금까지 잊지 않으시고 내게 가르침을 주고 계신다.

나는 스님으로부터 당시 수요법회에서 강설을 맡아 달라는 부탁을 받고 처음에는 능력 부족을 이유로 사양했지만 결국 맡아서 하게 되었는데, 나중에 생각해 보니 나로 하여금 좀 더 불교공부와 수양을 하게 하려는 스님의 깊은 뜻이었음을 깨닫고 지금

껏 감사한 마음을 가지고 있다.

그래서 나는 약 1년간 스님으로부터 각종 불교 관련 책자를 받아 공부도 해 가면서 수요법회에서 『반야심경般若心經』을 해설 강의했는데, 그 과정에서 많은 것을 배웠고 나 자신도 많이 성장했음을 부정할 수 없다. 지금 이 정도라도 된 것은 오로지 스님의 가르침과 이끌어 주심이 큰 토대가 되었다고 생각한다.

나는 일상생활에서 가끔씩 스님의 말씀을 떠올리곤 한다.

"몸은 바쁘더라도 마음은 한없이 한가로워야 한다."

이 말씀은 일상생활에서 바쁘게 살다가도 제 자신을 되돌아보게 하는, 소위 '이 뭐꼬'의 화두와 같이 제 불성의 자리를 항상 일깨워 주는 일구이다.

업무가 바쁘다는 핑계로 스님을 자주 뵙지는 못하지만, 스님은 언제나 상대방을 편안하게 해 주시고 간간이 유머를 섞어 즐겁게 해 주신다. 어찌 보면 스님께서는 천진난만한 아이 같기도 하고 편안하고 자비스러운 할아버지, 아버지, 아저씨, 형님 같기도 하다. 스님은 그러한 모습으로 불성을 드러내어 우리로 하여금 자신의 본성을 깨닫게 하시려는 것 같다.

스님은 그처럼 여러 모습으로 우리에게 다가오셔서, 마치 가느다란 봄비에 우리 옷이 젖는지도 모르게 젖듯이 우리를 알게 모르게 제도濟度하고 계신다.

그런 스님께서 그간 설법을 통해 많은 불자를 감화시킨 바가 크리라는 것은 짐작하기가 어렵지 않을 것이다. 스님께서 많은 불자를 감화시킨 귀중한 설법을 한데 모아 법문집을 발간하게 됨은 매우 가치 있는 일이고, 또한 불자들은 게을러서 놓쳤거나 기억에서 사라져 가던 스님의 귀중한 법문을 다시 대할 수 있는 기회를 통해 참 부처님의 성품을 되돌아보게 되었다. 참으로 감사한 일이다.

스님의 훌륭하신 법문을 통해 우리 자신의 불성, 우리 자신 속에 있는 부처님을 찾아 모든 생각과 관념을 창조하는 이는 바로 나이고, 그러한 생각과 관념으로부터 자유로울 수 있는 것도 바로 나라는 것을 바로 보아 한 사람도 빠짐없이 대자유를 회복하기를 진심으로 발원한다.

아울러 스님께서도 항상 건강하셔서 우리들을 오래도록 이끌어 주시기를 발원한다.

2004년 여름
전주지방법원장 도영 권남혁 합장

군 포교에 삶의 황금기를 바치신 자광 스님

이종인 | 전 교육사령부 군종실장

우선 자광 스님에 대해 말할 수 있는 기회가 내게 주어져서 매우 기쁘다. 그 누가 아무리 훌륭해도 알려 주지 않으면 알 수가 없는 일이다.

자광 스님이 얼마나 훌륭한 분인지, 얼마나 열심히 살았는지, 그 업적이 얼마나 큰지 알려 주지 않으면 아무도 모른다. 그러나 나의 필설로 다 표현할 수 없어서 심히 유감이고 안타깝다.

자광 스님은 일찍이 불문에 귀의하여 경산京山 큰스님의 상좌가 되었다. 동국대학교를 졸업하고 정진 중에 스승님의 가르침을 받고 군 포교에 몸을 던졌다. 그로부터 정년 퇴임할 때까지 무려 25년간 우리 국군 장병들에게 정신무장 강화를 위한 신앙운동에 힘을 기울여 군의 정신 전력 극대화에 크게 이바지하였다.

　사람들이 흔히 군대는 '포교의 황금어장'이라고 한다. 불교뿐만 아니라 다른 종교에서도 그렇게 보고 있다. 즉 군복무 기간은 불교가 젊은이들에게 부처님의 법을 전하는 데 가장 적기라고 말할 수 있다. 남자들에게, 그것도 젊은이들에게 군대보다 더 좋은 포교의 기회는 없다.

　자광(임봉준) 스님은 신심과 열정을 가지고 수많은 법회와 수계식, 정신 교육과 위문 활동을 통해 부처님의 가르침을 전했다. 얼마나 많은 젊은이에게 불법을 전했는지는 우리가 다 모른다. 오직 부처님께서만 아시는 일이다.

　도반들이 나를 만날 때마다 "아니 뭐 하고 자빠져 있어. 군대가 그렇게 좋아? 왜 아직도 군에 있는지 난 이해가 안 돼!"라고 한다. 참, 서 있어도 자빠져 있다고 한다. 중이 머리 깎고 절에서 살아야지, 도를 닦아야지, 도대체 뭐 하고 있느냐는 소리다. 그렇지만 절에서 하는 수행만이 능사는 아니라고 생각한다. 상구보리上求菩提 하화중생下化衆生이 따로 떨어져 있는 것이 아니다.

　그것은 마치 새의 두 날개와 같아서 동시에 이루어져야 하는 것이다. 순서가 있는 것도 아니다. 사실 모두가 절에서만 수행한다면 누가 시중에 나서서 포교를 하겠는가.

　지장보살님이 모든 중생을 다 제도하고 나서 부처가 되겠다고 하였듯이, 당연히 해야 할 수행을 놔두고 포교를 택하여 평생을 보냈다고 하는 것은 오히려 수행을 하는 것보다 자기희생이고, 그래서 더 거룩한 삶이라고도 할 수 있는 것이다.

자광 스님은 군대라고 하는 통제된 사회, 열악한 환경 속에서 오로지 신자 확보에 전력을 기울였다. 그것은 포교가 우리 종단의 3대 사업이기도 하지만 군에서는 신자 수의 비율로 군종 장교를 임관시키고, 장기자와 연장자를 선발하고, 진급을 시키고, 예산을 할당하고, 법당·성당·교회를 지어 주기 때문이다. 그야말로 법사들 입장에서는 신자 수의 중요성을 아무리 강조해도 지나치지 않다고 하겠다. 그래서 군종 장교들은 자기 종교의 신자 확보를 위하여 종교 간의 눈에 보이지 않는 경쟁을 치열하게 벌이고 있다.

스님은 후배 법사를 만날 때마다, 또는 회의를 할 때마다 「앉으나 서나 당신 생각」이라는 가수 현철의 노래를 패러디하여 '앉으나 서나 신자 확보'라고 노래를 불렀다. 그만큼 부처님의 가르침을 널리 전하려고 많은 노력을 쏟았다. 그런 스님의 줄기찬 노력이 후배 법사들에게는 하나의 지침이 되었다.

군종 장교의 최고 계급은 대령이다. 아직까지 장군은 없다. 누구나 최고가 되기를 바라지만, 바란다고 다 되는 것은 아니다. 스님은 군에서 나라와 민족을 위하여, 또 종단을 위하여 열심히 근무한 것이 인정되어 영광스럽게도 최고의 계급인 대령까지 진급했다. 참 복이 많은 분이기도 하다.

이 세상에 쉬운 일은 하나도 없지만, 군 포교의 길도 결코 쉬운 길은 아니다. 그 어려운 길을 스님은 묵묵히 그리고 열심히 걸었다. 마치 군 포교를 위해서 태어나신 분처럼 혼신의 힘을 다해 삶의 황금기를 군 포교를 위해 다 보냈다. 그리고 유종의 미를 거두고 명예롭게 퇴역하여 지금은 용인의 반야선원般若禪院에서 수행자가 걸어가야 할 본연의 모습을 보여 주고 있다. 참으로 수행자의 귀감이라고 말하지 않을 수 없다.

후배들에게 늘 자상한 가르침을 주었고, 한 사람 한 사람 아껴주고 보살펴 주셨던 인정이 많은 스님의 앞날에 건강과 부처님의 가피가 항상 함께하기를 기원한다.

불기 2548년 4월 3일
교육사령부 군종실장 대령 이종인 법사 합장

논산 연무대 법당 대불사를 완성하고 첫 법회 광경

부록

I. 멍텅구리 『금강경』
II. 소원을 이루는 비결 – 발원문

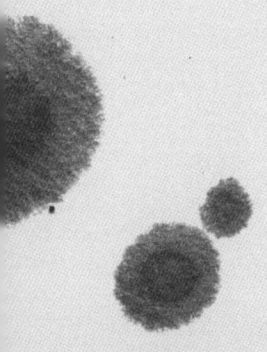

| 부록 I |

멍텅구리 『금강경』

　세상에서 가장 희한한 『금강경金剛經』을 설해 본다. 소설 『부자富子』에서 힌트를 얻어 오늘날의 상황에서 『금강경』 법회를 그려 보았다. 주인공은 멍텅구리 법문집답게 멍텅구리와 자광의 대화로 그렸다. 그러니까 멍텅구리가 오늘의 부처님이고, 부처님을 상대하여 대담하는 자광이 곧 오늘의 사리불舍利佛인 것이다.

　내가 이렇게 『금강경』을 바꿔 써 보는 것은 많은 신도가 『금강경』을 수백 번, 수천 번씩 독송해도 도무지 그 뜻을 잘 이해하지 못하는 경우가 많아, 혹시라도 이렇게 하여 깨달음의 인연을 열 수 있을까 하는 마음 때문이다.

'금강경'의 본래 뜻은 버리고 또 버리는 것이다. 우리는 너무 많이 가지고 있어 탈이지 모자라서 문제가 아니다. 그러므로 이 글도 읽고 나서는 마음속에서 털어 버려야 한다. 특히 '부처님'이라는 성스런 단어에 매여 그 뜻을 이해하지 못했던 분들은 '멍텅구리'라는 단어를 통해 그 상을 깨 주길 바란다.

우선 부처님이 말씀하신 공空 사상을 이해하자는 것이 『금강경』이 설해진 이유라는 걸 밝혀야겠다. 즉 『금강경』은 '공空'에 대한 철저한 규명을 근본으로 깔고 있으면서 우리들 인간의 마음을 관조하고 있다.

그런데 불교 신도든 아니든 현대인은 이미 학교 수학시간에 이 『금강경』에 대해 다들 공부하고 있다. 그것은 곧 '0'이요, '∞'요, '-(마이너스)'이다. '0'을 알고 '∞'를 알고 '-'를 알면 『금강경』은 끝난다. 그렇다면 고개를 끄덕여 줄 분들이 많을 것이다. 이처럼 부처님이 말씀하신 공 사상은 현대 수학에서 이미 확실히 증명되었다.

라이프니츠Leibniz는 이진법二進法을 말하면서,
"이것은 신神의 작품이다. 1은 '신'을, 0은 '없음'을 의미한다. 신은 0과 1로 모든 것을 나타낼 수 있도록 창조한 것이다……."
(고려출판 수학7-가 교과서 『중학교 1학년』, p.41)라고 했다.

"숫자 1, 2, 3……은 '무'로부터 만들어진 것들이다. 먼저 '무의 세계'인 공집합(∅)을 '0'이라고 이름 짓는다. 그러니까 성경의 창세기의 신처럼 아무것도 없는 데서부터 시작하자……."

(두산동아 수학7-가 자습서 『중학교 1학년』, p.83)

하지만 이러한 설명은 공 사상이 인도에서 부처님으로부터 시작되었다는 걸 간과한 채 설명된 것이다.

일상생활에서 쓰이는 수는 일, 십, 백, 천, 만, 억, 조, 경까지이다. 그 이상은 쓰일 곳도 없고, 실제 쓰이는 경우가 없다. 또한 인간의 상상으로 잘 헤아려지지도 않는다. 그 반대의 경우도 마찬가지다. 작은 숫자도 -로 나아가다가 -경이 되면 역시 더 내려갈 길이 없다. 이러한 것을 불교에서는 훨씬 더 멀리, 깊이 숫자 개념을 잡아냈다.

경京: 10의 16승
해垓: 10의 20승
자秭: 10의 24승
양穰: 10의 28승
구溝: 10의 32승
간澗: 10의 36승

정正: 10의 40승

재載: 10의 44승

극極: 10의 48승

항하사恒河沙: 10의 52승

아승기阿僧祇: 10의 56승

나유타那由他: 10의 60승

불가사의不可思議: 10의 64승

무량대수無量大數: 10의 68승

겁劫: ∞한 세상이 창조되어 말세 후 다시 창조될 때까지의 시간

기왕이면 작은 수도 알아보자.

진塵: 10의 -9승

모호模糊: 10의 -13승

순식간瞬息間: 10의 -16승

찰나刹那: 10의 -18승. 눈 깜짝할 사이에는 3천 번의 찰나가 있다.

청정淸淨: 10의 -21승. 먼지가 전혀 없는 지극히 깨끗한 상태

천재일우千載一遇: 10의 -47승

영어로도 이 개념을 표현하는 게 뒤늦게 생겨났다.

atto: 10의 -18승

femto: 10의 -15승

pico: 10의 -12승

nano: 10의 -9승

micro: 10의 -6승

milli: 10의 -3승

kilo: 10의 3승. thousands

mega: 10의 6승. millions

giga: 10의 9승. billions

tera: 10의 12승. trillions

peta: 10의 15승

exa: 10의 18승

vigintillion: 10의 63승. 아르키메데스Archimedes가 생각한 가장 큰 수

googol: 10의 100승

centillion: 10의 303승

primo-vigesimocentillions: 10의 366승

googolplex: 10의 googol승

milli-millillion: 10의 3,000,003승

gigaplex: 1 다음에 0이 10억 개인 값

동양에서 발생한 이 수의 개념이 서양에서 뒤늦게 시작되었다고 해도 그 뜻에는 엄청난 차이가 있다. 서양에서는 작은 것과 큰 것을 별개로 보지만, 불교에서는 그렇지 않다. 즉 큰 것이 작은 것이고, 작은 것이 큰 것이다. 아트만ātman은 쌀알이나 보리알보다 작고 조보다 작으며 조의 눈보다 작다. 그러면서도 하늘보다 허공보다 모든 것을 합한 것보다 크다고 한다. '다즉일多卽一 일즉다一卽多' 사상이 여기서 나온 것이다.

이제 수數에 관한 여행, 『금강경』을 재미나게 읽어 보자.
자, 그럼 멍텅구리가 나타나 사람들에게 '황금꽃'이라는 깨달음의 꽃을 나누어 준다면서 법회를 시작한다.

명상이 끝났음을 알리는 죽비가 울려 퍼지자 참석자들은 모두 눈을 크게 뜨고 귀를 열었다. 이제 기침소리마저 다 들을 수 있을 만큼 강의장이 조용해지자, 멍텅구리는 가만히 하늘을 올려다보았다. 노랑나비, 흰나비가 풀풀거리며 멍텅구리의 주변을 날았다. 멍텅구리는 나비를 바라보는 것이 아니라, 혹시 중음계中陰界에서 찾아왔을지도 모를 귀신들의 얼굴을 눈으로 보려는 것이다.

멍텅구리는 자광을 향해 은근한 눈빛을 보냈다. 이제 시작하자는 뜻이었다. 그걸 알아차린 자광은 자리에서 일어나 멍텅구리가 앉아 있는 자리 앞으로 나아갔다. 대중들이 멍텅구리의 얼굴을 잘 보고 말씀을 잘 들을 수 있도록, 그리고 카메라 렌즈를 피해 약간 옆으로 비켜섰다.

강의장에 모인 사람들의 시선이 일제히 자광의 입술에 쏠렸다. 자광은 오른쪽 무릎을 꿇고 앉았다. 그런 다음 첫 질문을 던졌다.

"멍텅구리님, 멍텅구리께서는 오늘 크나큰 보물 '황금꽃'을 저희들에게 주신다고 말씀하셨습니다. 또 멍텅구리께서는 며칠 전부터 각지에 흩어져 살던 사람들에게 연락하여 모두 모이라고 말씀하셨습니다. 저희들은 지금 온통 떨리는 마음으로 눈을 크게 뜨고 귀를 기울이고 있습니다. 멍텅구리께서 저희들에게 주신다는 그 '황금꽃'이 무엇인지 애타게 기다리고 있습니다. 묻겠습니다. '황금꽃'은 지금 어디에 있습니까?"

노골적인 질문이었다. 생사를 가르듯이 자광은 한 치의 양보 없이 단도직입적인 질문을 던졌다.

"옛 로마에서는 천을 'M'으로 표기했다더군. 그래서 M이 몇 개인가로 숫자가 얼마나 큰지를 나타냈던가 봐. 뭐, 우리나라에서도 백을 '온'이라고 부르던 옛 시절에 '온'이라는 개념이 오죽 크게 보였으면 '온 나라', '온 백성', '온통' 이렇게 많다는 뜻으로 쓰였을까.

그러다가 로마인들은 인도에서 건너온 '0'이라는 마법의 숫자와 만났지. 무無, 공空, 비어 있음, 아무것도 없음.

왜 이런 '0'이 숫자를 더 크게 만들어 놓았을까? 이 0은 5에 한 개가 붙으면 50, 두 개가 붙으면 500, 이런 식으로 숫자를 마술처럼 불려 나갔거든.

인류는 '0'을 발명함으로써 손가락으로 세던 수數 십十과 백百을 천千과 만萬, 억億과 조兆로 늘려 놓은 거야. 존재하는 모든 상相을 0으로 만들어 버린다는 생각이 오히려 수를 늘려 놓은 것이지. 아마도 0을 발명한 사람은 위대한 성자였을 거야. 그분은 약 1,500년 전 인도에서 나셨지.

자, 여기까지는 자네도 이미 알던 얘기라서 흥미가 덜하겠지만, 정작 숫자의 세상을 더 크게 만들어 준 것은 무無도 공空도 아닌 전혀 다른 생각이었어.

그게 뭐냐? 바로 마이너스(-)야. 마이너스를 발명하는 순간 인류는 플러스(+)의 수조차 폭발적으로 늘려 놓았지.

인류는 수많은 발명을 해서 오늘날 과거와는 전혀 다른 삶을 살게 했지만, 생각을 바꾸어 준 것은 0과 마이너스(-)의 발명이 더 값어치가 있었지."

멍텅구리는 뜻밖에도 0과 - 라는 수학 용어를 먼저 거론했다.

인도의 발명품 '0'을 아라비아 상인들이 로마로 수입해 들여갔을 때 산판算板(주판) 선생들은 0을 악마의 수작이라고 비난했다. 15세기 프랑스에서는 "0이 숫자의 대열에 끼려는 것은 독수리가 법왕을 탐하듯, 조랑말이 사자를, 원숭이가 여왕이 되기를 바라는 것과 같다."고 비난했다. 오죽하면 0을 뜻하는 그네들 말 '제로(0)'는 한때 '미친놈'이라는 숙어로 쓰였을까. 하긴 지금도 0을 '제로'가 아닌 '노no'라고 읽는 서양인이 엄청 많다. 이 노는 'no figure(숫자가 아닌 것)'라는 말이 줄어든 것이다.

중세의 수학자 레오나르도 피보나치Leonardo Fibonacci(1170~1250)가 0의 비밀을 이해하지 못했더라면 서양은 마녀재판이 횡행하던 중세처럼 오랫동안 수학적 암흑기를 지내야 했을지도 모른다.

그리고 독일의 수학자 비트만Widmann(1462~1498)은 상용 산술서 『모든 상거래 시 계산을 빨리 능숙하게 하는 거래법』(1489년)을 저술했는데, 거기서 기호인 플러스(+), 마이너스(-)를 발명했다. 처음에는 마이너스가 과부족의 의미로 사용되었으나, 점차 덧셈과 뺄셈을 의미하는 기호로 사용되었다.

덧셈 기호 '+'는 '더한다'는 뜻의 라틴어 'et'를 줄여 쓰다가 't'자에서 이 모양을 구했고, 뺄셈 기호 '-'는 뺀다는 뜻의 'minus'를 'm'으로 줄여 필기체처럼 빠르게 쓰다가 굳어진 것이다.

플러스, 마이너스가 기호로 정식 인정을 받은 것은 1630년이다. 하지만 멍텅구리가 말하는, 숫자의 부족을 나타내는 '마이너스'의 사용은 내력이 다르다. 이 발명 역시 인도인들의 것이다.

고대 그리스의 디오판토스Diophantos(3세기경)는 방정식의 답이 음수가 될 경우에는 답이 없는 것으로 취급하였다. 그런 개념을 생각할 수가 없기 때문이었다. '마이너스' 개념을 발명한 인도에서도 처음에는 양수陽數는 '재산', 음수陰數는 '부채'로 비유하여 설명했다.

그런데 이러한 '음수' 개념의 마이너스가 널리 사용된 것은 이탈리아의 수학자 카르다노Cardano(1501~1576)부터다. 그는 '음수'의 개념을 확립하고 양수와 만날 때 일어나는 여러 가지 법칙을 명확하게 밝혔다.

그 뒤 음수 마이너스의 중요성이 부각된 것은 불과 350여 년 전으로, 데카르트Descartes(1596~1650)가 좌표를 고안하여 사용하기 시작했을 때부터다.

"오늘 내가 여러분에게 드릴 '황금꽃'은 음수 마이너스와 양수 플러스의 한가운데에 있으니 0, 곧 공空 가운데에 있습니다. 그러나 이 공空에 이르려면 여러 가지 어려움이 있습니다. 여러분이 공에 이르기 전에 제가 '황금꽃'을 드리면 그 꽃은 금세 시

들거나 이슬처럼 사라져 버립니다. 그러니 내가 '황금꽃'을 아무리 드리고 싶어도 여러분의 마음이 음수의 어느 지점에 있거나, 양수의 어느 지점에 머물러 있다면 도저히 드릴 수가 없습니다."

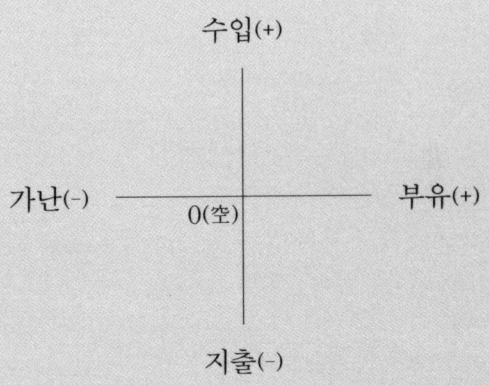

그때 사람들 중 일부는 멍텅구리가 말의 유희를 하는 것으로 오해하여 고개를 가로젓거나 낮은 한숨을 뱉기도 했다. 그런 분위기를 재빨리 읽은 자광은 곧바로 그에 합당한 질문을 던졌다.

"멍텅구리님, '황금꽃'의 존재에 대해서는 이해하겠습니다. 그렇다면 '황금꽃'을 잘 받아 간직하려면 여기에 모인 사람들, 그리고 이 강의를 들으려고 하늘과 땅에서 몰려들었을 온갖 영혼들, 또한 눈에 띄지 않는 온갖 미물들이 자신들의 마음을 어떻게 갖추고 있어야 하는지 말씀해 주십시오."

멍텅구리는 빙그레 웃으면서 자광의 질문에 고개를 끄덕였다.

"그 질문이 참으로 요긴하군. 나는 이미 사람들에게 나누어 줄 '황금꽃'을 충분히 준비했지만, 사람들은 아직 '황금꽃'을 받아 지닐 준비가 안 돼 있다. 도를 너무 많이 닦아서 내 말에 귀를 기울이지 않거나, 혹은 너무 업장業障이 두터워 내 말을 무시하거나, 또한 병이 들었거나 너무 먼 나라에 살거나, 또는 아직 온갖 미혹에 빠져 외도外道들에게 끌려다니는 등 가지가지 이유로 이 자리에 참석하지 못한 사람들, 그리고 아직 세상에 태어나지 못하여 역시 이 자리에 참석하지 못한 후세 사람들을 위하여 먼저 마음의 준비를 어떻게 해야 하는지 말해 주지."

"감사합니다, 멍텅구리님. 말씀해 주십시오."

"자세히 듣게. 내가 그 질문에 대답하지. 내가 여러분에게 내릴 보물은 바로 '황금꽃' 한 송이다. 황금도 비싼데 거기서 피어난 꽃이니, 그 가치는 말할 필요가 없을 것이다. 내가 여러분에게 줄 이 꽃을 받기 위해, 여러분의 마음을 공空으로 맞추기 위해서는 이런 태도와 이런 마음을 지녀야 한다.

우리는 농부나 광부나 어부든, 또는 판사나 검사나 변호사나 국회의원이나 장관이든, 또는 직장인이거나 사채업자거나 은행업자거나 장사꾼이든, 혹은 강도나 깡패나 거지나 살인범이나 창녀나 사기꾼이든, 시인이거나 소설가거나 무용수거나 배우거나 가수든 그 직업에 관계없이 모든 사람을 자유로운 세계로 이끌어 내야 한다. 그리하여 남김없이 자유로운 안락한 저 언덕으로 건너게 해야 한다. 이같이 고통받는 수많은 사람을 다 건너게 하되, 진실로 어떤 사람을 구제했다는 생각이 없어야 한다. 여러분이 공꾸에 이르는 것을 훼방 놓을 것이기 때문이다.

왜냐하면, 자광아!

자유를 구하려는 사람이, 곧 나와 가족과 사회와 국가와 세상을 움직이는 주체라는 강박관념을 가졌거나(我相), 세속적으로 성공해야만 체면과 명예를 얻을 수 있다는 헛된 믿음을 가졌거나(人相), 다른 사람을 지배하거나 움직일 수 있다고 착각하거나, 심지어 다른 사람의 양심과 성性 따위를 살 수 있다는 망상을 갖거나(衆生相), 또한 중요한 발명이나 발견·창작·봉사 등 크나큰 업적보다도 이익을 더 많이 갖는 것이 길이 빛나리라는 허상(壽者相)에 매이면 결코 해탈할 수 없다. 이 네 가지 상相이 여러분을 노예로 만드는 것이다. 진실로 좌표상의 플러스에 머물거나 마이너스에 머물러 있기만 한다면, 그 사람은 '노예'라고 말해야 할 것이다."

"멍텅구리님! 마침내 제 질문에 정확하고 분명한 답변을 해주셨습니다. 지금 멍텅구리께서는, 멍텅구리께서 저희들에게 내리실 보물인 '황금꽃'을 받기 위해서는, 마음을 공空으로 돌리기 위해서는 먼저 네 가지 마음을 버리라고 하셨습니다.

첫 번째로 자기 자신이 가족과 사회와 국가와 세상을 움직이는 주체라는 강박관념을 버리라고 하셨습니다. 그것이 첫 번째로 버려야 할 '아상我相'입니다.

힘이나 돈이나 권력으로 모든 걸 할 수 있다는 믿음이나, 그래야만 체면과 명예를 얻을 수 있다는 헛된 믿음을 버리라고 하셨습니다. 이것이 두 번째로 버려야 할 '인상人相'입니다.

세 번째로 다른 사람을 지배할 수 있다거나 움직일 수 있다고 착각하거나, 심지어 다른 사람의 양심과 성性 따위를 살 수 있다는 망상을 버리라고 하셨습니다. 이것이 세 번째로 버려야 할 '중생상衆生相'입니다.

마지막 네 번째로 중요한 발명이나 발견·창작·봉사 등 크나큰 업적보다도 이익을 많이 추구하는 것이 길이 빛나리라는 허상을 버려야 한다고 하셨습니다. 그것이 마지막으로 버려야 할 '수자상壽者相'입니다.

멍텅구리께서는 이러한 네 가지 잘못된 생각(四相)을 버려야만 멍텅구리께서 주시는 '황금꽃'을 받을 수 있다고 말씀하셨습니다. 분명히 말씀하시기를, 버려야만 얻을 수 있다고 하셨습니다."

멍텅구리는 흡족한 듯 빙그레 웃었다.

"자광아, 네 설명이 아주 듣기 쉽구나. 장차 내가 줄 '황금꽃'을 받을 수 있는 사람은 매사에 집착 없는 희생과 봉사를 실천해야 한다. 다시 말하면 형식에 얽매이지 않는 희생과 봉사를 해야 하는 것이다.

자유를 얻으려는 사람의 희생과 봉사는 진정 그래야 한다. 겉모양에 머물지 않아야 하는 것이다. 겉모양에 머물지 않는 희생과 봉사야말로 그 복福과 덕德이 끝이 없다."

"멍텅구리님, 바로 그렇습니다. 방생放生을 한다 하여 남보다 물고기 한 마리 더 놓아준다고 복과 덕을 더 받는 것이 결코 아니지만, 오히려 사람들은 바로 그 방생의 복덕을 구하기 위하여 멀쩡한 물고기를 잡아 가두는 등 더 큰 죄업罪業만 쌓습니다. 진정 마음에 머무는 것은 그것이 무엇이든 집착일 뿐입니다.

업의 노예들은 흔히 이렇게 자신들이 희생과 봉사를 한다고 선전합니다. 그러나 실은 그들이 타인들의 피땀을 착취하기 위해 쓰는 말이 대부분 '희생'과 '봉사'입니다. 무슨 무슨 서비스, 고객 제일, 돈 버는 비결 따위가 그렇습니다. 대부분의 '서비스'란 말만 서비스이지 교묘한 형태로 죄를 쌓는 수단일 뿐입니다.

참으로 머물지 않는 마음으로 희생과 봉사를 한다는 것은 어려운 일입니다. 사람들은 사상四相에 머물러 업의 노예가 되기 아주 쉽습니다."

멍텅구리는 자광의 말에 고개를 끄덕였다.

"자유는 상相을 따라다녀서는 절대로 구할 수 없다. 여러분, 내가 시 한 수 읊어 볼 테니 모두들 잘 기억했다가 자주 되새기길 바랍니다."

> 눈에 보이고 귀에 들리는 모든 빛과 소리(相)는
> 반드시 다 없어집니다.
> 만일 모든 빛과 소리(相)가
> 곧 빛과 소리(相)가 아니라는 걸 깨닫는다면
> 그때 비로소 자유인이 될 것입니다.

강의에 참석한 사람들이 마치 꿀 따는 벌떼처럼 멍텅구리가 읊는 시를 노트에 적고, 녹음을 하고, 외우려고 입으로 웅얼거리느라 장내가 잠시 술렁거렸다.

그것을 보고 있던 사회자가 오른손을 들어 좌중을 진정시켰다. 자리가 정돈되자 자광이 다시 멍텅구리를 향해 물었다.

"멍텅구리님, 지금 아주 중요한 시를 읊으셨습니다. 그러나 원래 총기가 없거나 배움이 모자라는 사람이 어떻게 시 한 수만으로 업장에서 금세 해탈하겠습니까? 또한 먼 훗날 다른 시대에

시는 사람들이나 내전을 겪는 아프가니스탄이나 아프리카 같은 다른 나라 사람들이 이 같은 말씀을 듣고 참다운 믿음을 내게 될까요?"

"그렇게 말하지 말게. 내가 가고 난 뒤 먼 훗날 다른 시대라도 진정으로 윤회 업장에서 해탈하려는 사람은 이 시를 듣고 바로 진실한 믿음을 낼 수 있어.

내가 지금까지 한 말과 앞으로 할 말은 결단코 나 혼자 생각해서 지어낸 말이 아니야. 수백 년 전부터, 수천 년 전부터, 수억 겁 전부터 수많은 멍텅구리가 줄기차게 말씀해 오신 진리야. 조금도 꾸미지 않고 내가 있는 그대로 다 말했고 말할 거야. 그러므로 앞으로 수억 겁이 흘러도 이 진리는 변하지 않아."

"멍텅구리님, 그렇다 해도 지금 멍텅구리께서 시를 읊으시자 이 자리에 모인 사람들조차 그 시를 적고 외우느라고 잠시 술렁거렸습니다. 그 시는, 설사 기억에서 사라지더라도, 심지어 멍텅구리께서 말씀을 하지 않으셨다 해도 결코 없어지지 않는 것입니다. 그런데도 사람들은 언제나 미혹한 마음을 일으키기 때문에 곧바로 시를 적고 외울 생각부터 하게 되는 것입니다."

"자광아, 옳은 걱정이라고 생각한다. 그런 사람들을 위해 내가 설명을 더 하지.

마음속에 마음이 지나간 자국을 남기면 그것이 곧 집착이다.

도에도 매달리지 말고 도 아닌 것에도 매달리지 말라.

뗏목을 타고 강을 건너면, 그 뗏목을 버려야 한다. 어리석은 사람들은 강을 건너고도 혹시나 하여 그 뗏목을 힘들게 끌고 다닌다.

내가 말한 시 역시 뗏목과 같은 것, 단어를 꿰어 만든 시 속에 해탈의 비밀이 숨어 있는 건 아니다. 여러분이 저 언덕까지 이르는 데 필요한 것이 뗏목이요, 일단 건넜으면 뗏목이 필요 없듯 다 필요 없어지는 것이다."

"멍텅구리님, 그 비유가 미혹한 마음에 환하게 불을 밝혔습니다."

그러나 법회에 모인 사람들의 욕심이 아주 없어지지 않았다는 것을 느낀 멍텅구리는 다시 한 번 이 문제를 설명하리라 생각하고 자광에게 물었다.

"자광아, 자네는 내가 해탈했다고 생각하는가? 그래서 내가 정녕 '황금꽃'을 얻었다고 생각하는가?"

사람들은 이 말에 모두들 눈이 휘둥그레졌다.

자광은 천천히, 그리고 분명히 말했다.

"멍텅구리께서는 해탈한 적이 없습니다. 더더구나 '황금꽃' 따위는 본 적도 얻은 적도 없습니다."

순간 사람들은 숨이 막힐 듯 긴장했다. 누군가 한숨을 내쉬었다. 멍텅구리가 해탈하지 않았다면 어떻게 멍텅구리며, '멍텅구리'라는 칭호를 무슨 자격으로 들을 수 있단 말인가. '황금꽃'을 얻지 못했다면 무얼 주겠다고 이 많은 사람을 불러 모았단 말인가. 하도 어이가 없어 고개를 가로젓는 사람들도 있었다. 저런 사람을 왜 불러서 질문을 시켰단 말인가, 걱정하는 목소리도 들렸다. 멍텅구리에 대해 믿음을 가졌던 사람들조차 바짝 긴장해서 멍텅구리가 뭐라고 답할지 촉각을 곤두세웠다.

이윽고 멍텅구리는 아무 일도 없었다는 듯이, 천연덕스럽게 자광의 말에 화답했다.

"자광의 답이 맞다."

"저런."

"아이고."

"휴……."

멍텅구리가 자광의 대답을 긍정하자 여기저기서 가느다란 탄성과 한숨이 뒤섞여 흘러나왔다.

'그러면 그렇지.'

'인간이란 게 어느 정도 욕심이 있는 법이지, 그걸 다 버리고 무슨 재주로 살아. 이제야 실토하는군.'

그런 술렁거림을 전혀 모르는 것처럼, 멍텅구리는 또 엉뚱한 질문을 자광에게 던졌다.

"자광아, 내가 해탈하는 법을 설명한 적이 있는가?"

이번에도 같은 식의 질문이다.

이미 이 강의가 열리자마자 멍텅구리 자신의 입으로 말해 놓고도, 멍텅구리는 새삼 그 사실까지 자광에게 물은 것이다. 아니, 그동안 수많은 제자를 정기적으로 만나 문답을 가져 온 그가 난데없이 왜 이런 질문을 한단 말인가.

그러나 질문을 받은 자광은 조금도 머뭇거리지 않고 멍텅구리의 물음에 답했다.

이번에도 그는 분명한 목소리로 더 짧게 대답했다.

"없습니다."

기가 찰 노릇이다. 참석자들로서는 도무지 이해하기 어려운 말이었다. 물론 이해하는 사람들은 일부 고개를 끄덕였고, 이해하지 못하는 사람들은 두리번거리며 또한 웅성거렸다.

멍텅구리는 빙그레 미소를 지어 자광의 말이 옳다는 것을 사람들에게 증명했다.

이때 자광은 너무나 파격적인 대화로 몹시 혼란스러워할 사람이 있으리라는 것을 짐작하고, 다시 한 번 고개를 숙여 멍텅구리에게 예를 올린 다음 천천히 그 말을 풀었다.

"이 세상에 고정된 진리는 있을 수 없습니다. 사상四相에서 벗어나 진정으로 마음에 자국을 남기지 않는 희생과 봉사를 할 때

윤회 업장에서 해탈하고, '황금꽃'을 볼 수 있습니다. 또 그래야만 '황금꽃'을 가질 수 있다고 하셨습니다. 그러나 멍텅구리께서 말씀하신 '황금꽃'도 또 하나의 상相이 되는 것입니다. 그것을 기대하고 바라는 순간 우리는 또 하나의 상에 사로잡히는 것이요, 바로 업장이라는 물질에 미혹하는 것입니다. 그래서 멍텅구리께서는 해탈의 꽃인 '황금꽃'을 갖지 않았다는 뜻으로 깨달은 적이 없다고 말씀하신 것입니다.

또한 멍텅구리의 말씀조차 일단 말이 되어 우리네 귀에 들리면 그 순간 상相이 됩니다. 그래서 멍텅구리께서는 한 마디도 한 적이 없다고 말씀하신 것입니다. 우리는 멍텅구리의 말을 듣고 그 마음만 걸러 내고 언어 자체는 버려야 하는 것입니다."

그제야 뜻을 알아차린 사람들이 손을 모아 합장하고, 다투어 멍텅구리를 찬탄했다.

멍텅구리 역시 만족한 듯 미소를 짓고 다음 이야기로 넘어갔다.

"자광아, 자네 생각은 어떤가? 세상을 돈으로 가득 채워 보시하는 사람이 있다면 이 사람의 공덕이 많지 않을까?"

"물론 공덕이 매우 많습니다. 여러 사람이 가지가지 큰 자유를 누리게 될 것입니다."

"하지만 사람들이 오늘 우리 문답을 다시 듣거나 중요한 뜻을 이웃에게 전한다면 그 복福은 오히려 그것보다 더 클 것이다. 왜냐하면 우리 문답을 듣고 많은 사람이 '황금꽃'을 얻어 해탈한 멍텅구리가 될 것이기 때문이다. 실제로 자유로워지는 법은 원칙이나 규범이나 공식으로 정해지지 않는다."

"내가 세상에 나타나서 이 세상을 자유로운 세상으로 바꾸었다고 생각하는가?"

"아닙니다."

"왜 그렇지?"

"자유를 얻었다고 하지만 얻은 자유는 자유가 아닙니다. 누군가에게서 받은 것은 내 것이 아니며, 누구에게 준 것은 그의 것이 될 수 없습니다. 그러므로 이 세상을 자유로운 세상으로 바꾸었다고 하면, 그것은 이미 바꾼 게 아닙니다."

"그렇다. 깨달으려면 모두 이같이 마음을 비워 공空으로 귀의해야 한다. 모든 사람이 이 같은 본래 마음을 닦고 지켜야 한다. 모두들 잘 들으십시오.

마땅히 머무는 바 없이 마음을 내야 합니다. 마음이 일어난 자리에 남김이 있거나 자국이 있어서는 참다운 마음이라고 할 수 없습니다.

물론 생각의 자국도 남기지 마십시오.

플러스든 마이너스든 좌표를 갖고 있는 한 공空에 이를 수 없습니다."

멍텅구리의 목소리는 석회암 동굴에서 떨어지는 물방울처럼 긴 메아리를 치면서 사람들의 가슴으로 떨어졌다.

"우리의 문답을 전하거나 내가 읊은 시 한 줄을 외워 실천해도 공덕이 크다. 하물며 스스로 간직하고 쓰고 읽고 외워 그 뜻을 깨우치는 공덕은 더 크다. 분명히 알아야 한다. 이 사람은 최상의 자유를 얻은 것이다. 그리고 이 자리에 과거·현재·미래 삼세三世의 모든 멍텅구리가 다 계시고, 선지식善知識들이 계시다."

멍텅구리가 말을 끝내자 자광은 감격하여 눈물을 흘렸다.

"거룩하신 멍텅구리님. 만일 '황금꽃'을 얻지 못하셨다면, 그리하여 오늘과 같은 말씀을 할 수 있는 경지에 이르지 못했다면 멍텅구리께서도 한낱 범부凡夫일 것입니다. 또한 누구도 자유를 얻지 못할 것입니다."

멍텅구리는 다시 자광을 향해 목소리를 높였다.

"후세에 어떤 사람이 '황금꽃 이야기'를 듣고도 놀라거나 두려워하지 않는다면 분명코 이 사람은 돈이든, 독재자든, 운명이든 결코 어떤 것에도 매이지 않는 완전한 자유인일 것이다.

그렇다면 후세 천년만년 뒤에 우리가 말한 '황금꽃 이야기, 『금강경』'을 온갖 말로 옮기고 풀이하는 과정에서 아무리 때가 많이 묻어도, '황금꽃'의 참뜻을 깨우치는 사람이 더 적지도 않을 것이다. 왜냐하면 '황금꽃'은 내가 말하지 않아도 '황금꽃'이며,

내가 태어나기 전에도 피었으며, 내가 말을 배우지 못한 젖먹이 시절에도 피어 있었으며, 내가 고행 중 온갖 사기꾼과 협잡꾼들에게 시달릴 때도 있었으며, 내가 깨닫기 전에도 피어났으며, 내가 죽은 뒤에도 쉬지 않고 피어날 것이기 때문이다. 그러므로 설사 누가 '황금꽃 이야기,『금강경』'을 기록한 책을 모조리 빼앗아 불을 지르고, 설사 누가 '황금꽃 이야기,『금강경』'을 읽고 외우는 사람들을 모조리 잡아다 죽여 그 흔적을 다 없앤다 해도, '황금꽃'은 여전히 피어날 것이다.

왜 그럴까?

자광아, 나는 진리를 말한다. 진실을 말한다. 틀림없이 말한다.

내가 얻은 자유는 실체도 아니고 허상도 아니다. 저절로 자유로워지는 것도 아니다.

자광아, 사람들이 우리가 말한 '황금꽃 이야기'를 읽고 외워 통달해서 남을 위해 전한다면 곧 깨달음의 지혜와 눈을 가진 자유인들은 이 사람들을 알아보고 이 사람들을 지켜볼 것이다. 그리하여 모두 자유를 누려 장차 무량무변無量無邊한 기쁨과 환희를 얻을 것이다."

"멍텅구리님, 만일 '황금꽃 이야기'를 듣기는 했으나 그 뜻을 깨우치지 못하는 사람은 어떻게 자유를 구해야 합니까?"

"만일 '황금꽃 이야기'를 이해하지 못한다면, 다른 사람에게라도 널리 펴서 깨달음의 인연을 맺어 주어 그 인연 공덕으로 머지않아 자유를 얻게 될 것이다."

"그 말씀을 가슴에 담아 길이 간직하겠습니다."

"분명히 알아야 한다. '황금꽃'은 뜻도 불가사의요, 결과도 불가사의다. 돈으로 돈을 복종시키는 사람은 언젠가는 돈 때문에 죽을 것이요, 돈에서 해탈한 사람은 돈 때문에 살 것이다."

"멍텅구리님, 지금까지는 어느 정도 경지에 오른 사람들을 위해 말씀하셨습니다. 그렇다면 아직도 금세 미혹해지고 번뇌와 집착에 빠지는 일반 사람들은 어떻게 마음을 다스려야 합니까? 그런 사람들은 배가 고파 음식을 보면 먹고 싶고, 아름다운 색色을 보면 욕정欲情이 나는 게 인상人相을 가진 사람들의 상정常情입니다. 그럴 때마다 업에 복종하게 되고 업에 매달릴 것입니다. 멍텅구리께서는 인간뿐 아니라 먹이에 탐닉하는 돼지, 소, 말, 개, 귀뚜라미, 매미 따위의 모든 생명이 다 함께 자유를 얻어야 한다고 말씀하셨습니다. 과연 이들을 다 이끌어야 합니까?"

"하나도 이끌지 말라."

또 깜짝 놀랄 말이다.

잠시 긴장을 풀었던 청중은 다시 귀를 바짝 세웠다.

"예? 모든 생명을 다 자유롭게 하라, 그러나 한 사람도 이끌지 말라고 하신다면 이 말과 저 말이 섞이어 도무지 무슨 뜻인지 모를까 염려됩니다."

"자광아, 성공을 꿈꾸는 어떤 미혹한 사람이 무엇을 조금 깨우치고 나면, '야, 이 좋은 걸로 다른 사람들을 자유롭게 해 주어야지.' 하고 생각할 것이다. 그러나 그가 아무리 많은 사람을 자유롭게 한들, 나는 그가 단 한 사람도 자유롭게 하지 못할 것이라고 말할 것이다.

잘 생각해 봐라. 내가 '황금꽃'이라는 실체가 있어서 그걸 얻은 것인가? '야, 여기 황금꽃이 있구나. 그러니 나 하나 가져야지.' 이래서 내가 자유인이 되었는가?"

"아닙니다, 멍텅구리님. 멍텅구리는 '황금꽃'이 꼭 있어서 그것을 얻으신 것이 아닙니다. 마음에서 스스로 '황금꽃'을 피우신 것입니다."

이어서 멍텅구리가 말했다.

"그렇고말고. 내가 얻은 자유야말로 진실로 고정된 실체가 아니다. 만일 자유의 실체가 존재하는 것이라면 내가 아니어도 누구나 다 자유인이 되었을 것이고, '황금꽃'쯤은 꽃가게라면 어디서나 파는 흔한 꽃이 되었을지 모른다. 그러나 자유란 실체가 없기 때문에, 그래서 나는 멍텅구리(富子)가 될 수 있었다.

'우담발라優曇跋羅'는 실재하지 않기 때문에 우담발라요, '황금꽃'은 흙이 아닌 마음밭에서 피어나는 꽃이기 때문에 '황금꽃'

이다.

만일 어떤 사람이 '나는 해탈했다.'고 말하면, 이 사람은 진정으로 해탈한 것이 아니다. 왜냐하면 '해탈한다'는 말도 그 말만이 있을 뿐이다. 자광아, 본래 존재도 없는 그 말만 있을 뿐이라는 것이다. 본래 존재하지 않는 진실한 자기 모습을 본 사람이야말로 '황금꽃'을 본 사람이라고 나는 말한다. 우리들의 본래면목 本來面目은 누구나 다 해탈한 멍텅구리거든."

"그렇습니다. 멍텅구리님."

"겉모습으로 멍텅구리가 된다면 성형외과에 가는 것이 나을 것이다. 만들어진 것은 무엇이든지 영원하지 않다. 다시 시 한 수를 읊어 보겠다."

> 눈에 보이고 손에 잡히는 모든 돈은
> 꿈이요, 환상이요, 물거품이요, 그림자다.
> 이슬처럼 날아가고 번개처럼 사라진다.
> 마땅히 이렇게 생각에 생각을 하고 또 하라.

"멍텅구리님, 멍텅구리께서는 이제 '황금꽃 이야기'를 다 말씀하셨습니다. 다 말씀하셨으나 말씀하신 게 없다고 저는 감히 말씀드립니다."

"그렇다. '황금꽃 이야기'는 줄이기로 한다면 열 마디로 줄일 수 있고, 한 마디로 줄일 수 있고, 말하지 않을 수도 있으니 끝내 흔적조차 없이 줄일 수 있다. 그래도 '황금꽃 이야기'는 짧아지지 않는다. 또 늘리기로 한다면 하루 종일 말해도 오히려 부족하고, 일 년 내내 말해도 부족하고, 천 년을 말해도 부족하며, 설사 수억 겁 동안 쉬지 않고 말한다 해도 다 말할 수 없을 것이다. 그래도 '황금꽃 이야기'는 늘어나지 않는다.

'황금꽃'의 양量은 은하계를 비롯한 온 우주의 인류와 짐승과 벌레 등 모든 생명에게 일일이 나누어 주느라 아무리 꺾어도 그 양이 모자라지 않는다. 그래서 '황금꽃'은 결코 모자라는 법이 없다. 아무리 인색하여 아무에게도 말하지 않고 알리지 않고 꼭꼭 숨긴다 해도 역시 '황금꽃'은 결코 넘치지 않는다.

'황금꽃'은 쪼개도 쪼개지지 않고, 나누어도 나누어지지 않는다.

'황금꽃 이야기'를 듣고 '황금꽃'을 얻은 사람은 마땅히 이렇게 알라. '황금꽃'은 무엇이든지 이룰 수 있고, 무엇이든지 붙일 수 있고, 무엇이든지 해결할 수 있고, 무엇이든지 이길 수 있다. 또한 무엇이든지 끊을 수 있고, 무엇이든지 벨 수 있고, 무엇이든지 묶을 수 있고, 무엇이든지 자를 수 있다. 그러므로 돈 때문에 생기는 미혹과 번뇌와 집착 또한 그렇게 끊어 버릴 수 있다."

자광은 다시 한 번 멍텅구리에게 예를 올리고 참석자들이 들을 수 있도록 마지막으로 크게 말했다.

"이제 '황금꽃 이야기',『금강경』강의는 시작했으나 시작한 것이 아닌 것처럼, 이제 끝났으나 끝나지 않았습니다. '황금꽃 이야기'는 지금도 시작하고 내일도 시작하고 내년에도 시작하며 천 년 후에도 매일매일, 순간순간 시작할 것입니다. 또한 '황금꽃 이야기'는 천 년 전에 이미 끝났고 오늘 끝났으며 내일 끝나며 천 년 뒤에 끝나며 매일매일, 순간순간 끝날 것입니다. '황금꽃'이 있는 곳에서는 언제나『금강경』강의가 열릴 것입니다. 삼가 우리 멍텅구리께 감사드립니다."

붓다가 열반에 든 지 2천5백여 년, 예수가 십자가에 못 박혀 천국으로 든 지 2천여 년. 그러나 붓다나 예수는 오늘에 이르는 동안 아무도 구속하거나 해방하지 않았다. 누구도 벌하거나 구원하지 않았다. 그동안 붓다나 예수를 향해 기도를 드린 이도 많고, 갖다 바친 재산을 다 합치면 아프리카 빈민들을 다 먹여 살릴 수 있을 만큼 많지만, 지금도 그곳에서는 안타까운 생명들이 굶어죽고 있다.

오늘날 붓다와 예수라는 존재는 어떤 사람에게는 스승으로서 섬겨지고, 어떤 사람에게는 생계와 출세와 권력의 수단으로서 이용되며, 또 어떤 사람에게는 역사 자료로서 연구되기도 한다. 심지어 붓다는 손이 천 개이며 눈이 천 개인 모습으로 그려지기도 하고, 예수는 빵과 음식을 무제한으로 만들어 내는 마술사로 그려지기도 한다.

그러나 붓다와 예수가 이 세상에 다녀갔다고 해서 악惡의 양은 줄어들지 않았으며, 인간의 마음(心)은 진화하지 못했다. 보리수 菩提樹 아래에서 샛별을 보고 깨달은 것이나 십자가에 매달려 인간의 죄를 대속代贖한 것이나, 그런 것은 어쩌면 붓다나 예수 오직 두 사람에게만 의미 있는 사건이었을지 모른다. 붓다와 예수가 다녀간 이후에도 태양은 언제나 하루에 한 번씩 동쪽에서 서쪽으로 떴다가 지고, 붓다에게 깨달음의 인연을 던졌다는 샛별도 여전히 빛나고 있으며, 골고다 Golgotha 언덕에도 똑같은 햇살이 비치고 있다.

이 세상은 붓다나 예수 한두 분으로 끝나지 않는다. 바로 우리들 자신이 깨닫기 전에는 아무것도 변하지 않을 것이기 때문이다.

| 부록 Ⅱ |

소원을 이루는 비결 – 발원문
: 원하지 않으면 아무것도 이루어지지 않는다

이 멍텅구리 자광이 여러분들에게 비결을 하나 전해야겠다. 그러니 제발 좋은 데만 쓰시도록.

이 비결은 정말 소중한 것이라 덕이 모자란 멍텅구리들에게 전하면 정말 안 된다. 그래서 이런 걸 전할 때 옛 선인들은 척 보아 비인非人이면 부전不傳하라고 했다. 사람 됨됨이가 영 아닌 것 같으면 전하지 말라는 것이다.

인간은 누구나 성공할 수 있다. 이건 법칙이다. '개유불성皆有佛性'이라는 말과 같다. 그러니 의심할 이유가 없다. 다만 성공하겠다는 의지가 있어야 한다. 그런데 실패하는 사람들을 보면 바로 이 의지가 없다.

인간은 누구나 자신의 마음속에 뜻을 새겨 12년, 혹은 24년, 혹은 36년을 쥐고 있으면 못 이룰 일이 없다. 하늘은 12년에 한 번 일주한다. 그러니 세 번 일주하는 동안 일생에 세 번은 기회가 오는 법이다.

이런 사실을 믿는다면, 부처님의 제자로서는 더 간단한 방법이 있다. 곧 이 말을 불교적으로 말하면 발원發願 없이는 아무것도 이루어지지 않는다는 뜻이다.

이것이 내가 강조하고자 하는 발원이다. 늘 발원하는 생활을 해야 한다. 그것이 기도요, 서원誓願이다. 기도하지 않고 서원을 세우지 않는 사람은 깨닫지도 못한다. 부처님도 기도를 하고 서원을 세우셨다.

목표를 갖지 않는 사람은 곧 꿈이 없는 사람이요, 꿈이 없으면 길이 없다. 길이 있어도 가야 할지 말아야 할지 판단하지도 못한다. 목표가 생길 때 비로소 길이 나고, 사람은 그 길을 달리든지 걷든지 할 수 있는 것이다.

발원(Vision)은 생명이요, 불종자佛種子와 같은 것이다. 또한 생명 발전을 위해 절대적으로 필요한 것이다. 다른 대상이 아니라 불법승佛法僧 삼보三寶께 발원하는 것이니, 스님이 굳이 인도하지 않아도 누구나 할 수 있는 아주 쉬운 방법이다.

아미타불阿彌陀佛, 약사여래불藥師如來佛, 용수보살龍樹菩薩, 보

불영 자광 佛迎慈光

상좌上佐	법상좌法上佐	재가상좌在家上佐
무연無緣	무하無何 탄국	자운慈雲 민병덕
무변無邊	혜강 정우	이용민
무이無二		임성희
무여無餘		신암神岩 노병완
인행認行		보리자 김원영
무진無盡		법일法日 김병배
		이도이
		법광法光 김진성
		향심명香心明 문재식
		향일심香日心 임명숙
		강능규
		장용민

현보살普賢菩薩, 의상 대사義湘大師, 연지 대사蓮池大師 등 부처님과 조사님들의 발원이 지금까지 전해지면서 아직도 보석처럼 빛나고 있다.

우리는 발원을 통해 자신의 인생관을 정립하고, 세계관을 정립할 수 있다. 그러므로 수시로 발원문을 지어 부처님 앞에 바치고, 자기 자신을 채찍질하는 것이야말로 불자의 기본 도리라고 할 수 있다.

멍텅구리 부처님
쉽고 재미있는 마음공부

2018년 2월 10일 초판 1쇄 발행
2018년 11월 20일 초판 2쇄 발행

지은이　　불영 자광
펴낸이　　한태식
펴낸곳　　동국대학교출판부

주　소　　04620 서울시 중구 필동로 1길 30
전　화　　02-2260-3483~4
팩　스　　02-2268-7851
Homepage　http://dgpress.dongguk.edu
E-mail　book@dongguk.edu
출판등록　제2-163(1973. 6. 28.)
편집디자인　로즈 앤 북스
인쇄처　네오프린텍(주)
ISBN 978-89-7801-619-3　03220

값 15,000원

이 책의 무단 전재나 복제 행위는 저작권법 제98조에 따라 처벌받게 됩니다.